Ullstein Sachbuch

ÜBER DAS BUCH:

In unserer Welt kommt es immer wieder zu Zwischenfällen, die unser herkömmliches Raum-Zeit-Konzept aufreißen.
Zeitriß beschäftigt sich mit der Möglichkeit, Kontakt mit einer endgültigen Wirklichkeit aufzunehmen. Anhand rätselhafter Ereignisse, wie zum Beispiel den Aufzeichnungen einer uralten indischen Palmblattbibliothek, wo die Schicksale heute lebender Menschen festgehalten sind, anhand des Klartraum-Phänomens, der hypnotischen Rückführung und neuester Erkenntnisse über mögliche Parallelwelten, wird demonstriert, wie fragil und oberflächlich unsere sogenannte Wirklichkeit ist.
Zeitriß führt in eine Vielfalt fremder Welten, deren Zugang dem Menschen nicht verwehrt, sondern nur für ihn verschüttet ist. Durch sensationelle neue Erkenntnisse in der Astronomie und Physik wird bewiesen, daß unverrückbar geglaubte Naturgesetze in Wahrheit nur begrenzt und unter bestimmten Voraussetzungen Gültigkeit haben. Zudem mehren sich die Zeichen, daß unsere irdische Welt als eine Zivilisation intelligenter Lebewesen nicht einzigartig ist. Hier wird in diesem Zusammenhang erstmals die Existenz außerirdischer Besucher durch die US-Geheimdienstdokumentation »Majestic 12«, »Project Aquarius«, »PI 40« und »Operation Snowbird« belegt.
Ob in der menschlichen Psyche, in der Deutung des intelligenten Lebens oder im Kosmos: In allen Bereichen weisen die neuesten Erkenntnisse der Wissenschaft auf eine Vielheit von Welten, die alle miteinander in Zusammenhang stehen. Wir befinden uns damit an der Schwelle zu einer grundlegenden Bewußtseinsveränderung.

DER AUTOR:

Johannes Freiherr von Buttlar-Brandenfels, Jahrgang 1940, wurde in Berlin geboren und ist in Australien aufgewachsen. Er studierte Psychologie und Philosophie, Astronomie, Physik und Mathematik und arbeitete am renommierten Institut für wissenschaftliche Informationen in Philadelphia. In seinen Werken befaßte er sich u. a. mit der Lichtgeschwindigkeit, der Quantentheorie, mit PSI-Phänomenen und psychologischen Phänomenen in der Beziehung der Menschen zueinander. Er ist Fellow der Royal Astronomical Society. Mit einer Gesamtauflage von bisher 20 Millionen Exemplaren gehört er zu den fünf erfolgreichsten Sachbuchautoren der Welt.

Weitere Veröffentlichungen:
Der Supermensch (1981); *Die Einstein-Rosen-Brücke* (1985); *Sie kommen von fremden Sternen* (1986); *Leben auf dem Mars* (1987); *Unsichtbare Kräfte* (1987); *Supernova* (1988); *Zeitsprung* (1989); *Das UFO-Phänomen* (1990); *Drachenwege* (1990); *Adams Planet* (1991).

Johannes von Buttlar

ZEITRISS

Begegnung mit dem Unfaßbaren

Mit 21 Abbildungen

Ullstein Sachbuch

Ullstein Sachbuch
Ullstein Buch Nr. 34716
im Verlag Ullstein GmbH,
Frankfurt/M – Berlin

Ungekürzte Ausgabe

Umschlagentwurf:
Volker Noth Grafik-Design
Unter Verwendung einer Abbildung
von The IMAGE BANK, München
(Photo: M. Tcherevkoff)

Printed in Germany 1992
Druck und Verarbeitung:
Ebner Ulm und
Presse-Druck, Augsburg
ISBN 3 548 34716 9

2. Auflage Februar 1992

Vom selben Autor
in der Reihe
der Ullstein Bücher:

Zeitsprung (34603)
Das UFO-Phänomen (34619)
Die Einstein-Rosen-Brücke
(34899)

Die Deutsche Bibliothek –
CIP-Einheitsaufnahme

Buttlar, Johannes von:
Zeitriß: Begegnung mit dem
Unfaßbaren / Johannes von Buttlar.
– Ungekürzte Ausg., 2. Aufl. –
Frankfurt/M; Berlin: Ullstein, 1992
(Ullstein-Buch; Nr. 34716:
Ullstein-Sachbuch)
ISBN 3-548-34716-9
NE: GT

Der »Zeitriß« ist
»Lori« Raba von Vana,
dem Acheleer, gewidmet,
in Erinnerung
an einen Besuch
auf dem blauen
Planeten Tellur.

Dank

all denen, die zum Gelingen dieses Buches beigetragen haben, sei es durch Geduld, Verständnis und vor allem anregende Gespräche.
Meinem Verleger Dr. Herbert Fleissner für sein Vertrauen, meinem Lektor Hermann Hemminger für seine konstruktive Kritik und Ermunterung, Michael Hesemann für die freundliche Hilfe bei der Registererstellung, Christiane Prinzessin Windischgraetz für ihre unermüdliche Schreibmaschinenarbeit und ihrem Bruder »Veri«, der das Haus dabei immer fluchtartig und ohne Murren räumte. Vor allem aber meiner Frau Elis für ihre unterstützende Mitarbeit.

Johannes v. Buttlar

Inhalt

Prolog *9*
1 Bibliothek aus der Zukunft *11*
2 Traumzeiten *21*
3 Erinnerung an vergangene Leben *37*
4 Zeitsprung *53*
5 Türen zum Nichts *63*
6 Geheimprojekt »Majestic 12« *75*
7 Alien-Spuren *99*
8 Der Enigma-Planet *115*
9 Extraterrestrier *135*
10 Der Herr vom fremden Stern *153*
11 Parallelwelten *163*
12 Jenseits von Einstein *181*
13 Die Seele des Alls *195*
14 Zeitriß *209*
Begriffserläuterungen *235*
Literaturverzeichnis und Quellennachweis *242*
Register *249*

Prolog

Zeit – für die meisten von uns wird sie durch Uhren und Kalender verkörpert. Und wir werden durch den unaufhaltsamen, regelmäßigen Stundenschlag an die Vergänglichkeit des Augenblicks gemahnt – an das Gestern, Heute und Morgen, an Geburt, Leben und Tod.
Weil wir unsere Zeit »eingeteilt« haben, ist es uns möglich, nach dem Alter der Menschheit zu fragen, nach dem der Erde, unseres Sonnensystems und dem des Universums. Ja, sogar die Frage nach dem Woher und Wohin ist an dieses Phänomen gebunden. Denn ohne Zeit gäbe es weder Bewegung, Schwingung noch Reaktion. Nichts würde existieren, keine Menschheit und kein Universum.
Es sieht so aus, als wäre der Ablauf der Zeit unbeeinflußbar, unabänderlich und unverrückbar. Doch hier trügt der Schein. Weisen doch in unserer Welt immer wieder unerklärliche Zwischenfälle darauf hin, daß unsere orthodoxe Auffassung von Raum und Zeit auf Treibsand gebaut ist. Denn hin und wieder führt ein »Zeitriß« zu fantastischen Begegnungen mit dem Unfaßbaren, durch die die Grundfesten bestehender Dogmen erschüttert werden.
Gewohnt, in einfachen Kausalitätsketten zu denken, muß sich der Mensch nunmehr auf gedankliche Dimensionen einstellen, die bisher der Fantasie der Science-fiction vorbehalten waren. Denn die bislang weitgehend mechanistischen Denkschemata verhaftete Naturwissenschaft ist an eine Grenze gestoßen, deren Überwindung die Menschheit

auf eine neue, höhere Bewußtseinsstufe heben wird. Die Revolutionierung der Physik durch die Einsteinsche Relativitätstheorie und die Heisenbergsche Unschärferelation hat bewiesen, daß unverrückbar geglaubte Naturgesetze in Wahrheit nur in begrenztem Maß und unter bestimmten Bedingungen gültig sind.

Die Ansicht, das Universum bestehe aus Energie und Materie im dreidimensionalen Raum und werde durch eindimensionale Zeit Veränderungen ausgesetzt, widerspricht einer weit komplexeren Realität mit zusätzlichen Dimensionen, die unserem Wahrnehmungsvermögen normalerweise verborgen bleiben. Denn allem Anschein nach ist das physikalische Universum nur Teil eines größeren – eines Multiversums, das sich manchmal ganz unerwartet durch einen »Riß« in der Zeit andeutet.

Anhand der unterschiedlichsten, rätselhaften Vorfälle soll in diesem Buch aufgezeigt werden, wie fragil unser Weltbild, wie subjektiv unsere Auffassung der Wirklichkeit ist. Es führt in eine Vielfalt fremder Welten, deren Zutritt dem Menschen nicht verwehrt, sondern für ihn nur verschüttet ist.

Ob in der menschlichen Psyche, in der Deutung intelligenten Lebens im Kosmos: In allen Bereichen weisen die neuesten Erkenntnisse der Wissenschaft auf eine Fülle von Welten hin, die alle miteinander in Zusammenhang stehen. Wir befinden uns damit an der Schwelle zu einer grundlegenden Bewußtseinsveränderung, die den Menschen ein neues Zeitalter eröffnet.

Folgen Sie mir auf einer fantastischen Reise in die innere und äußere Welt des Seins.

1

Bibliothek aus der Zukunft

Stellen wir uns einmal vor, wir würden als »Flachländer« in einem absoluten Flachland leben, das sich wie ein unendlich plattgepreßter Papierbogen nur nach der Länge und Breite hin ausdehnt. Als zweidimensionalen Wesen wären uns in dieser zweidimensionalen Welt natürlich nur Linien, Dreiecke, Vierecke und Kreise bekannt – also die Begriffe der flachen Geometrie. »Unmögliche« Formen wie Kugeln, Würfel oder Pyramiden gingen dann natürlich über unser Begriffsvermögen hinaus.

Wir wären außerstande, zu überblicken, was über uns, hinter uns oder vor uns liegt. Ein dreidimensionales Wesen, das in seiner Raumwelt auch in der Höhe existiert, könnte dagegen genau beobachten, was Flachländern auf ihrem Weg begegnen würde. Da wir in Wirklichkeit dreidimensionale Wesen in einer dreidimensionalen Raumwelt sind, können auch wir normalerweise nicht über unsere Raumzeit-Schranken hinaussehen. Dennoch hat es in unserer Welt immer wieder Seher und Propheten gegeben, die aufgrund außergewöhnlicher Erkenntnisse und Techniken diese Raumzeit-Grenzen überschreiten konnten. Und auf diese Weise entstand in Indien die unglaublichste Bibliothek der Welt – die Bibliothek aus der Zukunft.

Nach dem englischen Mathematiker J. W. Dunne spielen sich Geschehnisse auf verschiedenen Zeitebenen gleichzeitig ab. In anderen Worten: Ein Ereignis, das auf der einen

Zeitebene in der Zukunft ablaufen wird, kann auf der anderen bereits vergangen sein.
Diese Erkenntnis reifte in Dunne nach einem jahrelangen Forschungsprojekt, in dessen Verlauf er die Träume seiner Versuchspersonen in allen Einzelheiten aufzeichnete. Dabei stellte sich heraus, daß seine Testpersonen ausnahmslos zukünftige Ereignisse vorausträumten, selbst wenn sie noch so banal waren und sie sich später nicht mehr daran erinnern konnten. Dunne zufolge lassen sich auf diese Weise viele der sogenannten Déja vue(das habe ich doch schon mal erlebt)-Phänomene erklären.
Insbesondere der Traum führt uns immer wieder durch einen Zeitriß zu kommenden Ereignissen – eine Möglichkeit, die schon Seher und Propheten erkannt hatten.

Ich bin in Indien gewesen. Und ich habe sie mit eigenen Augen gesehen, ich habe sie angefaßt und mir mein Schicksal vorlesen lassen aus den uralten Palmblättern.«
Der 43jährige Bartholomäus Schmidt aus München ist ein nüchterner Mann – Wirtschaftsberater und Verkaufstrainer. Aber jetzt sprudelt er seine Erlebnisse ohne Punkt und Komma hervor, begeistert, überzeugt vom Unfaßbaren – von den geheimnisvollen Palmblattsammlungen Indiens.
Es sind die rätselhaftesten Bibliotheken der Welt. Vor Jahrtausenden schon ritzten indische Weise dort auf sechs Zentimeter breiten und 48 Zentimeter langen Palmblättern die Lebensläufe und Schicksale von Menschen ein, die heute leben – auch von Europäern, die noch nie in Indien waren. Von wenigen Ausnahmen abgesehen, kann jeder in einer solchen Bibliothek nach seinem Palmblatt fragen und sich seinen Lebenslauf vorlesen lassen. Die Blätter führen jedoch nicht die Lebensläufe aller Menschen auf der Welt auf, sondern nur die derjenigen, die *tatsächlich* eines Tages in einer der Bibliotheken auftauchen.
So wird die Zahl von zig Milliarden Lebensläufen aus Jahrhunderten reduziert – auf wie viele, weiß niemand genau.
Bekannt ist dagegen, daß die Hüter der Palmblätter ihren Inhalt auf frische Exemplare übertragen, wenn die alten zu brüchig geworden sind – etwa alle 800 Jahre.
Auf beiden Seiten der uralten, hauchdünnen Palmblätter

sind Vergangenheit und Zukunft des Besuchers in der Versform des Alt-Tamil in engbeschriebenen Zeilen eingeritzt. Die nur etwa einen Millimeter hohen Schriftzüge in dieser Jahrtausende alten Sprache Südindiens sind für das bloße Auge des Ungeübten kaum erkennbar.

Zu seiner maßlosen Verwunderung erfährt der Besucher alles über sein Leben, das seiner Eltern, Geschwister, seiner Frau und Kinder. Neben seinem Beruf sind auch eventuell vorhandene Körpermerkmale oder Gebrechen aufgeführt. Dabei werden Worte und Begriffe hin und wieder durch bildhafte Erklärungen ersetzt. So wurde beispielsweise der Beruf des Lokomotivführers folgendermaßen umschrieben: »Leiter einer Vorrichtung, die es ermöglicht, mit Hilfe von Wasserdampf oder anderen Energien viele Personen über weite Entfernungen zu transportieren.«

Für uns ist es unfaßbar, daß der auf dem Palmblatt eingeritzte Name des Besuchers immer stimmt und auch alle am Tag seines Besuches noch lebenden Angehörigen vermerkt wurden. Darüber hinaus ist der Lebenslauf des Besuchers vom längst verstorbenen Verfasser des Blattes so bildhaft beschrieben worden, als habe er persönlich daran teilgenommen. Oft ist sogar der Tag vermerkt, an dem der Nachfragende die Palmblattbibliothek aufsucht, und auch der Name desjenigen, der ihn dort einführt.

Für jeden Besucher liegen zwei Palmblätter bereit. Auf dem ersten ist sein Name, Beruf, bisheriges Leben und seine früheren Inkarnationen eingeritzt. Stimmen die hier aufgeführten Einzelheiten überein, holt der Palmblattleser das zugehörige zweite Blatt aus dem Archiv. Daraus erfährt der Besucher nun, was ihm in Zukunft bevorsteht. Alle künftigen Ereignisse – bis zu seiner Todesstunde – sind in Zeitabschnitten von zweieinhalb bis fünf Jahren zusammengefaßt. Diese Art der Vorausschau ist in Indien unter der Bezeichnung »Brighu Santa« ein Begriff, der auf einen Weisen namens Brighu zurückgeführt wird. In Sorge um das Schicksal seiner Schüler habe der Seher nach vielen Jahren der Meditation diesen Weg entwickelt, wird behauptet.

Doch zurück zu Bartholomäus Schmidt und seiner abenteuerlichen Reise.

»Auf der Suche nach einer Palmblattbibliothek habe ich den Süden Indiens monatelang abgeklappert«, berichtet er mir. »Vergeblich. Niemand konnte mir helfen. Enttäuscht entschloß ich mich schließlich zur Heimreise. Da lief mir am letzten Tag an der Hotelrezeption unerwartet ein Deutscher über den Weg. Im Laufe der Unterhaltung fragte ich ihn nach einer Palmblattbibliothek. ›Die gibts‹, sagte er, als wäre es das Selbstverständlichste auf der Welt. ›Allerdings nicht in Bombay. Da müssen Sie schon nach Bangalore fahren. Ich war selbst dort. Vor einem Jahr. – Shastri, der Palmblattleser hat mir erklärt, daß ich innerhalb von einem Jahr heiraten würde. Eine Deutsche. Am 28. Dezember, also übermorgen. Ich heirate tatsächlich übermorgen! Und wie Shastri mir aus meinem Palmblatt vorgelesen hat, eine Deutsche. Damals in Bangalore kannte ich sie nicht einmal. Im übrigen habe ich kein Wort geglaubt. Eigenartige Geschichte, nicht?‹ verabschiedete sich der Fremde von mir«, erinnerte sich der Wirtschaftsberater aus München.

Nach diesem Erlebnis machte er sich umgehend auf den Weg nach Bangalore, der Hauptstadt des Bundesstaates Mysore, 280 Kilometer westlich von Madras. Dort angekommen, ließ er sich vom Hotel aus in der Palmblattbibliothek anmelden. Schon zwei Stunden später betrat er die alte, herrschaftliche Villa in der 33, 5th Main Road, Chamarajpet in Bangalore. Hier ist die seit über 800 Jah-

ren im Besitz der Familie Shastri befindliche Palmblattsammlung untergebracht.
Sri Jyotishacarya Ramakrishna Shastri, der heutige Palmblattleser, ist indischer Gelehrter und Philosoph. Seit seiner Kindheit wurde er von seinem 1984 verstorbenen Vater in den theoretischen und praktischen Aspekten der östlichen Mystik, der positiven Gedankenkraft und in Shuka Nadi unterrichtet.
Shuka (Papagei) bedeutet göttliche Weisheit und Nadi: ein Moment der Zeit. Diese Lehre der geistigen, praktischen und psychologischen Lebensberatung geht über 5300 Jahre zurück und ist die auf Palmblättern eingeritzte Analyse des Geburtsmoments eines Individuums. Sie wurde in Übereinstimmung mit den spirituellen Fähigkeiten des Weisen Shuka vollzogen, um bei der Wahrnehmung der Zukunft in einen Bereich jenseits von Raum und Zeit zu gelangen, wie schon die Propheten und auch Nostradamus.
Shuka Nadi befaßt sich vor allem mit den Zielen, die sich der Mensch im Leben gesetzt hat. Es unterstützt ihn, sowohl geistige als auch materielle Erfüllung zu erreichen. Der Akzent der Shuka-Lesung liegt auf den Aspekten der spirituellen und materiellen Ebenen, um ihm zu helfen, seinen weltlichen Verpflichtungen leichter nachzukommen und sich somit mehr der geistigen Evolution widmen zu können.
Shuka Nadi zufolge werden die menschlichen Bemühungen, das eigene Schicksal zu verändern, durch ein dynamisches Gleichgewichtsprinzip bestimmt, nicht durch ein statisches, das ein von vornherein festgelegtes Schicksal anzeigt.
Die Shuka Nadi-(Palmblatt-)Lesung repräsentiert einen »göttlichen Plan« für das menschliche Leben und zeigt die Möglichkeiten und Fähigkeiten jedes Suchenden auf. Sie hilft dem Menschen, in Übereinstimmung mit dem göttlichen Plan, das Beste aus seinem Leben zu machen. Sie

schließt die Persönlichkeit ein, das Familienleben, den finanziellen Erfolg, die geistige Veranlagung und nennt Heilmaßnahmen zur Korrektur von Gedankenprozessen, z. B. in Form von Mantras (ursprünglich Hymnen und Opfersprüche aus den Sammlungen des »Weda« [altind. veda = Wissen]).

Shuka Nadi zielt darauf hin:

1. den Frieden und das Glück im Leben des Individuums zu fördern,
2. den Wert der Wahrheit und das untrennbare Ganze zu unterstützen,
3. die Welt vor Kriegen, Seuchen und Revolutionen zu bewahren,
4. die Traditionen und Kulturgüter aller Völker zu erhalten, um das Gute für die gesamte Menschheit zu fördern,
5. die Lebensqualität durch den Mut zur Redlichkeit zu verbessern,
6. die Spiritualität durch individuelle und kollektive Anstrengungen voranzutreiben,
7. das wedische Wissen – ohne Unterschied der Rasse, der Geschichte, der Sprache oder Glaubenszugehörigkeit – zum Wohl der gesamten Menschheit zu verbreiten.

Die Verantwortung für die Bewahrung und Fortführung der Shuka-Nadi-Palmblattsammlung in Bangalore und die Kunst des Lesens der alt-tamilischen Schriften liegt nun in den Händen von Sri Shastri. Die Bibliothek umfaßt 3665 Bände mit jeweils 365 Blättern, deren Tradition über 5000 Jahre zurückreicht.

Die Kunst des Lesens ist eine Familientradition, die jeweils vom Vater auf den ältesten Sohn übergeht. Alle 800 Jahre werden die Aufzeichnungen von brüchig gewordenen, alten Palmblättern auf neue übertragen.

Sri Jyotishacarya Ramakrishna Shastri, der etwa 40 Jahre alte Palmblattleser, empfing Bartholomäus Schmidt in einer traditionellen Amtsrobe. Er fragte ihn nach seinen Geburtsdaten und verschwand danach in seinem Archiv. Zwanzig Minuten später kam er mit zwei Palmblättern zurück.
Über seine Geburtsdaten hinaus hatte der Münchner nichts preisgegeben. Um so verblüffter war er, als ihm Shastri Einzelheiten aus seinem Leben vorlas, die absolut stimmten: So, daß er drei Ehen hinter sich hatte und seine letzte Frau erst vor kurzem verstorben war. Auf dem Blatt waren sein beruflicher Werdegang und Einzelheiten über sein Privatleben eingeritzt.
»Und Ihre Zukunft?« frage ich Schmidt.
»Da steht mir noch allerhand bevor. Eines kann ich Ihnen jedenfalls verraten: Um meinen Tod brauch' ich mir vorläufig keine Sorgen zu machen – denn nach meinem Palmblatt erreiche ich das stattliche Alter von 87 Jahren – ist das vielleicht nichts?!«

»Seine« Blätter darf niemand aus den Bibliotheken mitnehmen. Aber von Schmidt erfuhr ich, daß es ihm trotzdem gelang, einige Palmblätter in seinen Besitz zu bringen:
»Auf meinen langen Irrfahrten durch Indien hatte ich etwas von einem aufgelösten Kloster gehört. Ich fuhr mit einer Motor-Rikscha dorthin.
Es lag auf halber Höhe eines Berges und wurde von zwei Mönchen bewacht. Neben sich am Boden zwei Reisschalen, beteten sie. Ich sprach sie an und erzählte ihnen, daß ich in Bangalore bei einem Palmblattleser gewesen sei und gerne ein paar Palmblätter mit nach Hause nehmen würde. Da das Kloster ja aufgelöst worden sei, möchte ich gerne ein paar kaufen.
Die Mönche schüttelten den Kopf und machten mir klar,

daß Palmblattsammlungen ›heilige Bücher‹ seien, die sie mir nicht geben könnten. Aber so schnell ließ ich mich nicht ins Bockshorn jagen: In der Hoffnung, vielleicht doch noch zum Ziel zu kommen, stellte ich ihnen nun Fragen über das Kloster. Erst als ich spürte, daß ich den beiden Mönchen lästig wurde, verabschiedete ich mich.
Unverdrossen pilgerte ich am nächsten Tag wieder zum Kloster hinauf. Diesmal zog ich den Zugänglicheren der beiden ins Gespräch. – Bis er mich schließlich fragte, woher ich komme.
Nun erzählte ich ihm ausführlich von daheim – von den bayerischen Klöstern und Kirchen, und kam langsam auf den Grund meiner Indienreise zu sprechen. Ich schilderte meine monatelange, vergebliche Suche nach einer Palmblattbibliothek, und wie ich endlich durch Empfehlung bei Sri Shastri landete, der mir meine persönlichen Palmblätter vorgelesen habe.
Als ich den Namen erwähnte, horchte der Mönch auf. ›Komm' morgen wieder‹, sagte er. ›Ich werde sehen, was ich für dich tun kann.‹
Als ich mich am folgenden Tag wieder bei ihm meldete, überreichte er mir einen Stapel gebündelter Palmblätter. ›Ich übergebe sie deiner Verantwortung‹, sagte der Mönch eindringlich. ›Es ist deine Aufgabe und Pflicht, sie wie ein Heiligtum zu bewahren.‹«
Mit den lakonischen Worten: »Hier sind sie«, entnimmt Schmidt verschiedenen, kostbaren Seidentaschen Stöße gebündelter Palmblätter und breitet sie vor mir aus. »Das war eigentlich alles«, sagt er, während ich denke, der Mann muß etwas Außergewöhnliches erlebt haben. – Mit seinen dunklen Augen, der tiefbraunen Haut und dem rabenschwarzen Haar könnte der gebürtige Nürnberger ohne weiteres selbst ein Inder sein.

»Ich habe erreicht, was ich wollte«, höre ich ihn sagen. »Mit dem Nachtzug bin ich dann langsam die Küste hinauf von Cochia über Goa nach Bombay gefahren und von dort nach Hause geflogen.«

Tamilischer Überlieferung nach sollen die Palmblattaufzeichnungen auch in enger Verbindung zum Phänomen Traum, insbesondere zum sogenannten Klartraum stehen. – Danach geben sie nichts anderes wieder als geträumte Leben. Denn der Klarträumer bewegt sich als Zeitreisender unter bestimmten Umständen außerhalb der Raum-Zeit-Schranken.

2
Traumzeiten

»Ich bin, weil mich jemand träumt; ein Mensch, der schläft und träumt und mich handeln, leben und bewegen sieht – und der im Augenblick, in dem ich zu dir spreche, träumt. Mit seinen Träumen erwache ich zum Leben, mit seinem Erwachen schwindet mein Dasein. Ich bin eine Laune seiner Inspiration, eine Schöpfung seines Geistes, ein Besucher in seinen nächtlichen Visionen…« läßt der 1956 verstorbene italienische Schriftsteller Giovanni Papini einen seiner Romanhelden sagen.
Leben – ist der lauernde Gedanke all dessen, was einst war. Aufgefächert in Ideen, Stimmen, Augen, Gesichter, Gefühle und Träume, spukt es – ungeachtet von Raum und Zeit – hinter den Türen und Fenstern unseres Seins, in der Hoffnung, aufs neue, durch einen Zeitriß, aus dem Nichts des Vergessens, aus stummer, zeitloser Ewigkeit wieder zurückkehren zu können.
Die Zeit begreifen zu wollen, heißt nicht, nur die Welt der Materie zu erforschen, sondern auch die Begegnung mit der immateriellen Welt, wie die der Träume, und die Auseinandersetzung mit den zahllosen Hindernissen subjektiver Wirklichkeiten einzubeziehen.
So laßt uns träumen oder wieder lernen zu träumen.
Träume vermitteln eine besondere Art des Erlebens, mit einer ihnen ureigenen Wirklichkeit. Sie vollziehen sich unter »Ausschluß der Öffentlichkeit«. In dieser über die Sinne hinausreichenden Welt sind dem Menschen Hemmungen

fremd, kennt doch der Traum weder Verpflichtungen noch Tabus. Ohne sich anzukündigen tauchen Träume unbewußt auf, vorwiegend unbeeinflußbar durch den Willen – ausgenommen davon ist der Klartraum.

Überzeugende Erkenntnisse von Traumforschern lassen folgende Rückschlüsse zu:

1. Unser Traumleben wird vom Tagesgeschehen beeinflußt.

2. Es hat entscheidende Auswirkungen auf unser Verhalten im Tagesgeschehen.

3. Im Traum findet eine unbewußte Kommunikation mit anderen statt.

4. Der Schlüssel zu einer paranormalen Daseinsebene und zu psychischen Zeitebenen findet sich in unseren Träumen.

Der schmale Pfad windet sich durch die düstere Schlucht. Immer wieder bleibt der Mann stehen und schaut sich unsicher um. Er geht, bis die Schlucht in einen Kreis von aufgetürmten Steinen mündet. In seiner Mitte reckt das bleiche Skelett eines Baumes die abgestorbenen Äste gen Himmel.

Der Mann setzt sich auf einen Stein, um auszuruhen. Ich träume, denkt er und weiß, daß ich träume. Nach einer Weile setzt er seinen Weg fort. Die Gegend ist einsam, vergeblich hält er nach einem Menschen Ausschau. Da, plötzlich, taucht eine Gestalt vor ihm auf, die ihm den Rücken zukehrt. – Sie trägt einen Anorak, vermutet der Mann, während er sich ihr nähert. Unvermutet dreht sich der Unbekannte um. Er starrt ihn an. Doch außer einem Auge, dessen Blick den Mann durchdringt, gibt die Kapuze nichts vom Gesicht frei. Er erahnt allenfalls die sich unter dem Tuch abzeichnende Knochenstruktur. Doch weil er wissen will, wem er da begegnet ist, fragt er: »Wer bist du?« Darauf antwortet die Gestalt mit knirschenden Zähnen: »Der Beutewolf!«

In dem Moment weiß der Mann, daß der Tod vor ihm steht. Alles in ihm sträubt sich. Er muß sich wehren, greift nach einem herumliegenden Stock und sticht auf die Gestalt ein. Doch da ist kein Widerstand. Die Stockspitze trifft ins Leere. Gleichzeitig überwältigt den Mann die Erkenntnis, daß er den Kampf gegen den unbesiegbaren Tod nicht

gewinnen kann – den Tod nicht töten kann. Also bittet er, ihm zu helfen.
»Nur wenn du mich begleitest«, antwortet die Gestalt unberührt und winkt ihm mit der Hand.
Der Mann folgt der Gestalt in eine fantastische, in goldschimmerndes Licht getauchte Höhle. Angezogen und abgestoßen zugleich, spürt er unbestimmbare Angst – Urangst – in sich aufsteigen. Dennoch geht er mit bis ans Ende der Höhle – bis zu einem Sarkophag, auf dem ein Skelett ruht.
»Der sitzt jedem im Nacken«, sagt die Gestalt und deutet hin. »Aber du bist nicht tot! Du kannst dich deines Lebens freuen. Was bedeuten schon deine Probleme angesichts des Todes!«

Die Höhle verschwimmt, löst sich auf im Nichts. Erleichterung überkommt den Mann.
Dieser Mann ist Dr. Paul Tholey, Professor für Psychologie an den Universitäten Braunschweig und Frankfurt. Er hat sich auf die Erforschung der Kommunikation zwischen der Welt unseres Tagesbewußtseins und unserer Traumwelt spezialisiert.
Der faszinierendste Aspekt der modernen Traumforschung ist die Wiederentdeckung des Klartraums. Denn mit dem Klartraum wird uns eine enorme Erweiterung der psychischen Ebene unseres Daseins geboten.
Der Klartraumforscher Professor Tholey sagt dazu: »Die angeblichen Primitiven, wie beispielsweise die Senoi im malaiischen Urwald, haben diese Möglichkeit lange vor uns ausgeschöpft. Im Lauf der Zeit haben sie die Erfahrung gemacht, daß die Traumwelt veränderbar ist, ja, daß sie sich selbst während des Traums aktiv verändern läßt. In ihren Träumen wähnen sich die Senoi in Verbindung mit

den Göttern, Dämonen und den Geistern der Verstorbenen. Die Erwachsenen haben gelernt, jeder Bedrohung durch diese Traumfiguren standzuhalten, ihnen sogar Siege und Geschenke abzuringen. Sie führen regelrechte Traumprojekte durch, mit deren Ergebnissen sie ihre Wachwelt zu verbessern suchen.«

Ein Klartraum ist im wahrsten Sinne des Wortes klar. Da ein Klarträumer sogar den Inhalt und Ablauf seiner Träume größtenteils selbst bestimmen kann, ist er auch in der Lage, seine Probleme »im Schlaf«, d.h. bewußt träumend zu lösen. Mit anderen Worten, er ist fähig, seine Wünsche auszuleben, Verbindung mit seinem Unterbewußtsein aufzunehmen und sein Traumleben nach eigenen Vorstellungen zu gestalten. »Mit etwas Disziplin und Ausdauer gelingt es jedem, klarzuträumen«, sagt Tholey.

Begegnen dem Träumenden furchterregende Gestalten – bösartige Raubtiere oder ist er einer furchtbaren Gefahr ausgesetzt, darf er nicht flüchten, sondern muß sich stellen, um die Traumfiguren zu seinem Nutzen zu steuern. Schließlich ist der Klarträumer ja Regisseur, Schauspieler und Zuschauer in einer Person. Für ihn gibt es weder räumliche noch zeitliche Grenzen, da auf ihn die natürlichen Gesetzmäßigkeiten, wie zum Beispiel die Schwerkraft, nicht zutreffen.

So kann der erfahrene Klarträumer »jederzeit« die ausgefallensten Abenteuer erleben – wie ein Vogel fliegen und dazu bewußt sein Ziel und den Zeitpunkt wählen. In jeder Erlebnisphase ist dabei sein Bewußtseinszustand so »klar« wie im Wachen. Geradezu phänomenal ist die Tatsache, daß während des Klartraums die vollständige Erinnerung an das Wachleben vorhanden ist.

»Ein Klarträumer verfügt über ein Mehr an Freiheit«, sagt Tholey. »Der Klartraum bietet die Chance, schwierige Si-

tuationen des täglichen Lebens durch ›Proben im Klartraum‹ erfolgreicher bewältigen zu lernen.«
Vor allem aber ist der Klartraum als eine Art »Zeitmaschine« zu betrachten, die den Klarträumer unter bestimmten Umständen – gewissermaßen durch einen Zeitriß – zu früheren Lebensabschnitten, wenn nicht gar zu früheren Inkarnationen oder auch weit in die Zukunft führen kann.

Träume sind verschlüsselte Botschaften, die wir lernen müssen zu deuten. Sie stellen sich in einer Symbolsprache dar, die nur durch die »Logik« unserer Gefühlswelt begreifbar ist. Darum müssen Gefühlskomplexe mit Hilfe des Klartraums in ihrer Gesamtheit »ertastet« werden.
So symbolisiert ein bedrohliches Tier im allgemeinen unbewältigte innere oder von der Außenwelt hervorgerufene Aggressionen oder auch unerfüllte Grundbedürfnisse wie z. B. unbefriedigte Sexualität.
Der weiße, abgestorbene Baum in Tholeys Klartraum verkörpert beispielsweise eine Krisensituation, die durch die karge Umgebung zusätzlich zum Ausdruck kommt. Der Klartraum widerspiegelt hier die aufgrund der Krisensituation entstandene depressive Stimmung. Die Höhle ist unter anderem Symbol für den Tiefenbereich unserer Bewußtseinsschichten. Und der Tod spielt im Klartraum gewöhnlich die Rolle des inneren Helfers. Er verkörpert den weisesten und wichtigsten aller Ratgeber.
Wenn wir mit klarem Bewußtsein in die Welt der Träume eintreten, lernen wir unsere Traumsymbolik am besten kennen. Denn dort werden die Ereignisse von der Symbolik bestimmt.
Wir sollten also lernen, bewußt zu träumen – klarzuträumen.

Seit die Wissenschaft mit der Erforschung unseres Traumlebens begonnen hat, wissen wir, daß jeder Mensch träumt, auch wenn er sich im Wachen nicht mehr daran erinnern kann. Wir verschlafen bzw. verträumen 20–25 Jahre unseres Lebens, also nicht weniger als ein Vierteljahrhundert, ohne im allgemeinen die großartigen Möglichkeiten unseres Traumlebens auszuschöpfen. Darüber hinaus versäumen wir es, die insbesondere im Klartraum vorhandenen paranormalen Fähigkeiten, wie z. B. Hellsehen, Prophetie oder Telepathie, zu unserem Nutzen anzuwenden. Da die Raumzeit-Dimensionen im Traumleben einen ganz anderen Stellenwert haben als im Wachleben, werden zukünftige Ereignisse auch viel öfter vorausgeträumt, als wir vermuten. Nicht zuletzt wirken sich Träume oft als wichtiger »Katalysator« auf unser Wachleben aus.

Auf diese Weise ist auch der Buddhismus entstanden: In einer Vollmondnacht im Mai hatte sich der fünfunddreißigjährige Prinz Siddhattha draußen ein Nachtlager aus Gras bereitet. Der Mond stand hoch am Himmel, als der Prinz in tiefste Meditation versank, wie schon so oft vorher. Dem Siege nah, erreichte er nun das Ziel von Hunderten bereits gelebter, mühevoller Leben. Im Rückblick durchlebte er seine früheren Geburten, die Ursache jeder Wiedergeburt mit ihren daraus folgenden Leiden. Nun wurde ihm nach langem Ringen endlich die Erleuchtung zuteil. Er erkannte, daß Verlangen Leiden bedeutet und mit dem Überwinden des Verlangens der Wunsch, auch das Leiden beendet ist. Damit war die Reise zu Ende.

Dieser Buddha wurde 560 v. Chr. geboren. Seine Erleuchtung – also sein Traum – wurde die Ursache des vor zweieinhalb Jahrtausenden entstandenen Buddhismus, der den größten Teil Asiens eroberte.

Da es nach indischer Geschichtstheorie kein einmaliges

Geschehen gibt, sondern bis in alle Ewigkeit nur zyklische Wiederholungen, wird nach buddhistischem Glauben irgendwann in der Zukunft wieder ein neuer Buddha kommen.

Insbesondere wurden Wissenschaft und Kunst durch Träume inspiriert. So schrieb Albert Einstein einmal, daß es keine logische Regel gäbe, mit deren Hilfe wir elementare Gesetze entdecken könnten. Dazu sei einzig und allein die Intuition in der Lage. Krank im Bett, sei er sich so über die Grundlagen der Relativitätstheorie klar geworden.
August Kékulé von Stradonitz, der Pionier der chemischen Großindustrie, wurde durch seine Entdeckung der Ringstruktur des Benzols und der Vierwertigkeit des Kohlenstoffs zum bedeutendsten Förderer der theoretischen Grundlagen der organischen Chemie. 1890 erzählte er vor der Deutschen Chemie-Gesellschaft in Berlin, wie es zu seiner Erfindung kam. Kékulé sprach nicht etwa über chemische Verbindungen, sondern über einen *Traum*:
»Ich saß in meinem Arbeitszimmer in Gent und kam nicht weiter. Ich drehte den Stuhl zum Kamin und verfiel in Halbschlaf. Vor meinen Augen gaukelten die Atome. Durch wiederholte Visionen ähnlicher Art geschärft, unterschied mein geistiges Auge jetzt größere Gebilde mannigfaltiger Gestalt. Lange Reihen, vielfach dichter zusammengefügt, alles in Bewegung, schlangenartig sich windend und drehend. Und siehe, was war das: Eine der Schlangen biß sich in den eigenen Schwanz, und höhnisch wirbelte das Gebilde vor meinen Augen. Wie durch einen Blitzstrahl erwachte ich. Auch diesmal verbrachte ich die restliche Nacht, um den Rest der Hypothese auszuarbeiten.
Lernen wir träumen, meine Herren, dann finden wir vielleicht die Wahrheit.« Mit diesen Worten beendete der

Forscher seine Rede und ließ ein verblüfftes Auditorium zurück.
Dem bekannten Physiker Niels Bohr ging es ähnlich. Er rang viele Jahre um sein Atommodell, bis diese Theorie 1913 schließlich in einem Traum ausreifte: Er erblickte sich auf einer Sonne aus loderndem Gas, während Planeten an ihm vorüberrasten. Die Planeten schienen durch dünne Fäden mit der Sonne, die sie umkreisten, verbunden zu sein. Plötzlich verdichtete sich das Gas, die Sonne und ihre Planeten schrumpften und erstarrten.
Bohr erzählt, er sei in diesem Moment erwacht und habe sofort gewußt, daß er das Atommodell vor Augen hatte. 1922 wurde Niels Bohr für *diesen Traum* mit dem Nobelpreis ausgezeichnet.

In der Literatur wird deutlich, daß in vielen Werken der großen Philosophen, Dichter und Erzähler der Traum die treibende Kraft war. So wurde Dante, der größte Dichter Italiens, zu seinem Hauptwerk »Die Göttliche Komödie« durch Träume inspiriert. Dante erzählt seine visionäre Wanderung durch die drei Stadien des Jenseits.
Auch René Descartes, der bedeutende französische Philosoph und Mathematiker – Cogito ergo sum (Ich denke, also bin ich) –, führte seine wichtigsten philosophischen Abhandlungen auf eine Reihe von Träumen zurück. Am meisten beschäftigte ihn jedoch die Subjektivität aller Sinneswahrnehmungen.
Der geniale englische Schriftsteller Robert Louis Stevenson gab zu, daß für die Mehrzahl seiner Themen Träume die Quelle waren. Er charakterisierte sich selbst als »einen bemerkenswerten Träumer«. In »Der seltsame Fall von Dr. Jekyll und Mr. Hide« zeichnet er in einer faszinierenden Darstellung eine Persönlichkeitsspaltung.

Auch Franz Kafka darf hier nicht fehlen. Er hinterließ uns eine Reihe von Alpträumen, denn so muten seine Werke an. Denken wir nur an den Geschäftsreisenden in »Die Verwandlung«, der am Morgen als Käfer aufwacht und an seiner lieblosen, unverständigen Verwandtschaft zugrunde geht. Oder an die Hinrichtungsmaschine in »Die Strafkolonie«, die den armen Opfern das Urteil in den Leib ritzt.
Auch von den Malern, die Traumvisionen in Farbe umsetzten, können hier nur einige wenige genannt werden. So zum Beispiel Hieronymus Bosch, der das »Jüngste Gericht«, die »Höllenstrafen«, die »Todsünden« und die »Versuchung« in grausam angstvoller Phantasie auf der Leinwand dargestellt hat. Oder Arnold Böcklin mit seiner unbeschreiblichen »Toteninsel«. Und Marc Chagall, dessen Bilder Märchen sind, die er zu Traumvisionen glühender Farbigkeit verdichtete. Oder die vielen surrealistischen Werke zum Beispiel von Salvador Dali, Jean Miró, Max Ernst, Matta, Enrico Donati oder Yves Tanguy, die mit ihren Visionen das Fundament unserer Wirklichkeit in Flugsand verwandeln.

Parapsychologen, die veränderte Bewußtseinsstadien in Bezug auf ihre Reaktion gegenüber außersinnlichen Wahrnehmungen – ASW – untersucht haben, stellten fest, daß Träume dafür besonders geeignet sind. Im Auftrag des amerikanischen National Institute of Mental Health haben die Psychologen Montague Ullman, Stanley Krippner und Alan Vaughan Forschungen auf dem Gebiet der Traumtelepathie durchgeführt. Ein Psychoanalytiker kann erst dann seinen Beruf ausüben, wenn er sich selbst einer Psychoanalyse unterzogen hat.
Als sich Ullman aus diesem Grund 1947 analysieren ließ, wurde ihm erstmals bewußt, daß sich im Traum *paranormale* Fähigkeiten äußern können. Ullman berichtet, er habe

von seinem Psychoanalytiker geträumt und diesem von seinem Traumerlebnis bei der nächsten Sitzung berichtet:
»Ich betrat das Wartezimmer und sah sofort, daß die Möbel anders als sonst standen. Die lebhaften Farben gefielen mir. Aber ich suchte vergeblich nach dem großen Ledersofa, dafür erblickte ich verschiedene moderne Stühle. Im Behandlungszimmer fielen mir ebenfalls Veränderungen auf. Die gewohnte flache Liege mit dem Lederbezug war durch ein anderes Möbelstück ersetzt. Ich wunderte mich, warum ich mich nicht hinlegte, sondern mich beinahe sitzend zurücklehnte, meinem Analytiker ins Gesicht sah, anstatt mich abzuwenden. In dem Moment kamen ein paar Männer herein. Sie schienen wichtig und wohlsituiert zu sein. Während der Psychoanalytiker mit ihnen debattierte, ging ich in einen anderen Teil des Behandlungszimmers und sprach mit einem Halbwüchsigen, der mit den Männern gekommen war.
Als wir die Sitzung nach dieser Unterredung wieder aufnahmen, war ich unruhig und ärgerlich über den Therapeuten – vielleicht, weil er sich während meiner Sitzung mit diesen Leuten beschäftigt hatte.«
Ullmans Traum wurde im Verlauf der Sitzung keiner weiteren Analyse unterzogen und geriet in Vergessenheit – bis zu einer späteren Sitzung, als Ullman gleich beim Eintritt ins Wartezimmer auffiel, daß dort das große Sofa fehlte. Dafür fielen ihm kleine Stühle mit bunten Bezügen auf. Im Behandlungszimmer vermißte er die flache Lederliege, die durch das große Sofa aus dem Wartezimmer ersetzt war.
Darauf angesprochen, erklärte der Psychoanalytiker, daß die Liege zur Aufarbeitung beim Polsterer sei.
Mitten in dieser Sitzung läutete plötzlich das Telefon. Der Manager des Hotels, in dem der Psychoanalytiker wohnte, verwickelte diesen in ein langatmiges Gespräch über ein

größeres Appartement. Je länger die Unterredung dauerte, um so ärgerlicher wurde Ullman. Er suchte in seinem Notizbuch nach der Adresse eines Hotels, dessen Mitbesitzer sein Onkel war, und gab sie dem Analytiker mit den Worten, daß dieser ihm in der Angelegenheit wahrscheinlich helfen könne. Daraufhin wollte der Therapeut wissen, ob dieser Onkel ein bekannter Industrieller sei. Dieses Stichwort löste eine kurze Unterhaltung über Managerpersönlichkeiten aus, in deren Verlauf der Arzt in seinem Notizbuch blätterte. Ullman war darüber unangenehm berührt, weil er vermutete, daß einige seiner Äußerungen über parapsychologische Untersuchungen Mißverständnisse auslösen könnten.

In diesem Moment erinnerte sich Ullman wieder an seinen Traum, mit dem die veränderte Möblierung im Behandlungsraum und Wartezimmer absolut identisch war; und die »wichtigen, wohlsituierten Männer« verkörperten offensichtlich die Industriellen, über die sich Arzt und »Patient« gerade unterhalten hatten. Auch Ullmans unterdrückter Ärger über den Psychoanalytiker, der sich während der Sitzung »zu eingehend mit Eindringlingen beschäftigt hatte«, kam zum Ausdruck. Grund genug für Ullman, wieder auf seinen prophetischen Traum zu sprechen zu kommen und mit dem Arzt nun die parapsychologischen Möglichkeiten in Verbindung mit Träumen zu diskutieren.

Der Analytiker erklärte, der Entschluß, die Liege aus dem Behandlungszimmer aufpolstern zu lassen, sei von ihm längst vor Ullmans Traum gefaßt worden. Der Traum über die umgestellten Möbel könne also als telepathische Verbindung zwischen ihm und Ullman gedeutet werden, der Teil über die Störung durch die »wichtigen, wohlsituierten Männer« dagegen als Präkognition.

Durch dieses Traum-»Schlüsselerlebnis« wurde Ullman angeregt, im Maimonides Medical Center in Brooklyn, New York, paranormale Träume, vor allem aber die Auswirkung der Telepathie im Traum zu erforschen.

So wurden in den von Ullman und Kollegen von der City University of New York durchgeführten Experimenten Versuchspersonen beiderlei Geschlechts in schalldichten Räumen an ein EECG-Gerät (Hirnstrommeßgerät) angeschlossen, das in einem anderen Raum von einem Experimentator überwacht wurde. In einem schalldichten Zimmer eines Nebengebäudes war der Übermittler – der Sender – untergebracht.

Dieser »Sender« mußte sich während der Traumphase der »Empfänger«-Versuchsperson auf ein bestimmtes Bild konzentrieren und dieses telepathisch an den Träumenden übermitteln.

Aufgrund ihrer emotionalen Eindringlichkeit, Schlichtheit und intensiven Farben waren die Bilder und Symbole aus einer Reihe von Kunstdrucken zu diesem Zweck ausgewählt worden.

Nach Beendigung der Traumphase wurde der Schlafende geweckt, nach seinen Traumeindrücken befragt und sein Bericht auf Tonband aufgenommen.

Danach wurden die Traumberichte der einzelnen Versuchspersonen, zusammen mit den ausgewählten Kunstdrucken, an drei unabhängige Sachverständige zur Begutachtung weitergeleitet. Die Träume wurden nun von ihnen auf Übereinstimmungen mit dem telepathisch übermittelten Bildmotiv des Kunstdruckes überprüft. Die Bewertung der Überprüfungsergebnisse erfolgte nach einem festgelegten Punktsystem.

Die Erfolgsquote »außerordentliche Übereinstimmung« war in einigen Fällen mit 65 von 100 Treffern vertreten.

So wurde einem schlafenden Empfänger das Bild »Regenguß in Shono« des japanischen Künstlers Hiroshige telepathisch übermittelt. Ein Mann war hier dargestellt, der gebückt vor dem Regenschauer flüchtete. Der Schlafende träumte »irgend etwas von einem kranken Orientalen... etwas in Verbindung mit einem Brunnen... mit Wassersprühen«.

Einem anderen Träumenden wurde »Die Anbetung der Hirten« von El Greco übermittelt. Der Bericht über seine Traumimpressionen lautete: »Die Mutter Gottes. Eine Christusstatue... Eine alte Kirche mit grasüberwucherten Eingangssäulen. Die Jungfrau Maria hielt das Jesuskind im Arm.«

Schon das Ergebnis des ersten Experiments war überraschend: Sol Feldmann, ein Mitarbeiter von Ullman, konzentrierte sich als Sender auf ein Bild des japanischen Malers Tamayo, der hier zwei tückische Hunde darstellt, die mit gefletschten Zähnen über ein Stück Fleisch herfallen. Eine weibliche Versuchsperson sah sich in einer Traumszene mit einer Freundin an einem Galadiner teilnehmen. Diese Freundin achtete eifersüchtig darauf, daß nur ja niemand mehr Fleisch erhielt als sie selbst. Die anderen Gäste hätten sich nun tuschelnd über die Gier der jungen Frau mokiert.

Ullman, Krippner und Vaughan ziehen aus ihren Versuchen den Schluß, daß ihre »grundlegende Erkenntnis auf der wissenschaftlichen Demonstration der Freudschen Feststellung beruhen könnte: ›... der Traum schafft günstige Bedingungen für Telepathie‹«.

Darüber hinaus bedeutet träumen, durch die Zeitläufte zu reisen. Und das im wahrsten Sinne des Wortes, insbesondere im Klartraum, der geeignete Voraussetzungen für »außerkörperliche Erfahrungen«, für sogenannte Astralreisen schafft.

Der Astralreisende wird auf phänomenale Weise in die Lage

versetzt, die eigene leibliche Hülle mit dem »feinstofflichen Körper« zu verlassen. Er kann sich, Behauptungen zufolge, zu den unterschiedlichsten Orten und Zeitperioden auf die Reise begeben, um mit vollem Bewußtsein Erlebnisse und Erfahrungen zu sammeln.
Experten wie Professor Hornell Hart von der Duke University und Professor Charles Tarte von der Universität von Kalifornien haben dieses sogenannte OOBE-Phänomen (out of the body experience = außerkörperliche Erfahrung, also schlicht und einfach gesagt: Astralreisen) erforscht und als Realität nachgewiesen.
Unter Aufsicht von Charles Tarte wurden z. B. Laborexperimente mit dem Amerikaner Robert A. Monroe durchgeführt. In seinem feinstofflichen »Zweitkörper« unternahm er »Ausflüge« zu anderen Orten und beschrieb nach seiner Rückkehr fremde Szenen und Gespräche in allen Einzelheiten, die nach einer Überprüfung bestätigt wurden.
Erfahrene Astralreisende behaupten sogar, während ihrer Ausflüge in der Lage gewesen zu sein, ihre früheren Inkarnationen tatsächlich aufzusuchen!

Das Leben nach dem Tod – die Wiedergeburt – ist eines der umstrittensten Themen überhaupt, obwohl es eine ganze Reihe von Indizien für das Phänomen der Reinkarnation gibt.
Aus der indischen Palmblattbibliothek geht zweifelsfrei hervor, daß wir alle schon viele Leben gelebt haben müssen. – Eine faszinierende Möglichkeit, frühere Leben wachzurufen, sehen viele Esoteriker in der hypnotischen Rückführung – sozusagen durch einen Zeitriß vergangene Existenzen wieder »ans Tageslicht zu befördern«.

3

Erinnerung an vergangene Leben

Wenn wir uns fragen, welche Bedeutung der Begriff Zeit ohne die Schichten unseres Bewußtseins hätte, wäre die Antwort: keine. Denn nur das Potential unseres bewußten und unbewußten Seins ermöglicht eine Selbstreflexion in der Zeit. Gleichzeitig bedeutet es aber auch die Anerkennung des eigenen Ichs.

Wie sich das Ich des Menschen entfaltet und ausdrückt, ist durchaus nicht nur von seiner eigenen Entwicklung abhängig, sondern vielmehr auf die Entwicklungsreihe zurückzuführen, der er entstammt. Und in diesem Zusammenhang spielen frühere Inkarnationen vor allem für diejenigen eine entscheidende Rolle, die an eine Wiedergeburt glauben. Ihrer Meinung nach schlummert die Erinnerung an diese früheren Leben tief im Unterbewußten.

Psychologen, Hirnforscher und Philosophen sind sich allerdings bis heute über die Begriffsbestimmung des Unbewußten oder Bewußtseins nicht einig geworden. »Bewußtsein ist die Gesamtheit von Raum und Zeit, die sich ihrem innersten Wesen nach als das wirkliche Ich erweisen könnte. Offenbar sind Bewußtsein und Energie eins; Raumzeit besteht aus Bewußtsein, und unsere normale Wahrnehmung der Wirklichkeit verkörpert eigentlich eine Mischung unzähliger Universen, mit denen wir koexistieren. Das von uns empfundene Ich stellt lediglich eine örtlich begrenzte Projektion unserer unzähligen ›Ichs‹ dar«, behaupten die Physiker Jack Sarfatti und Fred Wolf.

Eines scheint jedoch sicher zu sein: Zwischen Bewußtsein und Unbewußtem gibt es keine starren Grenzen, sondern eher eine »fließende Barriere«, durch die immer wieder einmal Erinnerungsfetzen »ans Licht« kommen, die unter Umständen auf frühere Leben hindeuten. Hypnose könnte hier ein Schlüssel zu früheren Inkarnationen sein.
Viele Menschen haben das Gefühl, schon einmal zu einer anderen Zeit, an einem anderen Ort gelebt zu haben. Immer wieder tauchen Erinnerungsfetzen auf, die sie nicht einordnen können. Handelt es sich hier um Eindrücke, die sie im Lauf ihres Lebens »gespeichert« haben? Oder drängt hier durch einen Zeitriß in einer früheren Inkarnation Erlebtes an die Oberfläche?
Hypnotische Rückführung gehört in esoterischen Kreisen sozusagen zur Tagesordnung, da durch sie immerhin ermöglicht wird, den Hypnotisierten schrittweise durch die Kindheit rückwärts bis zum Moment der Geburt und darüber hinaus in die Vergangenheit zu führen. Ließe sich auf diese Weise der Beweis erbringen, daß wir alle schon einmal gelebt haben, käme diese einer Revolution unserer Weltanschauung gleich.

Du bist völlig entspannt – ganz entspannt und sehr müde. Du fühlst dich angenehm schwer und fällst tiefer und tiefer in Schlaf – in angenehmen, tiefen, hypnotischen Schlaf...«

Die Stimme des Hypnotiseurs Loring Williams klingt eindringlich und monoton. Vor ihm auf der Couch liegt der 15jährige George Field in tiefer Hypnose. Williams führt ihn in Abschnitten bis zur Geburt zurück und dann mehr als 100 Jahre in die Vergangenheit.

Langsam beginnt der Junge zu sprechen: »Ich war Jonathan Powell... ein einfacher Bauer in North Carolina... Lebte ganz für mich allein draußen... in der Nähe des Städtchens Jefferson... Wurde 1832 geboren... Abtrünnige Soldaten des Bürgerkriegs haben mich 1863 umgebracht... wollten mir Kartoffeln abkaufen... viel zu billig... Es gab Streit... Wir beschimpften uns... Da schossen sie auf mich... Bauchschuß.«

Soweit historische Unterlagen verfügbar waren, wurden sie von Williams auf die von George Field in Hypnose berichteten Einzelheiten über Jonathan Powell überprüft. Dabei stellte sich heraus, daß er Besonderheiten über die Gegend und das Städtchen erzählt hatte, die allgemein nicht bekannt waren.

Anschließend fuhr Loring Williams mit dem Jungen nach Jefferson. Als er ihn in Gegenwart einer mit der Gegend vertrauten Historikerin hypnotisierte, kam Erstaunliches

ans Tageslicht: Als Bauer Jonathan Powell nannte der hypnotisierte George Field die damaligen »Ortsgrößen« beim Namen. Er schilderte ihre finanzielle Lage, die Position und das Aussehen ihrer Häuser in allen Einzelheiten. Amtlich konnte die Existenz von Jonathan Powell allerdings nicht nachgewiesen werden, weil in dieser Gegend Geburten und Todesfälle erst ab 1912 registriert wurden, also erst 50 Jahre nach Powells Tod. Zudem wurden Grundstücksgeschäfte damals noch nicht offiziell festgehalten. Es gab allerdings einen Hinweis: Jonathan Powells Großmutter soll Mary Powell gewesen sein. Einer Urkunde aus dem Jahr 1803 zufolge hat eine Mary Powell in diesem Jahr tatsächlich eine Parzelle Land gekauft. Aber darüber hinaus war in den Ortsarchiven nichts vorhanden. Da dieser Hinweis nicht ausreichte, um die Existenz von Jonathan Powell nachzuweisen, mußten die Nachforschungen eingestellt werden.
Williams veröffentlichte diese eindrucksvolle, wenn auch nicht ganz nachweisbare hypnotische Rückführung. Kurz danach erhielt der Junge, George Field, einen Brief. Eine Frau, mit Geburtsnamen Powell, schrieb ihm, daß sie die Großnichte von Jonathan Powell wäre. Sie berichtete ihm Einzelheiten aus dem Leben von Jonathan, die ihr durch mündliche Überlieferung innerhalb der Familie bekannt waren. Unter anderem schrieb sie: »Jonathan Powell war mein Großonkel. Er wurde von den Yankees umgebracht.«

Für viele Menschen ist Hypnose immer noch ein »zwielichtiges Geschäft«. Und in wissenschaftlichen Kreisen werden nach wie vor alle Register gezogen, um sie in Mißkredit zu bringen oder gar ganz »unter den Teppich zu kehren«. Bis heute sind die Vorstellungen im Zusammenhang mit diesem Phänomen vielfach verschwommen, und das, obwohl sich Hypnose inzwischen als Behandlungsmethode einen wichtigen Platz erobert hat. Denn sie ermöglicht einen relativ schnellen, sicheren Zugang zum Unterbewußtsein. Im Grunde ist Hypnose nichts anderes als eine Art Schlaf – ein traumähnlicher Zustand, in dem ein guter Hypnotiseur das Geschehen steuern kann.

Grundsätzlich wird zwischen einem leichten und einem tiefen Stadium der Hypnose unterschieden. Und bei Anwendung einer auf die Persönlichkeit ausgerichteten Technik ist fast jeder Mensch hypnotisierbar. In Tiefenhypnose versetzt, führt er dann praktisch alle Suggestionen aus, solange er diese mit seinem Gewissen vereinbaren kann. Mit anderen Worten: Die hypnotischen Befehle müssen für ihn ethisch annehmbar sein.

Genau wie im Traum wird auch in der Hypnose jede andere »Wirklichkeit« zur Selbstverständlichkeit. Wir können beispielsweise beschwingt »wie ein Vogel durch die Lüfte schweben« oder schwer »wie ein Betonklotz am Boden kleben«. So wie der Schlafende befindet sich auch der Hypnotisierte in einem Zustand seelischer und körperlicher Entspannung, während sein Unterbewußtsein – sein zweites Ich – alles hört. Hypnose bedeutet nämlich nicht die Ausschaltung des Bewußtseins. Der Hypnotisierte ist vielmehr in der Lage, Sinneseindrücke aller Art wahrzunehmen und entsprechend zu verwerten. – Wie im Traum können wir der Zeit enthoben werden, das heißt, durch einen »Riß in der Zeit« in eine andere Epoche gelangen und aus dieser »Nullzeit« wieder in unsere Gegenwart zurückkehren. Hypnose ermöglicht es also, die Wahrnehmung zu verändern, weil der Mensch von bestimmten Bewußtseinsaspekten abgetrennt werden kann.

Sigmund Freud erkannte als erster, daß längst vergessene,

aber im Unterbewußtsein gespeicherte Erlebnisse aus dem Säuglingsalter und in der Kindheit für Gedanken und Verhalten der Erwachsenen verantwortlich sind.
Zweifellos wird die persönliche, die innere Welt des Menschen durch die Vielfalt der Eindrücke geformt, die das Gehirn vor allem in dieser Zeit aufgenommen hat. So gestalten die an das Gehirn übermittelten Informationen die bewußten und unbewußten Elemente der Psyche.
Die Entwicklung der Persönlichkeit des Menschen ist ein überaus komplexer, von den unterschiedlichsten Faktoren abhängiger Vorgang. Eine besondere Rolle spielen dabei unter anderem die individuellen Erbanlagen, stammesgeschichtliche Verhaltenstendenzen, Konstitution, körperliche und geistige Reifungsvorgänge, soziales Umfeld und System, frühe Kindheitserlebnisse und auch Lernprozesse.
Im Gegensatz zum Atheisten Sigmund Freud glaubte der Psychologe Carl Gustav Jung an eine »von Natur aus religiöse Seele im Menschen«. Aufgrund dieser Überzeugung geht die Jungsche Deutung des Unbewußten nicht mit der Freudschen konform. Aus seiner Erfahrung als Arzt vertrat er eine Auffassung des Unterbewußten, die er als kollektives Unbewußtes bezeichnete.
In diesem kollektiven Unbewußten spiegeln sich die im Lauf der menschlichen Entwicklung gesammelten Erfahrungen wider. In anderen Worten: Das allen Menschen zu allen Zeiten allgemeine Unbewußte – also das kollektive Unbewußte – und das der eigenen Erfahrung entstammende persönliche Unbewußte stehen sich gegenüber.
Das kollektive Unbewußte verkörpert eine tiefere Schicht des Unbewußten von unpersönlicher Natur, das sozusagen im zweiten Kellergeschoß des Unbewußten gelagert ist. Nach Jung sind im kollektiven Unbewußten die sogenannten Archetypen festgehalten, also die Urbilder der Mensch-

heit, die Symbole, in denen sich die Urerfahrungen des menschlichen Seelenlebens ausdrücken. Hier geht es um urtümliche, von jeher existierende, immer wieder auftauchende kollektive Vorstellungen oder Bilder wie beispielsweise die Schlange, den Drachen, gute und böse Geister oder auch den alten weisen Mann. Diese im Wachbewußtsein des modernen Menschen nicht mehr benötigten Urbilder sind ins Unbewußte verdrängt und kommen erst im Traum wieder an die Oberfläche.

Hypnose kann als Kommunikationsträger zwischen den unterschiedlichen Bewußtseinswelten dienen, da sie zu längst vergessenen Erfahrungen, Erlebnissen und Urbildern Zugriff hat. Bei einer sogenannten hypnotischen Rückführung werden der Erinnerung entfallene oder verdrängte Ereignisse in verblüffenden Einzelheiten wiedererlebt. So ist der Hypnotisierte bei entsprechender Rückführung beispielsweise in der Lage, erneut seine Kindheit oder gar den Moment seiner Geburt zu durchleben.

Menschen, die durch Hypnose über die Geburt hinaus in die Vergangenheit zurückversetzt werden, behaupten, im ... Jahrhundert einmal Herr X oder Frau Y gewesen zu sein. Manchmal antworten sie sogar in einer Fremdsprache, von der sie im Wachzustand keine Kenntnis haben. Und wie nicht anders zu erwarten, paßt diese fremde Sprache genau in das Land oder den Landstrich, in dem die aus dem Hypnotisierten sprechende Person gelebt zu haben behauptet. Damit nicht genug, konnten Experten in manchen Fällen mundartliche Spracheigentümlichkeiten oder »archaische« Sprachformen nachweisen, die vor Jahrhunderten – in der Zeit also, in der die Hypnotisierten ein früheres Leben lebten – beherrscht wurden. Eigentümlicherweise ist der Hypnotisierte dann auch in der Lage, alle Fragen in seiner heutigen Sprache zu verstehen und zu beantworten,

wenn er es auch manchmal vorzieht, die Sprache seiner einstigen Existenz zu benutzen.
So berichtet Jan Currie in »Niemand stirbt für alle Zeit« in diesem Zusammenhang über einen interessanten Fall: Der praktische Arzt K. E. aus Philadelphia wandte hin und wieder Hypnose als Behandlungsmethode an. 1955 begann er mit hypnotischen Versuchen bei seiner 37jährigen Frau T. E. Als er merkte, daß sie umgehend in tiefe Hypnose fiel, machte er einige Regressionsexperimente mit ihr. Im Verlauf eines dieser Versuche antwortete sie plötzlich mit tiefer männlicher Stimme in gebrochenem Englisch und anscheinend skandinavischem Akzent. Der aus der Arztfrau sprechende Mann behauptete, Jensen Jacoby zu sein, und beantwortete Fragen hin und wieder in einer offenbar skandinavischen Sprache. Der Arzt versetzte seine Frau achtmal durch einen Zeitriß in das Leben des Jensen Jacoby zurück. An einigen dieser Versuche nahmen Skandinavier teil, so unter anderem der Schwede Dr. Nils Sahlin, der ehemalige Direktor des Amerikanisch-Schwedischen Historischen Museums in Philadelphia.
Wie sich herausstellte, sprach Jensen Jacoby selbst eine archaische Form der schwedischen Sprache, verstand aber mühelos modernes Schwedisch. Er schilderte sein Leben als einfacher Bauer vor einigen Jahrhunderten in Schweden...
Auch der an parapsychologischen Phänomenen interessierte Schriftsteller Jess Stearn befaßte sich mit Regressionsfällen. Er bat den Hypnotiseur und Begründer der Akademie für angewandte Geisteswissenschaften in New York, Joseph Lampl, gemeinsam mit ihm einen solchen Fall in Kanada zu untersuchen.
Hier handelte es sich um ein in Orillia, Ontario, lebendes siebzehnjähriges Mädchen, das angeblich früher schon ein-

mal gelebt hatte. Lampl sollte diese Joanne McIver unter Hypnose ins frühere Leben zurückführen.
Lampl gelang es, die Siebzehnjährige in das Leben der 1832 geborenen Susan Garnier-Marrow zu versetzen. Susans Vater war Farmer. Unter Hypnose erinnerte sich Joanne (Susan) an die Namen verschiedener Nachbarn. Sie erlebte ihre Hochzeit mit dem Farmer Thomas Marrow, der dann durch einen Unfall auf der Farm ums Leben kam. Als junge Witwe führte Susan danach ein erbärmliches Leben in einer einsamen Hütte.
Jess Stearn schrieb, »wie sehr ihn die Wirklichkeitsnähe beeindruckt habe, mit der das Mädchen das Dasein der Susan Garnier-Marrow unter Hypnose nachvollzog.«
Während der Hypnose durch Lampl stellte sich eine Veränderung ihrer Gesichtszüge ein. In einem hageren Gesicht standen eigentümlich schrägstehende Augen, so, als gehöre zu dieser anderen Psyche auch ein anderer Körper.
Unter Lampls Hypnose-Befragungen nannte Joanne (Susan) die genauen Preise einer Reihe von Lebensmitteln und Gebrauchsgütern, zu denen diese Waren vor hundert Jahren gehandelt wurden. Ihre Sprachintonation nahm einen bestimmten Rhythmus an, der auf die französisch-kanadische Herkunft in ihrem früheren Leben schließen ließ. Susan Garnier-Marrow starb 1903.
Joanne beschrieb unter Hypnose nicht nur ihre Beerdigung als Susan, sondern sogar die *Stelle hinter einer Kirche*, wo sich ihr Grab befunden hatte. Heute befindet sich dort ein großer eingezäunter Panzerübungsplatz der Armee. Aber Joannes Angaben stellten sich als richtig heraus. Denn die von ihr benannte Stelle war der Armee bereits vor dem Zweiten Weltkrieg überlassen worden, als sie noch nicht geboren war.
Jess Stearn, Dr. Lampl und Joanne McIver erhielten auf

Antrag eine Sondergenehmigung zum Besuch des militärischen Übungsgeländes. Ein Major Malone übernahm die Führung. Schon bald stritt sich Joanne mit dem Offizier über die Lage des von ihr im Unterbewußtsein ermittelten Friedhofs und der dazugehörigen Kirche.
Der Major berief sich auf Zusicherungen gegenüber der damals ausgesiedelten Bevölkerung, alle Gräber zu erhalten und bewies anhand von Lageplänen und amtlichen Karten, daß es an dem von Joanne bezeichneten Platz weder je einen Friedhof noch eine Kirche gegeben habe.
Doch Joanne ließ sich nicht beirren. Hartnäckig suchte sie das unter Hypnose ermittelte Gebiet ab, bis sie unter Schutt und Trümmern in der von Panzern verwüsteten Erde schließlich Fragmente alter Grabsteine fand: den einstigen Friedhof und die Stelle, wo damals die Kirche stand.

Doch auch ohne Hypnose kann manchmal die Erinnerung an ein früheres Leben wach werden. Es gibt viele Fälle, in denen das Wissen um eine frühere Existenz ohne größeren Anstoß an die Oberfläche dringt. Vor allem Kinder erinnern sich gelegentlich an besondere Erlebnisse. So führte eine Frau ihren dreijährigen Neffen Imad Elawar auf der Dorfstraße seines Heimatdorfes Kornayel im Libanon spazieren. Als ihnen ein Fremder begegnete, lief das Kind auf ihn zu und umarmte ihn. Sichtlich erstaunt, fragte der Mann den Kleinen: »Ja, kennst du mich denn?«
»Ja, du warst doch mein Nachbar«, antwortete das Kind.
Imad Elawar wurde im Dezember 1958 in Kornayel bei Beirut geboren. Seine ersten deutlich gesprochenen Worte waren »Jamile« und »Mahmoud«. Doch in seiner eigenen Familie hieß niemand so. Sobald er richtig sprechen konnte, erzählte er von der schönen Jamile, die er kritisch mit seiner Mutter verglich. Er konfrontierte seine Eltern mit Ereignis-

sen und Namen, von denen sie keine Ahnung hatten. Er erzählte von einem Mann, der sterben mußte, weil ihm beide Beine von einem Lastwagen abgefahren wurden.
Imad bestand darauf, zur Familie Bouhamzy aus Khriby zu gehören. Aber dieser etwa 30 Kilometer von seinem Heimatdorf Kornayel entfernte Ort war nur über einen Bergpaß erreichbar. Immer wieder sagte der Junge, wie froh er sei, laufen zu können. Er bedrängte seine Eltern unentwegt, mit ihm nach Khriby zu fahren. Mit seinen Geschichten entnervte er vor allem seinen Vater.
In einigen Dörfern Israels, Syriens und im Libanon leben heute noch Nachkommen der Drusen. Die Reinkarnation ist Teil des Glaubens dieser islamischen Sekte. Imads Eltern wußten daher sehr gut, was der Junge meinte. Dennoch wurden seinem Vater die Geschichten schließlich zu viel, und er drohte dem Jungen mit einer Tracht Prügel, wenn er mit seinen »verdammten Lügen« nicht aufhören würde.
Nach dieser Schelte sprach der Junge nur noch zu seiner Mutter und den Großeltern von seinen früheren Erlebnissen. Doch als Imads Vater erfuhr, daß der Fremde, den der Kleine auf der Dorfstraße umarmt hatte, aus Khriby stammte, wurde er nachdenklich. Die Eltern hatten den Geschichten des Kindes keine weitere Bedeutung zugemessen und natürlich auch keine Nachforschungen angestellt. Ihrer Meinung nach schien sich Imad einzubilden, Mahmoud Bouhamzy gewesen zu sein und Jamile seine Frau.
1963 durfte der Fünfjährige seinen Vater zum ersten Mal nach Khriby begleiten. Wenn Vater Elawar bei diesem Besuch auch noch keinen Kontakt zu den Bouhamzys aufnahm.
Mitte März 1964 traf der ehemalige Chef der Psychiatrischen Abteilung der Universität von Virginia, Professor Ian Stevenson, in Kornayel ein. In einem arabischen Empfeh-

lungsschreiben an seinen dort lebenden Bruder hatte ein junger Libanese gebeten, Professor Stevenson, den er 1962 in Brasilien kennengelernt hatte, mit Informationen über Reinkarnationsfälle behilflich zu sein. Leider war der Adressat nach Beirut verzogen.

Als Stevenson über den Grund seines Besuches sprach, erfuhr er von dem kleinen Imad Elawar. Natürlich schlug er einen sofortigen Besuch mit dem Jungen in Khriby vor. Dort stellte sich heraus, daß alle von Imad genannten Namen stimmten. Zum Teil lebten die Leute sogar noch. Der von einem Lastwagen überfahrene Said Bouhamzy hatte beide Beine gebrochen und war nach der Operation gestorben. Darüber hinaus gab es keine Übereinstimmungen mit dem Leben dieses Said; auch das Haus, von dem der Junge ständig gesprochen hatte, stand in keiner Beziehung zu ihm. Aber alles paßte zu Ibrahim Bouhamzy, einem Vetter und Freund des Verstorbenen, dessen Haus kaum hundert Meter von Saids Haus entfernt war. Jamile war Ibrahims sehr schöne Geliebte gewesen, und zum Ärgernis des ganzen Dorfes hatten beide in wilder Ehe miteinander gelebt. Ibrahim, der im Alter von 25 Jahren an Tuberkulose gestorben war, hatte besonders darunter gelitten und darüber geklagt, die letzten sechs Monate seines Lebens im Bett verbringen zu müssen und nicht mehr laufen zu können. Ein Onkel von Ibrahim hieß Mahmoud, der genau so wie sein Vetter Said einst Lastwagenfahrer und in viele Unfälle verwickelt war.

Alle vom kleinen Imad genannten Namen hingen mit Ibrahims Familie zusammen. Und der Fremde, den das Kind auf der Dorfstraße umarmt hatte, war Ibrahims Nachbar gewesen.

Am 19. März besuchte Stevenson mit Imad und dessen Vater das seit vielen Jahren leerstehende und eigens für diesen Besuch geöffnete Haus des toten Ibrahim. Imad kannte die ganze Inneneinrichtung und konnte die Frage, wie es dort zur Zeit des Ablebens von Ibrahim ausgesehen hatte, genau beantworten.

Woher stammten seine Kenntnisse?

Zwischen Imad und Ibrahim wurden übrigens gewisse übereinstimmende Charaktereigenschaften festgestellt. So deckte sich Ibrahims Jagdleidenschaft mit dem außergewöhnlichen Interesse des fünfjährigen Kindes für alles, was mit Jagd zu tun hatte. Das Kind sprach auch für sein Alter erstaunlich gut französisch, eine Begabung, die seiner eigenen Familie völlig abging. Ibrahim wiederum war Angehöriger der französischen Armee gewesen und sprach fließend Französisch. Sowohl Ibrahim als auch Imad waren streitsüchtig und unbeherrscht. Davon abgesehen: Bis zu seinem fünften Lebensjahr hatte Imad panische Angst vor Lastwagen und Omnibussen.

Aus seinen akribisch durchgeführten Untersuchungen zahlloser Berichte von Personen mit Erinnerungen an ein früheres Leben schließt Stevenson, daß eine ganze Reihe davon ohne jeden Zweifel echt sind. Diese Menschen haben tatsächlich gelebt, sind gestorben und wurden wiedergeboren.

So starb zum Beispiel der Tlingit-Indianer Victor Vincent im Frühjahr 1946. Etwa ein Jahr vor seinem Tod teilte er seiner ihm sehr nahe stehenden Nichte, Mrs. Corliss Chotkin mit, daß er als ihr nächster Sohn zurückkehren werde. Erkennungsmale dieses Sohnes seien zwei Operationsnarben, wie er sie selbst habe. Die eine rechts unterhalb der Nase, die andere auf dem Rücken. Durch die von Nadelstichen zurückgebliebenen runden Löcher seien diese besonders auffällig.

18 Monate nach Victors Tod gebar seine Nichte einen Sohn, nach seinem Vater Corliss Chotkin genannt. Er kam mit zwei Muttermalen zur Welt – dort, wo Victor Vincents

Narben gewesen waren und mit dem gleichen Aussehen. Die an der Nase des Jungen war dunkler als die Haut ringsum und »eindeutig gezahnt«, wie Professor Stevenson 1962 bei einer Untersuchung feststellte. »Das Muttermal auf dem Rücken war stark verfärbt und wulstig..., etwa 2,5 cm lang und 0,5 cm breit. An den Rändern waren... deutlich mehrere runde Male neben der eigentlichen Narbe erkennbar«, berichtet Stevenson.
Als der Junge 13 Monate alt war und zu sprechen anfing, versuchten die Eltern, ihm seinen Namen beizubringen. Plötzlich öffnete der Kleine seinen Mund und sagte zu seiner Mutter in einem für sein Alter unerwartet reinen Tlingit-Akzent: »Kennst du mich nicht? Ich bin doch Kahkody.« (Das war der Stammesname des verstorbenen Victor Vincent.) Als der kleine Corliss im Alter von zwei Jahren einmal bei den Docks spazierengefahren wurde, rutschte er plötzlich vor Aufregung hin und her. Er hatte jemanden entdeckt. »Da ist meine Susie«, rief er strahlend. Susie war die Stieftochter des verstorbenen Victor Vincent, die der Kleine in seinem jetzigen zweijährigen Leben noch nie gesehen hatte. Das Kind streichelte sie zärtlich, nannte sie (korrekt) bei ihren Tlingit-Namen und sagte immer wieder außer sich vor Freude: »Meine Susie, meine Susie!«
Einige Wochen später, als die Mutter den Kleinen wieder ausfuhr, sagte er plötzlich: »Da ist mein Sohn William«. Victor Vincent hatte tatsächlich einen Sohn namens William. Aber Mrs. Chotkin bemerkte ihn erst, als sie von dem kleinen Corliss auf ihn aufmerksam gemacht wurde.
Diese und noch viele ähnliche Vorfälle ereigneten sich, bevor der Junge sechs Jahre alt war. Danach schwand die Erinnerung an sein früheres Leben immer mehr. Als Fünfzehnjähriger konnte er sich dann an nichts mehr erinnern.
Der Brite Dr. Arthur Guirdham untersuchte einen der ein-

zigartigsten Reinkarnationsfälle. Seine Patientin, eine »Mrs. Smith«, erlebte im Wachzustand, vor allem aber in ihren Träumen, ihr früheres Leben im 13. Jahrhundert.
Dr. Guirdham befaßte sich in aller Sorgfalt mit diesem Fall. Von Natur aus skeptisch, wußte der Mediziner und geschulte Psychiater sehr wohl Phantasie und Wirklichkeit voneinander zu trennen.
In der Prüfung von Mrs. Smith's Aussagen beschränkte er sich vorwiegend auf die Rolle eines Amateur-Historikers und »schaltete den Psychiater aus«. Er konsultierte Kapazitäten internationalen Formats, unter anderem Prof. Nelli von der Universität Toulouse, und kam schließlich nach eingehendsten Überprüfungen der Fakten zum Schluß, daß es sich hier um einen nachweislich echten Reinkarnationsfall handelte. Diese Frau war im 13. Jahrhundert in Frankreich eine Ketzerin gewesen. Sie schrieb Orte, historische Einzelheiten, Geschehnisse, Kleidung und vieles andere mehr aus dieser Zeit nieder.
Dr. Guirdham gelang es nicht nur, den genauen Tag zu ermitteln, an dem sie vor 700 Jahren vor der Inquisition erscheinen mußte, sondern auch die Namen ihrer damaligen Familie und von Kollaborateuren festzustellen.
Nach langwierigen Nachforschungen und Studien bekannter Historiker mußten die Angaben der Mrs. Smith schließlich als korrekt bestätigt werden.

Selbst wenn die Reinkarnation für Skeptiker nicht eindeutig nachweisbar ist, muß es doch nachdenklich stimmen, daß in den tieferen Schichten unseres Unterbewußtseins Szenen und Erfahrungen aus früheren Jahrhunderten sozusagen auf Abruf gespeichert zu sein scheinen. Es ist, als ob alles, was einmal war, irgendwo noch vorhanden ist. Diese Annahme wird durch visuelle und akustische Wahrnehmun-

gen real erscheinender Projektionen vergangener Ereignisse untermauert. So finden sich zum Beispiel Menschen durch einen Zeitriß ganz plötzlich in Situationen versetzt, die der Vergangenheit angehören.
Sie werden von einer Sekunde zur anderen aus ihrer Gegenwart gerissen, um sozusagen als Zeitreisende an einem Geschehen teilzuhaben, das längst Vergangenheit ist. Auf der Suche nach einer Erklärung für dieses Zeit-Paradoxon, kehren sie dann verwirrt aus diesem Abenteuer in ihren »Alltag« zurück.

4
Zeitsprung

Astrophysiker gehen inzwischen von einem Universum aus, in dem Raum und Zeit ein untrennbares Ganzes sind. Schauen wir zum Beispiel heute zum Himmel auf und beobachten einen explodierenden Stern – eine Supernova –, dann ist uns im gleichen Augenblick bewußt, daß diese Sternexplosion unter Umständen Jahrmillionen zurückliegen kann und wir »Augenzeugen« eines längst vergangenen Geschehens sind. Denn durch gigantische Entfernungen bedingt, ist das Licht dieser Sternexplosion unendlich lange unterwegs, bevor es uns erreicht, das heißt, bis es für uns sichtbar wird. Wir sehen also Sterne nicht, wie sie heute sind, sondern so, wie sie dereinst waren.
Das Unglaubliche an einer Sternexplosion ist die Tatsache, daß wir zwar Augenzeugen eines längst vergangenen Geschehens sind, dieses aber in der Gegenwart miterleben.
Mathematiker pendeln zwischen zwei Auffassungen in bezug auf die Zeit. Die eine ist eine globale Konzeption, wonach die Gegenwart die Zukunft ruft und der Vergangenheit antwortet. Der zweiten Konzeption zufolge ist der Fluß der Zeit eine Abfolge von im wesentlichen unabhängigen Zuständen, wonach sich die Spuren der Vergangenheit sehr schnell verwischen und jeder Augenblick in bezug auf den vorausgegangenen etwas grundsätzlich Neues mit sich bringt. – Die wahre Natur der Zeit allerdings entzieht sich durch das Zeitrißphänomen mathematischen Gesetzmäßigkeiten.

Was immer Zeit am Ende auch sein mag, scheinen sich Ereignisse auf ihrer Reise in die Vergangenheit nicht einfach in »Nichts« aufzulösen, sondern sozusagen auf Abruf in der Raumzeit weiterzuexistieren.
Es hat fast den Anschein, als hinterließe jedes Ereignis, jede Tat, jeder Gedanke dort einen »Abdruck«. Und dieser Abdruck kann durch bestimmte physikalische oder psychische Umstände jederzeit als Kopie in Erscheinung treten – wenn diese Kopie mit dem Original auch nie ganz identisch sein wird. Denn solche aus der Vergangenheit »kopierten« Ereignisse wirken »steril« – etwas stimmt nicht, denn sie sind unheimlich!

Paris, 10. August 1901. Anne Moberly, Rektorin des St. Hugh College in Oxford und ihre Kollegin Dr. Eleanor Francis Jourdain verlassen das Versailler Schloß und gehen über die weitläufige Freitreppe in die Parkanlagen hinunter. Sie sind auf dem Weg nach Petit Trianon, dem kleinen Lustschlößchen, in dem die unglückliche Königin Marie Antoinette vor der Französischen Revolution 1789 einige Jahre gelebt hatte.

Über einen Feldweg gelangen sie zu verödeten Gehöften. Ein veralteter Pflug liegt davor. Dann kommen ihnen zwei Männer in langen grünen Mänteln entgegen. Auf dem Kopf tragen sie Dreispitze. Als Dr. Jourdain sie nach dem Weg fragt, deuten sie wortlos geradeaus.

Da sie die sonderbare Kleidung der Fremden als zusätzliche Touristenattraktion betrachten, denken die beiden Frauen nicht weiter darüber nach.

Nach einer Weile stoßen sie auf ein alleinstehendes Haus. Auf der Treppe zur Haustür steht eine Frau mit einem Wasserkrug in der Hand. Sie beugt sich zu einem etwa dreizehnjährigen Mädchen hinunter, das die Hände nach dem Krug ausstreckt. Die Frau und das Mädchen wirken in der Bewegung wie erstarrt. – Ihre weißen, unter dem Mieder befestigten Schultertücher leuchten.

Zum ersten Mal beschleicht die beiden Engländerinnen ein unheimliches Gefühl. Sie spüren, daß hier irgend etwas ganz und gar nicht mit rechten Dingen zuzugehen scheint.

Verunsichert setzen sie ihren Weg fort. Schließlich stoßen sie auf einen Pavillon inmitten eines Geheges. Es ist ein gottverlassener Ort, der eine deprimierend unangenehme Atmosphäre ausstrahlt. Zudem sitzt dort auch noch ein Mann mit einem von Pockennarben abstoßend entstellten Gesicht. Er hat einen Mantel an und einen Sombrero auf dem Kopf. Er scheint die Frauen nicht zu sehen, jedenfalls beachtet er sie nicht. Von irgendwoher kommt plötzlich ein junger Bursche im langen dunklen Mantel und in Schnallenschuhen angerannt.

»Dort ist der Durchgang nicht erlaubt«, oder so ähnlich, ruft er den Frauen zu. Gleichzeitig deutet er mit der Hand nach rechts: »Dorthin! Da finden Sie das Haus.«

Obwohl die englischen Pädagoginnen französisch sprechen, verstehen sie den Mann nur teilweise. Der dienert mit einem neugierigen Lächeln und verschwindet. Der Hall seiner davoneilenden Schritte liegt noch eine ganze Weile in der Luft.

Stumm setzen die Oxforderinnen ihren Weg fort. Nach einer Weile erreichen sie eine schmale, rohgezimmerte Brücke, die über einen Hohlweg führt. Auf der anderen Seite schlängelt sich der Pfad an einer von Bäumen gesäumten Wiese entlang. Nicht weit entfernt liegt ein Landhaus mit geschlossenen Läden. Links und rechts schließen sich Terrassen an.

Auf der Wiese sitzt eine Dame, ihren Rücken dem Haus zugekehrt. Sie hält einen großen Bogen Papier in der Hand und scheint eine Zeichnung zu betrachten, an der sie wohl arbeitet.

Es ist eine äußerst anziehende, nicht mehr ganz junge Frau in einem langtaillierten Sommerkleid mit sehr fülligem, anscheinend kurzem Rock. Ein recht ungewöhnlicher Anblick. Ein zartgrünes Fichu (Schultertuch) ist um die Schultern drapiert, und ein breitrandiger, weißer Hut bedeckt das blonde Haar. Als sich die beiden Engländerinnen einem Haus, das am Ende der Terrasse steht, nähern, fliegt plötzlich eine Tür auf, um sich sofort wieder mit einem Knall zu schließen. Ein Mann mit dem Gehabe eines Dieners, wenn auch ohne Livree, kommt heraus. Da die beiden Engländerinnen glauben, unbefugt in ein fremdes Grundstück eingedrungen zu sein, folgen sie dem Mann – und finden sich von einer Sekunde zur anderen in einer Menschenansammlung wieder, bei der es sich augenscheinlich um eine Hochzeitsgesellschaft handelt. Alle sind nach der um 1901 herrschenden Mode gekleidet!

Wieder daheim, unterhalten sich die beiden Lehrerinnen noch einmal über ihre Reiseerlebnisse. Dabei stellt sich zu ihrer Verwunderung heraus, daß jede etwas anderes gesehen hat: A. Moberly beispielsweise die Dame auf der Wiese mit dem Papierbogen in der Hand, E. Jourdain dagegen den veralteten Pflug vor den verlassenen Gehöften.
Da sich die beiden Frauen ihre teilweise unterschiedlichen Wahrnehmungen nicht erklären können, nehmen sie eine systematische Analyse der Vorgänge jenes Nachmittags vom 10. August 1901 vor. Danach beschließen sie, sich alle greifbaren Informationen über Petit Trianon zu beschaffen.
1904 fahren die beiden Oxforderinnen erneut nach Versailles. Bei diesem Besuch stellen sie zu ihrer Verwunderung fest, daß das kleine Häuschen, wo Dr. Jourdain die Frau mit dem Krug und das Mädchen gesehen hat, völlig anders aussieht. Auch dort, wo den Frauen die Männer mit den grünen Mänteln und den Dreispitzen auf dem Kopf begegnet waren, ist alles verändert. Den Pfad, auf dem ihnen der Fremde den Weg nach Petit Trianon gewiesen hatte, gibt es nicht mehr. – Alles sieht anders aus, die Anlagen sind

»zusammengeschrumpft«. Es gibt keine Holzbrücke – keinen Hohlweg mehr. Und dort, wo die Dame auf der Wiese saß, steht nun ein stattlicher Strauch.
In jahrelangen systematischen Nachforschungen versuchen die Engländerinnen nun, Licht in das Dunkel zu bringen. Sie beschaffen sich Grundrißkarten über die Anlagen von Versailles, sehen in der französischen Nationalbibliothek Dokumente ein und ziehen Historiker zu Rat. Nach und nach zeichnet sich folgendes Bild ab:
Der von E. Jourdain gesehene Pflug gehörte zwar nicht zu Petit Trianon, wurde aber dort nachweislich einmal aufbewahrt und nach der Französischen Revolution verkauft.
Im Versailles des 18. Jahrhunderts trugen *nur* die Bediensteten des Schlosses eine grüne Livree.
Die beiden Männer in den grünen Mänteln und den Dreispitzen auf dem Kopf konnten als die Brüder Bersy identifiziert werden! Am 5. Oktober 1789, als sich die Königin Marie Antoinette in Petit Trianon aufhielt, hatten sie dort Wachdienst.
Aus historischem Quellenmaterial ließ sich nachweisen, daß es sich bei der Vierzehnjährigen um Marion, die Gärtnerstochter, handelte und bei dem Pockennarbigen im Sombrero (um 1789 gerade in Mode gekommen) um den Grafen Vandreuil, einen Kreolen, der am Sturz von Marie Antoinette stark beteiligt war.
Bei dem rennenden Mann mit den Schnallenschuhen muß es sich um den Pagen von Bretagne gehandelt haben. Denn historischen Unterlagen zufolge wurde dieser vom Haushofmeister des Schlosses nach Petit Trianon geschickt, um die Königin zur sofortigen Flucht vor dem aus Paris anrückenden Mob zu veranlassen. Zudem ist historisch nachgewiesen, daß Marie Antoinette am 5. Oktober 1789 in den Gartenanlagen von einem Boten die Nach-

richt erhielt, sie werde von Petit Trianon aus in Sicherheit gebracht.
Aus Archiven ging sogar hervor, daß die Modistin der Königin, eine Madame Eloffe, noch 1789 zwei grüne Seidenfichus für diese angefertigt hatte.
1902 bekam A. Moberley zufällig ein von Wertmüller gemaltes Porträt Marie Antoinettes zu Gesicht. Zu ihrem maßlosen Erstaunen trug es die Züge der Dame beim Trianon.
»Alles sah plötzlich unnatürlich aus und war mir daher unangenehm«, beschrieb die Rektorin das plötzliche Auftauchen einer Landschaft aus einem anderen Jahrhundert. »Selbst die Bäume hinter den Gebäuden wirkten flach und farblos – wie auf einem Gobelin. Es gab weder Licht noch Schatten. Kein Lufthauch war zu spüren. Es herrschte absolute Stille. Dr. Jourdain bestätigte diesen Eindruck mit den Worten: »Die ganze Szene – Bäume, Himmel und Gebäude strahlten etwas Unheimliches aus.«
Was war passiert?
Die nächstliegende Erklärung wäre, daß die Frauen einem Tagtraum erlegen sind. Doch dem Zufall die Chance einzuräumen, daß beide zur gleichen Zeit, am gleichen Ort über das gleiche Thema geträumt haben, wäre sicher zu weit hergeholt. – Es sei denn, sie hätten sich bewußt oder unbewußt beeinflußt.
Möglich wäre natürlich auch, daß die Engländerinnen diese Vorkommnisse aus Geltungsbedürfnis erfunden haben. Doch dagegen spricht die Tatsache, daß die Vorfälle am Petit Trianon von ihnen erst viele Jahre später veröffentlicht wurden und die Pädagoginnen als absolut integer galten.
Es bliebe noch eine – wenn auch ziemlich exotische – Erklärung: Durch unbekannte Ursachen könnten die beiden in eine andere Zeitdimension versetzt worden sein, in

der sie einen Bruchteil dieser vergangenen Periode miterlebt haben.
Tatsächlich wurden am 10. August 1901 elektrische Stürme über Europa registriert. Könnte dadurch eine Veränderung der lokalen Zeitdimension um Versailles ausgelöst worden sein?

Immer wieder untermauern sonderbare Zwischenfälle die Theorie, daß es hin und wieder zu einer Unterbrechung – ja, zu einem »Riß« im normalen Ablauf der Zeit kommen kann. So ereignete sich im Juli 1975 während einer Forschungs- und Filmexpedition der Yacht »New Freedom« folgendes Phänomen auf offener See, etwa 75 Meilen nordöstlich von Bimini:
Die Yacht geriet in einen außergewöhnlich starken, elektromagnetischen Sturm, in dessen Verlauf kein Regen fiel. Den klaren Abendhimmel durchzuckten immer wieder grüne oder violettfarbene Blitze. Auf dem Höhepunkt des trockenen, elektromagnetischen Sturms hatte es den Anschein, als würde der Himmel in einem blendenden Wirrwarr von Blitzen, begleitet von widerhallendem Donnergrollen, förmlich »auseinanderreißen«.
Dr. Jim Thorne, der Expeditionsleiter, der das atemberaubende Schauspiel mit einer 35-mm-Pentax photographierte, hatte seine Kamera genau in dem Moment auf den Horizont eingestellt, als das Unwetter mit ohrenbetäubenden Donnerschlägen seinen Höhepunkt erreicht hatte. Natürlich war er neugierig, ob es ihm gelungen war, das Phänomen »naturgetreu« auf dem Film festzuhalten.
Zu seiner maßlosen Überraschung stellte sich dann heraus, daß der entwickelte Film mehr zeigte, als er beim Phographieren mit eigenen Augen gesehen hatte. Denn auf der linken Seite des Abzugs, nur etwa 25 bis 35 Meter von seiner

Yacht entfernt, war etwas abgebildet, das wie das Segel eines großen, voll getakelten Schiffs aussah. Aber weder vor noch nach dem elektrischen Sturm hatten sich andere Schiffe in der Nähe der »New Freedom« aufgehalten. Die Aufmerksamkeit der Besatzung war natürlich auf das Feuerwerk der Blitze am Horizont gerichtet. Dagegen hatte die Kamera »emotionslos« alles in Sichtweite eingefangen, was sich – für welche Zeitspanne auch immer – dort befand.
Photospezialisten und Techniker schlossen Fehler in Zusammenhang mit der Kamera oder während der Entwicklung des Films aus. Es konnte weder eine Fehlfunktion der Ausrüstung nachgewiesen werden, noch gibt es eine plausible Erklärung dafür, wie sich ein Segel und so etwas wie das Ruderhaus eines alten Segelschiffs »materialisiert« haben und auf dem Höhepunkt des elektrischen Sturms photographisch festgehalten werden könnte. Ein mysteriöser Vorfall, der bis heute ohne jede Erklärung geblieben ist.

Nicht weniger Rätsel geben hin und wieder Funkmeldungen auf, bei denen die Zeit stehengeblieben zu sein scheint. So wurde zum Beispiel eine Fernsehsendung erst Jahre nach ihrer Ausstrahlung empfangen, als wäre sie in der dazwischenliegenden Periode durch einen Zeitriß »abhanden gekommen«.
Es war in der Tat ein recht ungewöhnlicher Vorfall, der sich am 14. September 1963 in England ereignet hat: wurde doch das heimische Fernsehprogramm englischer Zuschauer zu ihrem Erstaunen sporadisch von einem anderen gestört – nämlich vom Fernsehsender KLEE-TV in Houston, Texas! Die beiden Programme erschienen abwechselnd auf den Bildschirmen der Zuschauer, wobei die Sendung aus Texas sogar besser empfangen wurde als die englische. Beschwerden an den Sender des Störprogrammes

konnten nie zufriedenstellend beantwortet werden, weil das zur Debatte stehende Programm schon vor einigen Jahren ausgestrahlt worden war und KLEE-TV längst nicht mehr existierte. – Auch die mit der Überprüfung des Vorfalls beauftragte Elektronikfirma – Atlantis Electronics Ltd., Lancaster, England – kam zu keinem befriedigenden Ergebnis.

Spekulationen einiger Forscher zufolge scheinen einige Zonen unserer Erde für eine Art »Zeitriß« anfällig zu sein. Denn an diesen Orten, wie beispielsweise im Bermuda-Dreieck, kommt es immer wieder zu mysteriösen Zwischenfällen. Im Gegensatz zu Petit Trianon, wo eine Szene aus der Vergangenheit allem Anschein nach in die Gegenwart projiziert wurde, verschwinden dort immer wieder Flugzeuge, Schiffe und Menschen, ohne in den meisten Fällen eine Spur zu hinterlassen.

5

Türen zum Nichts

Seit Jahrhunderten verschwinden immer wieder Menschen auf rätselhafte Weise spurlos vom Antlitz der Erde. Urplötzlich entweichen sie dem Blickfeld von Zeugen, als seien sie in einen Zeitriß eingetaucht. Ihr Sein hört einfach dort auf, wo sie eben noch waren. Was ist mit ihnen geschehen? Wohin sind sie entschwunden?
Welche Möglichkeiten bleiben, wenn Entführung, Unfall oder andere natürliche Erklärungen ausgeschlossen werden müssen?
Neuesten Erkenntnissen zufolge müssen wir akzeptieren, daß es im Raum-Zeit-Kontinuum durch das Zusammenspiel gleichzeitig wirksamer Kräfte – wie zum Beispiel intensive elektromagnetische Kräfte – zu Unregelmäßigkeiten kommen kann, die nicht nur die Raumzeit verformen, sondern sogar aufreißen, um damit zeitlich befristete »Türen« zu anderen Dimensionen – zu Parallelwelten – zu öffnen. Sie verschwinden sozusagen in einer Zeitfalle, wie zum Beispiel der neunzehnjährige Bruce Burkan, der am 24. Oktober 1967 auf einer Bank an der Endstation einer Bushaltestelle in Newark, USA, saß. Er trug einen billigen, schlecht sitzenden Anzug, hatte genau sieben Cents in der Tasche und wußte nicht, warum er dort saß und was in den letzten zwei Monaten mit ihm passiert war.
Am 22. August war Bruce Burkan mit seiner Freundin zum Strand des Asbury Parks in New Jersey zum Schwimmen gefahren. Später war er in der Badehose zum Parkplatz

gelaufen, um etwas aus dem Wagen zu holen. Als er nicht wiederkam, wurde seine Freundin unruhig und suchte nach ihm. Vergeblich. Der Wagen stand verschlossen auf dem Parkplatz, wo ihn die beiden vor Stunden abgeschlossen zurückgelassen hatten. Von Bruce Burkan fand sich jedoch keine Spur. Seine Eltern veröffentlichten umgehend eine Suchanzeige. Ohne Erfolg. Überzeugt, daß ihrem Sohn etwas zugestoßen war, entschlossen sie sich schließlich zu einer Trauerfeier zu seinem Gedächtnis.

Als Burkan zwei Monate später sozusagen aus dem Blauen wieder in Newark auftauchte, hatte er keine Ahnung, was in den vergangenen zwei Monaten passiert war. Besonders beunruhigte ihn die Tatsache, daß ihn nach den öffentlichen Bekanntmachungen kein Mensch erkannt oder gesehen hatte, zumal sein brandrotes Haar ein unverkennbares Merkmal war! Reportern gegenüber äußerte er, daß es ihm so vorkäme, als hätte die Zeit zwischen dem 22. August und dem 24. Oktober aufgehört zu existieren.

Offensichtlich gingen zwei Monate im Leben von Burkan in einem Zeitriß unter …

Völlig unerklärlich endeten die Spuren zweier Offiziere der englischen Luftwaffe in der arabischen Wüste im Sand. Der Pilot D. R. Stewart und Leutnant W. T. Day waren am 24. Juli 1924 zu einem ihrer regelmäßigen Beobachtungsflüge aufgestiegen. Als die Maschine überfällig war, wurde am darauffolgenden Tag ein Suchkommando zusammengestellt. Dieses fand die vermißte Maschine schließlich in tadellosem Zustand flugbereit in der Wüste abgestellt. Es fehlte weder Treibstoff, noch waren Anzeichen eines Kampfes oder sonstiger Schwierigkeiten festzustellen. Das einzig sichtbare Zeichen waren die Fußspuren zweier Männer, die sich einige Schritte von der Maschine entfernten, aber dann abrupt endeten. Außer diesen Fußabdrücken fand sich nie wieder eine Spur der beiden englischen Flieger.

Einer der markantesten Fälle spurlosen Verschwindens geht auf 1880 zurück. Folgendes ereignete sich am 23. September jenes Jahres auf dem Weideland eines Gestüts, etwa 18 Kilometer außerhalb der Kleinstadt Gallatin, in der Nähe von Nashville im amerikanischen Bundesstaat Tennessee:
Dort lebte David Lang, der Eigentümer des Gestüts, mit seiner Frau und seinen beiden Kindern, dem achtjährigen George und der elfjährigen Sarah.
An jenem Morgen im September verließ David Lang das

Haus durch die Vordertür und sprach eine Weile mit seinen spielenden Kindern. Seine hinter ihm stehende Frau genoß das kurze familiäre Beisammensein, bevor jeder an seine tägliche Arbeit ging.
Dann verabschiedete sich der Pferdezüchter mit einem kurzen Winken von seiner Familie, lief die Treppe hinunter und ging mit energischen Schritten über das Feld zum Stall hinüber.
Als Mrs. Lang ihrem Mann nachsah, schien ihr die aufgehende Sonne direkt in die Augen. Plötzlich bemerkte sie eine offene Pferdekutsche, die, in eine Staubwolke gehüllt, den langen Weg zum Farmhaus heraufgekrochen kam.
Wie lange die Trockenheit schon anhält, dachte sie, während sie die Besucher nach ihren Konturen zu erkennen suchte. Es war ihr Bruder und in seiner Begleitung der angesehenste Jurist der Stadt, Richter August Peck.
Sie ging zur großen Glocke, um David zurückzuläuten, da er sicherlich mit den Besuchern einiges zu besprechen hatte. Als sie die Hand ausstreckte, um die Glocke in Bewegung zu setzen, entdeckte sie die rasch ausschreitende Gestalt ihres Mannes in der Mitte der großen Viehweide. Sie glaubte ihren Augen nicht trauen zu dürfen, als ihr Mann plötzlich »von der Bildfläche« verschwand, bevor sie in der Lage war, die Glocke überhaupt in Gang zu setzen. Ihr Mann war weg – von einer Sekunde zur anderen, im Laufen und ohne den Kopf zu bewegen von der Koppel verschwunden.
Im gleichen Augenblick verschlug es Richter Peck im Wagen die Sprache. Der Weide zugewandt, hatte er David Lang dort gesehen und wollte ihn rufen, als der Pferdezüchter sich vor seinen Augen spurlos »in Luft« auflöste.
»Großer Gott«, stammelte der Richter. »Was ist bloß mit ihm passiert?«
»Wovon reden Sie?« fragte Langs Schwager verständnislos.

Der Richter rutschte irritiert und verstört auf seinem Sitz herum.
»Unglaublich«, sagte er. »Gerade noch habe ich Lang beim Überqueren seiner Weide gesehen. Dann war er von einer Sekunde zur anderen verschwunden. Steigen wir aus und sehen nach, was da passiert ist.«
Die beiden Männer verließen das Gefährt und überquerten rasch die Viehweide. Auch Mrs. Lang rannte bereits auf die Stelle zu, wo sie ihren Mann zuletzt gesehen hatte. Sprachlos vor Bestürzung trafen sie dort alle zusammen.
»Er muß in ein Loch gefallen sein«, meinte der Richter.
»Aber es passierte so plötzlich und es sah nicht so aus, als sei er ausgerutscht oder hingefallen. Er ist einfach verschwunden«, schrie Mrs. Lang beinahe hysterisch vor Schrecken.
Sie untersuchten die Stelle auf der Weide Zentimeter um Zentimeter. Nichts war zu finden, kein Loch, keine Erdspalte. Schließlich liefen sie zum Haus zurück, und Mrs. Langs Bruder läutete Sturm, um Hilfe herbeizurufen. Schon kurze Zeit später trafen sie zu Dutzenden ein: Nachbarn, Freunde und Leute aus dem Städtchen. Jeder Quadratmeter Land und jede Ecke des Besitzes wurde auf Erdrisse oder Löcher hin untersucht. Auf der Weide war nichts zu finden außer Gras. Es gab dort weder Bäume, Sträucher noch Gestein.
Als auch Wochen später noch jede Spur über den Verbleib des Pferdezüchters fehlte, verpflichteten Mrs. Lang und ihr Bruder einen Landgutachter und einen Geologen, um das Gelände zu untersuchen. Diese stellten lediglich fest, daß der Untergrund aus Kalkstein bestand. Aber im Grundgestein gab es weder eine Felsspalte, geschweige denn eine Höhle.
Von diesem Untersuchungsergebnis immer noch nicht überzeugt, schlossen sich Langs Nachbarn zusammen, um nach

etwaigen unterirdischen Gruben oder Höhlen zu bohren. Vergeblich. Nicht einmal das Gras war an der Stelle niedergetreten, wo der Pferdezüchter verschwunden war. Es gab nicht die geringste Erklärung für sein Verschwinden mitten auf der Weide. Auch in den inzwischen vergangenen über hundert Jahren konnte dieses Rätsel nicht gelöst werden.
Ein Jahr später geschah etwas, das die Gemüter in Gallatin über das mysteriöse Verschwinden von Lang erneut erhitzte. Auffallenderweise hatte sich die Stelle auf der Weide, wo sich der Pferdezüchter sozusagen in Luft aufgelöst hatte, seltsam verändert: Hier war eine Kreisfläche von etwa vier Metern Durchmesser mit hoch und dicht wachsendem Gras entstanden. Aber keines der Tiere auf der Farm weidete dort. Selbst die Insekten mieden diese saftige »Grasoase«. Lediglich Langs Kinder spielten dort hin und wieder. Und Sarah rief dann gewöhnlich: »Bist du irgendwo in der Nähe, Dad?«
Anfang August 1881 rief Sarah dort wieder einmal nach ihrem Vater, als plötzlich eine Stimme antwortete. Beide Kinder hörten sie. Es klang wie ein entfernter Hilfeschrei. Sarah und George rannten ins Haus zurück und berichteten der Mutter, was sie erlebt hatten. Daraufhin lief Mrs. Lang, so schnell sie konnte, zu dem »grünen Kreis« auf der Weide hinaus und rief nach ihrem Mann, so, wie es die Kinder getan hatten. Sie hörte ihn antworten. Es war ohne Zweifel seine Stimme.
In den nächsten Tagen gingen die drei regelmäßig wieder zu diesem Ort und riefen nach David Lang. Alle drei hörten ihn antworten, stellten aber fest, daß die Stimme von Tag zu Tag schwächer wurde. Am fünften Tag blieb dann die Antwort ganz aus. Von nun an wurde David Langs Stimme nie mehr gehört.

Ein ähnlicher Zwischenfall passierte innerhalb einer Dekade nach dem spurlosen Verschwinden von Lang. Diesmal traf es ein Mitglied der bekannten britischen Verleger-Familie Macmillan, die einen der größten Verlage der Welt gegründet hat.
Am 13. Juli 1889 besuchte einer der abenteuerlustigen Macmillans den sagenumwobenen Berg Olymp in Nordgriechenland. Er wurde von einem Freund namens Hardinge und einem einheimischen Führer begleitet. Die drei machten sich zu Pferd auf den Weg und ritten bis zu einer zwischen zwei Berggipfeln gelegenen Hochebene. Während Hardinge den höheren Berg ersteigen wollte, entschied sich Macmillan für den niedrigeren. Der Bergführer blieb auf der Hochebene bei den Pferden zurück, hielt sich jedoch in Rufweite der beiden Männer auf.
Als Hardinge seine Bergspitze erklommen hatte, drehte er sich nach Macmillan um und sah ihn auf dem Gipfel »seines« Berges stehen. Nachdem sich die Freunde zugewinkt hatten, begann Macmillan sofort mit dem Abstieg. Hardinge blieb noch eine Weile oben und nahm die Schönheit der Landschaft in sich auf. Dann sah er sich nach seinem Freund um und stellte fest, daß Macmillan beinahe die halbe Strecke nach unten hinter sich gebracht hatte. Er sah ihn, aber im nächsten Moment war er weg. Ungläubig starrte Hardinge zum andern Berg hinüber. Doch dort war niemand mehr. Bis zum Fuß des Berges war der Abhang leer – keine Spur mehr von Macmillan! Was war da passiert?
Hardinge hastete nach unten und traf dort auf den Bergführer, der den Abhang des niedrigeren Berges wie versteinert fixierte. Schließlich brachte er heraus, daß er den Abstieg von Macmillan zur gleichen Zeit beobachtet habe wie Hardinge. Beide hatten den Engländer den Berghang herunterklettern und im nächsten Moment verschwinden sehen.

Sie untersuchten jeden Meter des Berghangs. Jede Spur von Macmillan fehlte. Nichts mehr wies auf seine ehemalige Anwesenheit hin, kein Kleiderfetzen, keine Fußspuren, kein abgebrochener Zweig. Es war, als hätte er sich »in Luft aufgelöst«. Auch ein später eingesetzter Suchtrupp kehrte unverrichteter Dinge zurück. Es gab weder Felsspalten noch Erdlöcher, in die er gefallen sein konnte.
Macmillan war einfach vor den Augen der beiden anderen spurlos verschwunden.

Bis zum heutigen Tag haben sich immer wieder Zwischenfälle ähnlicher Art ereignet, die bisher ein Rätsel geblieben sind. Hier stellt sich nun die Frage, ob nicht durch lokal und zeitlich begrenzte Einflüsse ein »Riß in der Raumzeit« verursacht werden könnte, in den Personen und Objekte – Flugzeuge und auch Schiffe – aus unserer Welt in eine Parallelwelt fremder Dimensionen »fallen«. Anscheinend gibt es »labile« Regionen der Erde, die für einen Zeitriß besonders anfällig sind, wie zum Beispiel das Bermuda-Dreieck.
»Ich weiß, daß da draußen etwas vorgeht – etwas Unheimliches, Teuflisches. Ich weiß auch, daß unser Pilot vom Teufelsdreieck auf unbegreifliche Art umgebracht worden ist. Aber wie und warum, ist mir ein Rätsel. Jedenfalls ist er tot«, berichtet Don Parris, einer der beiden Überlebenden, die dem Bermuda-Dreieck entronnen sind.
Sie waren zu dritt in ihrer einmotorigen Cessna 172 unterwegs – der 43jährige Parris, der 32 Jahre alte Kelly Hanson und der 29jährige Pilot Mike Roxby. Sie waren von ihrer Heimatstadt Merritt Island in Florida nach Haiti unterwegs.
Als sie bei herrlichem Wetter Kurs über die Bahamas nahmen, funktionierten die Kontrollinstrumente tadellos. Die

kleine Maschine flog über Bimini. Sobald sie aber im Bereich des Bermuda-Dreiecks war, das etwa zwischen Miami, den Bermuda-Inseln und Puerto Rico liegt, ging unvermittelt alles schief. Eine dichte, gelbliche Nebelwand baute sich plötzlich aus dem Nichts auf, Funkverkehr und Treibstoffanzeiger fielen aus, die Navigationsinstrumente spielten verrückt, und die Kompaßnadel rotierte. Jede Orientierungsmöglichkeit fehlte, und die drei Insassen der kleinen Maschine wußten nicht mehr, wo oben oder unten war. Die Cessna wurde so stark durchgeschüttelt, daß Hanson sich Kopfverletzungen holte. Dann wurde unversehens die Insel »Great Inagua« unter ihnen sichtbar.

»Was dann geschah, wird mir immer ein Rätsel bleiben«, erinnert sich Hanson. »Wenn ich daran denke, läuft es mir heute noch kalt den Rücken hinunter. Für einen Moment war die Sicht absolut klar, wir konnten unter uns deutlich die Landebahn sehen. In der nächsten Sekunde waren wir mitten in einem Wolkenstrudel, der plötzlich, aus dem Nichts, da war.

»Was zum Teufel...« schric Mike. Und das waren die letzten Worte seines Lebens! Im Bruchteil einer Sekunde waren wir aus der unheimlichen Wolke heraus und rasten auf einen Berghang zu. Das ist alles, woran ich mich erinnern kann.

Don und ich kamen etwa zur selben Zeit wieder zu Bewußtsein. Trotz unserer Verletzungen halfen wir uns gegenseitig aus der Maschine. Aber Mike war tot.«

»Ich habe an die verrückten ›Teufelsdreieck-Geschichten‹ nie geglaubt, aber danach habe ich meine Meinung geändert«, fügte Hanson nachdenklich hinzu.

Luftfahrtexperten waren von diesem Vorfall ebenso verwirrt wie die Überlebenden. In Fachkreisen war Roxby als erstklassiger Flieger bekannt.

»Es gibt keine einleuchtende Erklärung für diese Bruchlandung. Roxby war ein erfahrener Flieger«, äußerte sich Don Wilson, der Direktor des Flughafens von Merrit Island. Und der Flugsicherungsinspektor Ed Graves fügte hinzu: »Da draußen im Teufelsdreieck muß irgendwas passiert sein, das sicher nicht durch menschliches oder maschinelles Versagen verursacht wurde. Mike Roxby war ein verdammt guter Flieger ...»

Seit den ersten Aufzeichnungen über das Bermuda-Dreieck, vor über 170 Jahren, sind damit immer wieder unheimliche Vorfälle verbunden.

So verschwand zum Beispiel das USS-Navy-Schiff »Pickering« mit seiner 90köpfigen Besatzung am 20. August 1800 auf unerklärliche Weise. Und im gleichen Monat des Jahres 1800 verschwand auch die USS »Insurgent« mit 340 Mann an Bord, ohne eine Spur zu hinterlassen. Am 9. Oktober 1814 kehrte die USS »Wasp« mit ihrer 140köpfigen Besatzung nicht mehr aus dem Teufelsdreieck zurück... Allein seit 1980 gingen in den unheimlichen Gewässern jährlich zwischen dreißig und fünfzig Schiffe und Flugzeuge verloren. Andererseits tauchen aber auch immer wieder seit Jahren vermißte Dinge auf.

Da die Suchkommandos der Küstenwache inzwischen mit hochempfindlichen Radargeräten ausgerüstet sind, können sie nunmehr den Meeresgrund genau abtasten. Dabei stoßen sie immer wieder auf Wrackteile versunkener Schiffe, aber auch abgestürzter Flugzeuge, die vor über 40 Jahren auf unerklärliche Weise spurlos verschwunden sind:

Am 5. Dezember 1945 ging ein Vorfall in die Annalen der Luftfahrtgeschichte ein, der den traurigen Ruhm für sich in Anspruch nehmen kann, niemals aufgeklärt worden zu sein. An diesem verhängnisvollen Tag verschwanden fünf TBM-

»Avenger«-Torpedobomber auf einmal! Sie waren vom Marinestützpunkt Fort Lauderdale mit 14 Besatzungsmitgliedern zu einem Routinetrainingsflug aufgestiegen, als der Kontakt mit der Bodenstation ganz plötzlich abbrach. Sofort wurde ein Marine-Flugboot mit 13 Mann Besatzung auf die Suche nach diesem Flug 19 geschickt. Doch auch mit dieser Maschine brach die Verbindung zum Boden nach 20 Minuten ab. An diesem denkwürdigen Nachmittag lösten sich sechs Flugzeuge mit 27 Besatzungsmitgliedern »in Luft« auf.

Eine der aufwendigsten Suchaktionen wurde über Wochen in Gang gehalten. Erfolglos. Denn die vermißten Maschinen tauchten nie mehr aus der »Versenkung« auf. Nicht einmal die kleinsten Bruchstücke oder ein Ölfleck im Wasser zeugten von ihrer ehemaligen Existenz.

Jetzt, nach über 40 Jahren, hob ein Schatzsucher das Wrack eines dieser »Avenger«-Flugzeuge westlich von Key West aus dem Golf von Mexiko. Das Unheimliche an dieser Bergung ist die Tatsache, daß im Cockpit jeder Hinweis auf den ehemaligen Piloten fehlte. Nichts war da. Kein Skelett, kein Totenschädel!

Diese Entdeckung deckt sich mit einem Vorfall, der sich am 10. Januar 1980 zugetragen hat:

Der Fußballtrainer der Mannschaft der Universität von Louisiana, Bo Rein, startet mit seiner Maschine von Shreveport nach Baton Rouge. Plötzlich fliegt sie in umgekehrter Richtung zum Bermuda-Dreieck. Air-Force-Jets, die mit dem Befehl aufgestiegen sind, die Privatmaschine abzufangen, melden, daß Reins Flugzeug führerlos fliegt!

Nach einem fünfstündigen, fast »schnurgeraden« Flug von 1500 Meilen stürzt es plötzlich ins Meer. Hilflos beobachten die begleitenden Abfangjäger das Drama. Später wird der Todesflug von einem Air-Force-Sprecher als »absolut furchterregend« beschrieben.

Auch der Schriftsteller Charles Berlitz hatte ein ganz persönliches Erlebnis, draußen im Teufelsdreieck. Was er da mit eigenen Augen gesehen hat, klingt wie ein Science-fiction-Roman: Er kreuzte vor den Bahamas, als urplötzlich eine dichte, gelbliche Nebelwand vor seinem Schiff auftauchte. Alle Lichter verlöschten, und der Funkverkehr brach ab. Es hatte den Anschein, als würde es unter Wasser verfolgt. Das Schiff war vom Kurs abgekommen. Dann zeichnete sich im Wasser auf einmal eine Art »langer Tank« ab. Natürlich wurde das Ding zuerst für eine optische Täuschung gehalten – bis es aus dem Wasser schoß und steil in den Himmel aufstieg.
Bedauerlicherweise gibt es kaum eine Möglichkeit, solchen Vorfällen auf den Grund zu gehen, denn Küstenwache und Polizei sind trotz modernster Geräte hoffnungslos überfordert. Das Ganze ist rätselhaft. Aber keiner will es zugeben. Die Behörden nicht, weil sie dann eingestehen müssen, daß sie dagegen machtlos sind, und die Augenzeugen schweigen meistens, weil sie nicht für verrückt gelten wollen. Vom wissenschaftlichen Standpunkt aus gibt es für solche unheimlichen Vorgänge mehrere Theorien: zum Beispiel Zeitrisse, elektromagnetische Stürme, Unterwasserexplosionen, extreme Witterungsbedingungen oder Unterwasserströmungen.

Augenzeugenberichten zufolge werden allerdings im Bermuda-Dreieck immer wieder unbekannte Flugobjekte beobachtet. Es ist also nicht weiter überraschend, daß einige Teufelsdreieck-Experten das UFO-Phänomen für die rätselhaften Vorgänge dort verantwortlich machen.

6

Geheimprojekt »Majestic 12«

Fachleute definieren ein UFO als unbekanntes Flugobjekt oder Licht am Himmel beziehungsweise auf der Erdoberfläche, dessen Aussehen, Flugbahn, allgemeine Dynamik und Lumineszenz-Eigenschaften nicht konventionell erklärt werden können.
UFOs sind nicht nur für Astronomen, Physiker und Ingenieure eine Herausforderung, sondern auch für Verhaltensforscher. Überzeugenden Beobachtungen zufolge scheinen sie außerhalb unserer Modellvorstellungen von Raum und Zeit zu agieren.
Wenn UFOs als technisch konventionelle Flugobjekte in das jeweilige Konzept skeptischer Wissenschaftler passen würden, könnten wir die These von außerirdischen Besuchern getrost fallen lassen. Doch als Raumschiffe von anderen Welten würden sie in ihrem Erscheinungsbild und Verhalten die für uns fremdartigsten Eigenschaften aufweisen. Eigenschaften, die von einem orthodoxen wissenschaftlichen Establishment nicht akzeptiert werden können. Und genau das ist der Fall.
Allein schon die unkonventionellen Merkmale der UFOs lassen auf eine unglaublich fortgeschrittene Technologie schließen, die unter Umständen interstellare Raumreisen ermöglicht. Wenn sie sich außer dem uns bekannten Raumzeit-Kontinuum, sozusagen durch einen »Zeitriß«, auch noch andere Dimensionen nutzbar machen könnten, wären sie wahrscheinlich auch in der Lage, uns – neben allen

anderen beobachteten Phänomenen – beim Eintauchen in ein anderes Kontinuum mit scheinbarer Dematerialisation zu überraschen. Ein Vorgang, über den Augenzeugen immer wieder berichten.
Kein Wunder, daß durch das UFO-Phänomen immer wieder Emotionen ausgelöst werden, die zu hitzigen Streitereien führen, ob es sich bei den UFOs um ein psychisches oder physikalisches Problem handelt.
Carl Gustav Jung zum Beispiel äußerte sich sehr ambivalent über das UFO-Phänomen. Einerseits sah er in diesen Flugobjekten archetypische Traumsymbole – das kreisrunde Auge Gottes –, die Ganzheit, die Gottheit, also ein echtes religiöses Erlebnis. Andererseits existierten für ihn UFOs durchaus auch als reale, materielle Gebilde.
Diese zwiespältige Haltung ist bei vielen Menschen bis heute erhalten geblieben.

Roswell, Neu Mexico, 2. Juli 1947. »Schluß für heute«, sagt der Viehzüchter William Brazel zu seinem Sohn Bernie, mit dem er bis in die Dämmerung dringende Zaunreparaturen auf seiner Ranch durchgeführt hat. Steif vom Bücken richtet er sich langsam auf. Dabei sieht er rein zufällig zum Abendhimmel auf und stutzt. »Sieh doch mal... das leuchtende Ding da oben«, sagt er zu seinem Sohn und deutet mit der Hand in den Himmel über Roswell. Verwundert betrachten beide ein strahlend helles, scheibenförmiges Objekt, das sich in nordwestlicher Richtung fortbewegt.

Wahrscheinlich ein neuartiges, geheimes Testflugzeug von der nahegelegenen Army-Air-Base, denkt er. Da blitzt das Ding plötzlich auf. Ein Explosionsknall folgt. Deutlich sichtbar stürzen in der Ferne glühende Bruchstücke zu Boden.

»Schnell, laß uns hinfahren«, drängt Brazel Senior. »Es muß noch auf unserem Gelände passiert sein.« Doch als die beiden Männer etliche Meilen durch das unwegsame Weideland gefahren sind, ist es dunkel geworden. Sie müssen die Suche auf den nächsten Tag verschieben.

Am kommenden Morgen fährt der Rancher mit seinen Kindern, Sohn und Tochter, in das Gebiet, wo sie am Abend vorher den Absturz beobachtet haben. Stunde um Stunde sind sie unterwegs, ohne auch nur die geringste Spur zu finden. Ob wir uns mit der Entfernung verschätzt haben?

fragt sich Brazel. Langsam geht ihm die sinnlose Sucherei auf die Nerven.
Im Moment, als er sich entschließt, damit Schluß zu machen, ruft sein Sohn aufgeregt: »Halt an, Dad, dort drüben ist was!«
Und dann entdecken sie die ersten Wrackteile des sonderbaren, scheibenförmigen Flugkörpers: federleichte, silbrige Metallteile aus einem Stück, Metallträger, die mit fremdartigen Hieroglyphen versehen sind, und eigenartig funkelnde Kristalle.
Dem Rancher dämmert, daß hier etwas Außergewöhnliches im Spiel sein muß. »Kommt Kinder, Finger weg! Wer weiß, was wir hier entdeckt haben. Wir informieren am besten den Sheriff.« Nach den Schilderungen der Brazels kommt dem das Ganze nicht recht geheuer vor. Darum unterrichtet der Gesetzeshüter umgehend die Army-Air-Base in Roswell. Major Jesse Marcel vom militärischen Geheimdienst des 509. Bombergeschwaders und ein CIC-Corps-Offizier namens Cavitt werden zum rund 100 Kilometer nordwestlich von Roswell gelegenen Ranchgelände abkommandiert, um zu untersuchen, was es mit dem »Absturz eines unbekannten Flugobjekts« auf sich hat. Als die Offiziere dann die über eine weite Fläche verstreuten Wrackteile in Augenschein nehmen, ist die Sensation perfekt: Es handelt sich zweifellos um die Bruchstücke eines Flugobjekts außerirdischer Herkunft!
Nach Rückkehr der Offiziere zum Militärstützpunkt gibt Oberst William Blanchard unauthorisiert eine Pressemeldung frei, die am nächsten Tag veröffentlicht wird:
»Die vielen Gerüchte um die ›Fliegenden Scheiben‹ fanden gestern eine Bestätigung. Denn das 509. Bombergeschwader war in der glücklichen Lage, das Wrack einer solchen Scheibe sicherzustellen. Irgendwann in der letzten Woche

ist das Objekt auf dem Gelände einer Farm bei Roswell abgestürzt.«

Major Marcel erhält den Auftrag, die Wrackteile zu bergen und für ihren Abtransport zu sorgen. Von Roswell sollen sie an Bord einer B-29 zur Wright-Patterson-Luftwaffenbasis in Dayton, Ohio, geflogen und von dem dort stationierten Technischen Nachrichtendienst der US-Luftwaffe untersucht werden.

Die besten Wissenschaftler des Landes sind gerade gut genug, um den sensationellen Fund zu analysieren. Und als der Kommandant des Technischen Nachrichtendienstes der Luftwaffe – anfangs AMC, später ATIC genannt –, General Nathan Twining, von der Bergung des Wracks erfährt, fliegt er, ungeachtet anderer wichtiger Verpflichtungen, umgehend nach Neu-Mexiko, um die Aktion zu beaufsichtigen. Auch der damalige wissenschaftliche Chefberater der Regierung, Dr. Vannevar Bush, ist auf Anweisung des Präsidenten mit von der Partie.

1941 hatte Bush den Forschungsrat für die Nationale Verteidigung ins Leben gerufen und 1943 das Büro für Wissenschaftliche Forschung und Entwicklung gegründet, um das sogenannte »Manhattan-Projekt«, das zur Entwicklung der Atombombe führte, zu kontrollieren.

Welchen Stellenwert die US-Regierung und das Pentagon der Bergung und Untersuchung der Roswell-Wrackteile beimißt, beweist allein schon der Einsatz von Dr. Bush.

Am 19. September 1947 erhält der Präsident einen Zwischenbericht, aus dem hervorgeht, daß es sich bei dem aufgefundenen Wrack höchstwahrscheinlich um einen Kurzstreckenaufklärer außerirdischer Herkunft handelt! Und am 24. September werden Dr. Bush und Verteidigungsminister James V. Forrestal zum Präsidenten ins Weiße Haus gebeten.

Dieses Treffen ist übrigens im Terminprotokoll von Truman nachzulesen, das in der Truman Library aufbewahrt wird.
Im Verlauf der streng geheimen Besprechung raten Bush und Forrestal dem Präsidenten zur Gründung einer Geheim-Operation – Codename »Majestic 12« – die nun beschlossen wird. Die Namen der an diesem Projekt Beteiligten lesen sich übrigens wie ein Who's Who der damaligen Administration, der wissenschaftlichen Forschung und der obersten Militärführung.
In einem noch am gleichen Tag diktierten Memorandum erwähnt Präsident Truman Projekt »Majestic 12« unter anderem mit den Worten: »Die Unternehmungen sind in angemessener Geschwindigkeit und Sorgfalt fortzuführen.«
Die Untersuchungen der Roswell-Wrackteile nehmen ihren systematischen Lauf: Durch Luftaufklärung werden vier kleine, humanoide Lebewesen entdeckt, die vor der Explosion des UFOs herausgeschleudert wurden und zwei Meilen östlich der Absturzstelle aufgeschlagen sind... Alle vier sind tot und in den acht Tagen bis zu ihrer Entdeckung durch Witterungseinflüsse stark verwest und durch Tiere verstümmelt.
Der »Majestic 12«-Wissenschaftler Dr. Detlev Bronk ist an der Untersuchung und Analyse der Leichen beteiligt. Schließlich kommen die Spezialisten zu der Schlußfolgerung, daß diese außerirdischen Wesen zwar menschenähnlich aussehen, wenn auch die für ihre Entwicklung verantwortlichen Prozesse stark von denen des Homo sapiens – des Menschen – abweichen:
Dr. Bronk und seine Kollegen schlagen für diese Wesen vorläufig... die Bezeichnung »Extraterrestrial Biological Entities« (Außerirdische biologische Wesen) – EBEs – vor...« Sie sind kleinwüchsig, haben überproportional

große, runde Köpfe mit kleinen Augen und keine Haare. Soweit noch feststellbar, ist ihre Bekleidung overallähnlich und aus einer Art synthetischem grauen Material gefertigt. Da praktisch feststeht, daß dieses Flugobjekt nicht irdischer Herkunft ist... muß es von irgendwoher aus unserem Sonnensystem stammen, jedoch eher noch in einem anderen beheimatet sein...«

Im Wrack wird eine Anzahl schriftähnlicher Symbole entdeckt, deren Entschlüsselung aber erfolglos bleibt. Ebenso ergebnislos verlaufen auch die Bemühungen, die Antriebsmethoden oder die Art beziehungsweise Methode der Energieübertragung zu ermitteln... Untersuchungen in dieser Richtung scheitern, weil jeder Hinweis auf Flügel, Propeller, Düsen oder andere konventionelle Antriebs- und Steuerungssysteme fehlt. Darüber hinaus gibt es weder Kabel, Vakuumröhren noch andere erkennbare elektronische Komponenten.

Schon während die Wrackteile des havarierten UFOs geborgen wurden, mußten sich Augenzeugen – Zivilisten und Militärpersonen – zu absolutem Stillschweigen verpflichten. Reporter wurden trotz der ersten voreiligen Meldung mit dem überzeugenden Märchen abgespeist, daß es sich bei dem abgestürzten Flugkörper um einen verirrten Wetterforschungsballon gehandelt habe...

Das alles geschah vor 42 Jahren. Und die Top-Secret-Operation »Majestic 12« wäre der Öffentlichkeit wohl für immer verborgen geblieben, hätte nicht ein geheimnisvoller Unbekannter unbefugt die Karten aufgedeckt!

Das gleiche trifft auf die Nachfolgeprojekte »Aquarius« und »Snowbird« zu, in denen es um die Bergung von zwei weiteren abgestürzten Flugobjekten außerirdischer Herkunft geht – und zwar 1950 bei El Indio in Texas und 1982

im nordwestlichen Territorium von Kanada, am Mackenzie-Fluß.
Auf geradezu abenteuerliche Weise wurde nämlich einem Adressaten in Los Angeles, dem Filmproduzenten Jaime Shandera, durch die Post ein unscheinbares, braunes Päckchen zugestellt. Es war ringsum mit amtlich wirkenden Klebestreifen versiegelt, wies jedoch keinen Absender auf.
Als der Empfänger die Verpackung entfernt hatte, stieß er auf eine zweite, abermals sorgfältig versiegelte Hülle, bis er endlich den eigentlichen Inhalt der Sendung in Händen hielt: eine schwarze Plastikbüchse mit einer Filmrolle.
Der entwickelte 35-mm-Film gab dann ein atemberaubendes Geheimnis preis: Die Ablichtung einer aus acht Seiten bestehenden streng geheimen Dokumentation!
Der Empfänger glaubte seinen Augen nicht trauen zu können, als er die Negative einer hochoffiziellen Dokumentation mit dem Stempel »Top Secret/Majic – Eyes Only« näher in Augenschein nahm. Handelte es sich hier doch im Klartext um Dokumente der höchsten Geheimhaltungsstufe der Vereinigten Staaten, die nur Personen mit einer speziellen »Majic«- oder »Majestic 12«-Freistellung zugänglich sind. Zudem war dieses nur in einem Exemplar existierende Material lediglich einem ganz kleinen Kreis (zwölf hochrangigen Wissenschaftlern und Regierungsbeamten) zur Einsicht vorbehalten. Mit dem Hinweis auf dem Deckblatt: »Informationen, die von lebenswichtiger Bedeutung für die nationale Sicherheit der Vereinigten Staaten von Amerika sind. Kopieren und handschriftliche Aufzeichnungen sind strengstens untersagt.«
Die auf dem Film festgehaltenen acht Seiten enthalten einen am 18. November 1952 für den Präsidentschaftskan-

didaten Dwight D. Eisenhower zusammengestellten Kurzbericht, dem als Anhang A die Kopie eines Memorandums vom 24. September 1947 beiliegt. Präsident Harry S. Truman informierte darin den damaligen Verteidigungsminister James Forrestal über die »Operation Majestic 12«.

Nur zu bald war sich der Empfänger der »heißen« Sendung darüber im klaren, daß die ihm zugespielte Geheimdokumentation ein »zweischneidiges Schwert« sein konnte: Entweder hielt er tatsächlich das wohl brisanteste Geheimdokument des Oval Office in Händen – oder ein ausgemachter Witzbold wollte ihn auf den Leim führen, noch dazu mit Fliegenden Untertassen, denn haargenau darum geht es in dem achtseitigen Dokument!

Aber vorausgesetzt, das Dokument war echt, dann sollte der zum neuen Präsidenten gewählte Dwight D. Eisenhower offensichtlich noch vor seinem Amtsantritt im Januar 1953 über den aktuellen Stand der seit 1947 durchgeführten geheimen Untersuchungen im Zusammenhang mit unidentifizierten Flugobjekten unterrichtet werden. Verfasser des explosiven Stoffs war immerhin niemand anderes als der erste Direktor der CIA (Central Intelligence Agency), Admiral Roscoe R. Hillenkoetter. (CIA und »Operation Majestic 12« wurden übrigens im September 1947 gleichzeitig ins Leben gerufen.)

In einem streng geheimen CIA-Dokument (OSI/PG Strong: bxl) wurden dann die Richtlinien für die Handhabung des UFO-Phänomens festgelegt. So heißt es z. B. in Absatz 2 unter c:

»Aufgaben des Geheimdienstes:

(3) Ein weltweites System der Berichterstattung wurde eingerichtet, und die wichtigsten Luftwaffenbasen erhielten den Befehl, unbekannte Flugobjekte abzufangen.«

Und weiter heißt es in Absatz 5:

»Empfehlungen:
Auf der Grundlage dieser Forschungsprogramme entwikkelt und empfiehlt die CIA die Übernahme der Richtlinien zur Information der Öffentlichkeit durch den National Security Council, durch die das Risiko einer Panik gemindert wird.
Gez.: Marshall Chadwell, Assistant Director Scientific Intelligence.«
Durch die Top-Secret-Dokumentation »Majestic 12« ist nun das bisher am strengsten gehütete Geheimnis der USA ans Licht gekommen. Nämlich die Tatsache, daß amerikanische Spezialisten im Auftrag des Oval Office die Wrackteile dreier havarierter Flugobjekte außerirdischer Herkunft und die verstümmelten Leichen einiger Besatzungsmitglieder geborgen, untersucht und analysiert haben. Die sich daraus für die Menschheit ergebenden Konsequenzen sind unabsehbar.

Seit der amerikanische Privatpilot Kenneth Arnold 1947 über dem 4391 Meter hohen Mount Rainier im Staat Washington neun »fliegende Untertassen« – wie er sie nannte – in exakter Formation sichtete, vertreten UFO-Gegner verbissen den Standpunkt, daß es sich dabei in jedem Fall nur um Verwechslungen zum Beispiel mit Wetterballons, um optische Täuschungen oder Lügengeschichten hirnrissiger Phantasten handelt.
Zweifellos trifft das auf eine ganze Reihe angeblicher UFO-Sichtungen oder gar »Begegnungen mit Außerirdischen« zu. Dagegen haben einige wenige, stichhaltig dokumentierte Vorfälle bewiesen – nur etwa ein Prozent unter den Tausenden von Sichtungen in den vergangenen 40 Jahren –, daß hier ein reales Phänomen nicht einfach konventionell wegerklärt werden kann.

Selbst die der CIA unterstellten geheimen UFO-Forschungsprojekte »Sign«, »Grudge« und »Blue Book« der Air-Force konnten diese Tatsache nicht ableugnen.
Schon 1948 – vor über 40 Jahren – kam die US-Luftwaffe in einer streng geheimen Analyse (Dokument F-TR 2274-IA) zu der Schlußfolgerung, daß UFOs mit hoher Wahrscheinlichkeit außerirdische Raumschiffe sind, die den Planeten Erde beobachten. Seit vielen Jahren kursieren zwar Gerüchte über abgestürzte UFOs, aber bisher gab es dafür keinen Beweis.
Als mir die brisante US-Geheimdokumentation mit dem Vermerk »Top Secret – Eyes Only« zugespielt wurde, war mein erster Gedanke: Das kann nicht wahr sein. Es muß sich um eine Fälschung handeln! Laut »Operation Majestic 12«, »Projekt Snowbird« beziehungsweise »PI 40« – den Codenamen dieser Geheimdokumentationen – wurden aber in der Tat die Wrackteile unbekannter Flugobjekte geborgen, zur Untersuchung zu verschiedenen Standorten in den USA überführt und analysiert.
Auch die Bergung der 1950 in El Indio, Texas, und 1982 am kanadischen Mackenzie-Fluß aufgefundenen, ausgebrannten Wrackteile außerirdischer Raumschiffe scheinen keinen weiteren Aufschluß über die Antriebssysteme erbracht zu haben. Es heißt allerdings, die Amerikaner hätten in Zusammenarbeit mit den Kanadiern in speziellen Aufhängungen der Wrackteile Kristalle mit fantastischen Speichereigenschaften gefunden. Dem »Operation Snowbird«-Bericht nach sollen die unbeschreiblich harten, federleichten Metallteile und Verstrebungen von einem scheibenförmigen Flugkörper stammen. Auch hier wurde an Metallfragmenten eine Reihe schriftähnlicher Symbole entdeckt, die nicht entschlüsselt werden konnten.
Tatsächlich wird in diesem Zusammenhang die Arbeit einer

kleinen Gruppe unter Leitung von Dr. Vannevar Bush in einem als streng geheim klassifizierten Memorandum des Kanadischen Verkehrsministeriums erwähnt, dessen Verfasser der Ingenieur Wilbert B. Smith vom UFO-»Forschungsprojekt Magnet« ist. Darin heißt es u. a.:
»Durch diskrete Nachforschungen der kanadischen Botschaft in Washington konnte ich mir folgende Informationen verschaffen:
a) Das Thema unterliegt der höchsten Geheimhaltungsstufe und geht weit über die der H-Bombe hinaus.
b) Fliegende Untertassen existieren.
c) Ihr modus operandi ist unbekannt, wird jedoch von der kleinen Gruppe unter Leitung von Dr. Vannevar Bush eingehend untersucht.
d) Die Angelegenheit ist für die Behörden der Vereinigten Staaten von ungeheurer Bedeutung.«

Die schon vor Jahren festgelegten Richtlinien dieser Geheimhaltungspolitik sind nach wie vor gültig. So heißt es unter anderem:
»Implikationen für die Nationale Sicherheit ergeben sich in erster Linie aus der völligen Unkenntnis der Motive und Intentionen dieser Besucher. Darüber hinaus nehmen die Aufklärungsflüge dieser Objekte auffällig zu. Es besteht die berechtigte Sorge, daß mit neuen Entwicklungen zu rechnen ist. Aus diesen Gründen, aber auch aus offensichtlichen internationalen und technologischen Erwägungen sowie der dringenden Notwendigkeit, öffentliche Panik unter allen Umständen zu vermeiden, sind die Mitglieder der UFO-Forschungsprojekte der einhelligen Auffassung, daß strengste Sicherheitsvorkehrungen auch von einer neuen Administration fortgesetzt werden müssen.«
Nach »Operation Majestic 12« wurden in den USA »PI 40«

sowie die supergeheimen Projekte »Aquarius« und »Snowbird« mit der Auflage ins Leben gerufen, eine intensive Analyse der UFO-Technologie zu betreiben.
Wer die Authentizität der UFO-Geheimdokumentationen bezweifelt, mag darauf hingewiesen werden, daß am 12. Januar 1987 ein geheimes Eisenhower-Memorandum freigegeben wurde, in dem »Operation Majestic 12« erwähnt wird.
Darüber hinaus hat der ehemalige Chef des Washingtoner Instituts für Technologie, Dr. Robert Sarbacher, in einem Brief festgehalten, daß seine Kollegen vom Forschungs- und Entwicklungsamt die geborgenen Wrackteile eines UFOs und die Leichen der außerirdischen Besatzungsmitglieder untersucht haben.
Vor einem halben Jahr, im September 1988, wurde dann das Gutachten des Anthropologen und Linguisten Professor Dr. W. Wescott von der Drew-University in Madison veröffentlicht, das eine Analyse des Sprachstils und der Maschinentype der UFO-Geheimdokumentation enthält. Nach Wescott gibt es »keinen überzeugenden Anhaltspunkt, der die Annahme einer Fälschung rechtfertigen würde«.
Der ehemalige Leiter des Schweinebucht-Projekts unter der Präsidentschaft von John F. Kennedy, der CIA-Experte Richard Bissell, sagt: »Über die Echtheit dieser Dokumentation gibt es für mich kaum einen Zweifel.«
Trotz der offensichtlichen Indizien für die Authentizität der UFO-Geheimdokumentation wurde sie von offizieller Seite natürlich nicht bestätigt – aber auch nicht dementiert. Sorgfältige Recherchen in den Präsidentschaftsbibliotheken und der Einblick in die Terminkalender von Truman und Eisenhower belegen, daß an den in den »Majestic 12«-Dokumenten erwähnten Tagen tatsächlich

streng geheime Treffen der Präsidenten mit Forrestal, Bush und Twining stattgefunden haben.
»Das (UFO-)Phänomen, von dem berichtet wird, ist real und keine Einbildung oder Fiktion ... Einige dieser Objekte werden entweder manuell, automatisch oder ferngesteuert ... Sie sind entweder rund oder elliptisch – an der Unterseite abgeflacht und oben mit einer Kuppel versehen ... UFOs sind zweifellos außerirdische Raumschiffe, die die Erde aus uns unbekannten Gründen beobachten ...« schrieb das »Majestic 12«-Mitglied Generalleutnant Nathan F. Twining in seinem Top-Secret-Bericht 4-TR-2274 IA unter anderem an den Brigadegeneral im Pentagon, George Schulgen.
Darüber hinaus heißt es in der »Snowbird«-Dokumentation: »Bei dem abgestürzten, scheibenförmigen Objekt handelt es sich höchstwahrscheinlich um einen Kurzstreckenaufklärer ... Dafür spricht vor allem die Größe des Flugkörpers, der vor seiner Explosion etwa zwölf Meter im Durchmesser betragen haben muß, und das offensichtliche Fehlen von Proviant.«

Unbekannte Flugobjekte verfügen über bestechende Flugeigenschaften. Denn sie können nicht nur auf der Stelle schweben, blitzschnell steile Winkel fliegen, auf- und absteigen wie ein vom Wind getriebenes Blatt, sondern auch aus dem Stand ungeheure Geschwindigkeiten erreichen und obendrein aus rasantem Flug abrupt zum Stillstand kommen.
So betrugen radargemessene Geschwindigkeiten bis zu 70000 (!) Stundenkilometer. Sechzig bis siebzig Prozent aller UFOs bewegen sich lautlos.
In den meisten Fällen wird das Aussehen der bisher beobachteten Flugobjekte als scheibenförmig, kugelähnlich, el-

liptisch, oval oder zigarrenförmig beschrieben. Möglicherweise sind die unterschiedlichen Formen dieser Objekte auf den Blickwinkel des jeweiligen Beobachters zurückzuführen. Die meisten sind von einer strahlenden Lichthülle umgeben und zeigen auffallende Farbveränderungen im Zusammenhang mit ihrer Fluggeschwindigkeit.

Generell können die in Verbindung mit UFOs beobachteten, unerklärlichen Auswirkungen in vier Gruppen aufgeteilt werden:

1. Unterbrechung und Störung der Funkanlagen und Navigationsinstrumente von Flugzeugen, also Störung oder Ausfall elektrischer beziehungsweise elektromagnetisch betriebener Geräte. Ausfall von Verbrennungsmotoren, Strom, Kompaßanlagen bei Schiffen und Flugzeugen.
2. Physiologische – zum Beispiel Hautverbrennungen – und psychische Auswirkungen auf Menschen und Tiere in der Nähe eines UFOs; das heißt, geistige Verwirrung oder Amnesie.
3. Flugzeugabstürze oder Explosionen aufgrund einer UFO-Begegnung. Das Verschwinden von Militär- und Zivilmaschinen bei der Verfolgungsjagd.
4. Entführungsberichte von Personen, die behaupten, an Bord eines außerirdischen Raumschiffs gebracht, dort untersucht und relativ unbeschadet wieder entlassen worden zu sein.

Woher kommen die seit Jahrtausenden immer wieder auftauchenden Unbekannten Flugobjekte, von denen Überlieferungen berichten? Sind doch schon in Höhlenzeichnungen aus grauer Vorzeit ihre typischen Formen mit stilisierten Lichtstrahlen über den festgehaltenen Urtieren dargestellt. Dazu Gestalten, die Ähnlichkeit mit unseren heutigen Astronauten haben.

Wer sind diese Wesen? Woher stammen sie? Sind es »Besucher aus der Zukunft« – also unsere Ur-Ur-Urenkel, die per Zeitriß eine Reise in die Vergangenheit unternommen haben? Oder handelt es sich um Besucher aus anderen Welten, die aus unserem eigenen oder aus fremden Sonnensystemen kommen? Jedenfalls kann es keinen Zweifel darüber geben, daß unsere Erde seit Jahrtausenden unter Beobachtung steht.

Wer nun glauben sollte, UFOs seien ein modernes Phänomen im Zusammenhang mit unserer technologischen Entwicklung – also nur Verwechslungen beispielsweise mit Stratosphärenballons, Satelliten, Flugzeugen und dergleichen mehr –, der irrt. Denn unbekannte Flugobjekte sind nicht erst im 20. Jahrhundert aufgetaucht, sondern haben schon zu Zeiten, als noch kein Luftverkehr existierte, unsere Ahnen und Urahnen verwirrt.
So schilderte bereits der im 17. Jahrhundert lebende Gelehrte Erasmus Francisci in seinem 1500 Seiten umfassenden Werk »Mysteriöse Erscheinungen in der Atmosphäre« folgenden Zwischenfall, der sich am 10. April 1665 in Stralsund zugetragen hat. Da heißt es im Original:
»... nach welchem über eine kleine Weile mitten aus dem Himmel eine platte runde Form wie ein Teller / und wie ein Manneshut / ihnen vor Augen gekommen. Von Farben / als wenn der Mond verfinstert wird / so Schnur-gleich über (der) S. Nicolai Kirche stehend geschienen / allda es auch bis zum Abend halten geblieben. Wie sie nun / voller Angst und Schrecken / diß (dieses) schreck- und nachdenkliche Spectacul anschauen / noch dessen Ende abwarten können; haben sie sich in ihre Hütten verfügen müssen / darauf sie die folgenden Tage theils an Händen und Füßen / theils an Haupt und anderen Gliedern / groß Zittern und Beschwehr

(Beschwerden) empfunden, worüber viel gelehrte Leut sich allerhand Gedanken gemacht ...«

Fragt man sich nun, ob unter den Schilderungen über merkwürdige Himmelserscheinungen vielleicht auch »Enten« zu finden sind, muß die Antwort »nein« lauten! Denn in den Augen der Vorväter spielte sich »da oben« ohnehin schon so viel ab, daß eine bewußte Mystifikation keinerlei zusätzlichen Effekt gehabt hätte.

Ein ähnlicher, besonders interessanter Bericht in diesem Zusammenhang stammt von dem Jesuitenpater Albert d'Orville. Als einer der ersten Europäer reiste er im 17. Jahrhundert in das damals noch sagenumwobene Land Tibet. Aus seiner Zeit in Lhasa stammen folgende Tagebuchaufzeichnungen:

»1661 – November. Meine Aufmerksamkeit wurde auf etwas gelenkt, was sich hoch am Himmel bewegte. Zuerst dachte ich, es wäre eine unbekannte Vogelart, die in diesem Land lebt, bis das Ding näher kam und die Form eines doppelten chinesischen Hutes annahm; während es flog, drehte es sich sachte, als würde es von den unsichtbaren Flügeln des Windes fortgetragen. Es war sicher ein Wunder, Zauberei. Das Ding flog über die Stadt, und als wolle es bewundert werden, flog es zwei Kreise, wurde dann von Nebel umgeben und verschwand; und wie sehr man seine Augen auch anstrengen mochte, ward es nicht länger gesehen. Als ich mich fragte, ob mir nicht die Höhe, in der ich lebte, einen Schabernack gespielt haben könnte, bemerkte ich ganz in meiner Nähe einen Lama, den ich fragte, ob auch er es gesehen habe. Nachdem er zustimmend mit dem Kopf genickt hatte, sagte er zu mir: ›Mein Sohn, was du gesehen hast, war nicht Zauberei. Seit langer Zeit befahren Wesen von anderen Welten die Meere des Raumes und brachten geistige Erleuchtung den ersten Menschen, die die Erde bevölkert haben. Diese Wesen werden von uns stets freundlich empfangen und landen oft in der Nähe unserer Klöster, wo sie uns lehren und Dinge enthüllen, die verlorengingen in den Zeiten der Kataklysmen, die das Antlitz der Erde verändert haben ...‹«

Gegenwärtig ist es uns nicht möglich, Raumschiffe auf interstellare Reisen zu schicken, um andere Planetensysteme aufzusuchen. Hochentwickelte Zivilisationen mit einer revolutionären Technologie könnten dagegen interstellare Raumfahrt etwa im Stil des irdischen Flugverkehrs betreiben. Vorausgesetzt, in unserem Sternensystem, der Milchstraße, existieren zahllose fortgeschrittene Zivilisationen, dann kann ohne weiteres angenommen werden, daß Besucher der verschiedensten Planetensysteme unser Sonnensystem aufsuchen, um die Menschheit – eine für sie fremde Intelligenz – zu beobachten und zu überprüfen.
»Noch vor einigen Jahren wurde in seriösen europäischen UFO-Gruppen die Meinung vertreten, daß es sich bei den UFOs um eine Art imaginativer Projektionen handelt, etwas das sich zwar physikalisch gebärden könne, im Grunde genommen aber doch von den seelischen Tiefenschichten irgendwie »ausgeschwitzt« würde. Amerikanische Forscher nehmen diese Ansicht nicht mehr ernst, nachdem handfeste Beweise für die physikalische Existenz der UFOs aus militärischen Geheimdienst-Archiven freigepreßt wurden.
Die Frage »Was sind UFOs?« ist seit 1987 in den USA nicht mehr aktuell. Man diskutiert vielmehr die Motive und Absichten der fremden Intelligenz, die sich hinter den UFOs verbirgt. Die beiden großen Themen der Forschung befassen sich mit der Untersuchung von

– »Abductees«, das heißt von UFO-Entführten, und dem

– Nachweis, daß die USA im Besitz abgestürzter Flugscheiben sind.«

Das stellte Diplomphysiker Illo Brand, der Herausgeber der zentraleuropäischen Sektion von »Mutual UFO Network«, in einem Bericht fest.

Aufgrund des »Freedom of Information Act (FOIA)«, also des Gesetzes zur Freiheit der Information, können Dokumente aus den US-Geheimarchiven seit 1979 Privatpersonen unter der Voraussetzung zugänglich gemacht werden, daß die Nationale Sicherheit der USA durch die darin enthaltenen Informationen nicht gefährdet wird. Ein entsprechend zu honorierender US-Bundesrichter muß darüber entscheiden, ob diese Voraussetzung gegeben ist. Inzwischen sind nicht nur UFO-Forscher über den Inhalt dieser Dokumente überrascht, sondern sogar die für ihre Beurteilung zuständigen Richter.

Der amtierende Richter am Obersten Gericht des Staates New York, Howard E. Goldfluss, äußerte sich dazu kürzlich folgendermaßen:

»Wie jeder andere Mensch war ich in bezug auf UFOs skeptisch. Meine Berufsausbildung verlangt, daß die Existenz von UFOs durch einen Beweis bestätigt wird. Keiner wurde vorgebracht, nur die typischen Illustrierten-Schlagzeilen wie: ›Ich wurde von einem Marsianer sexuell belästigt‹ oder ähnliches, wie es an entsprechenden Buchständen im Supermarket zu finden ist. – Doch es gibt einen soliden Beweis, der diesen Skeptizismus ad absurdum führt. Bevor dieser Beweis ans Licht kam, nahm ich der Air Force, der CIA und jedem anderen regierungsamtlichen Organ die Behauptung ab, UFOs seien ein Mythos. Wäre nicht der Freedom of Information Act verabschiedet worden, hätte ich diese Regierungserklärung wohl für immer akzeptiert. Dieses Gesetz wurde vom Kongress verabschiedet, weil er den Standpunkt vertrat, daß die Regierung der Öffentlichkeit zu viele Fakten vorenthielt. Eine sicherlich berechtigte Einstellung. Dank FOIA wissen wir jetzt, daß Onkel Sam auf dem Beweis ›sitzt‹, daß UFOs existieren und daß diese von sehr einflußreichen Leuten beobachtet wurden.

In der ›Air Intelligence Division Study 203 (A.I.D.S.)‹ (Studie der Abteilung für Luftaufklärung) sind die entlarvendsten Informationen zu finden. Es sind dort folgende Referenzen nachzulesen:

– White Sands, New Mexico, 29. Juni 1947: Drei Wissenschaftler sichten eine große, flügellose Scheibe oder Kugel, die sich horizontal fortbewegt.

– Portland, Oregon, 7. Juli 1947: Fünf Polizeioffiziere beobachten eine variierende Anzahl ähnlicher Scheiben, die verschiedene Stadtteile überfliegen.

– Andrews Field, Maryland, 18. November 1948: Die Militärpiloten Lt. Kenwood Jackson, Lt. Glen Stalker und Lt. Henry Combs begegneten in 5000 m Flughöhe einem kreisenden UFO, das erleuchtet war. Sie beschrieben das Objekt als ›abgeplatteten Ball‹ mit einem Licht, ohne Flügel oder ›Auspuff‹.

Ich konnte zwar die geistige Zurechnungsfähigkeit und Ehrlichkeit der oben erwähnten Beobachter in Zweifel ziehen, nicht aber den Air-Intelligence-Bericht IR-193-55 vom 15. Oktober 1955. Dieser Bericht entstand nach Interviews mit Senator Richard Russell aus Georgia, dem späteren Vorsitzenden des Armed Forces Committee of Senate; mit Oberstleutnant E. V. Hathaway, einem Stabsoffizier dieses Komitees, und Reuben Efron, einem Komitee-Berater. – Am 2. Oktober 1955 um 19 Uhr 10 beobachteten alle drei eine Minute nach dem Verlassen eines Zuges in der UdSSR zwei fliegende Scheiben, die nahezu vertikal aufstiegen (Dokument 1).

Zuguter Letzt suchen wir in den Gerichten nach nichts anderem als der Wahrheit. Doch wenn ein Teil der Fakten unterdrückt wird, kommt die Wahrheit nicht heraus. Wie soll ich oder irgendein anderer Richter eine richtige Entscheidung in bezug auf die Streitfrage UFOs treffen, wenn die Aussagen angesehener und glaubwürdiger Zeugen niemals gehört wurden?
Bisher haben wir die ›andere Seite der Medaille‹ berichtet bekommen: nur Scharlatane, Betrunkene, Spinner oder Psychopathen hätten das Phänomen beobachtet. Inzwischen wissen wir, daß viele dieser Zeugen angesehene, glaubwürdige und respektierte Leute sind, von denen die meisten eine technologische Ausbildung hatten. Wir haben nunmehr jede Veranlassung, das UFO-Phänomen aufgrund bisher unterdrückten, zwingenden Beweismaterials in neuem Licht zu beurteilen.«

Am 14. Oktober 1988 wurde in den USA eine zweistündige TV-Dokumentarsendung über UFOs bundesweit, mit Satelliten-Direktschaltung nach Moskau, ausgestrahlt. Zwei CIA-Beamte mit unkenntlich gemachten Gesichtern und verstellter Stimme nahmen daran teil. Das Videoband war vor einem Jahr aufgezeichnet worden. Dazu gab der CIA-Agent »Falcon« unter anderem folgende Erklärungen ab:
»Was verheimlicht wird, ist der Besuch verschiedener außerirdischer Rassen ... Heute gehören zu ›Majestic 12‹ u. a. John Poindexter, Harold Brown und James Schlesinger ... An vier verschiedenen Plätzen in den USA werden geheime UFO-Untersuchungen von vier jeweils 200 Personen starken Gruppen durchgeführt.«
Durch die vier unterschiedlichen, geheimen UFO-Forschungsprojekte erklären sich auch deren verschiedene Tarnnamen: »Majestic 12«, das sich mit der Untersuchung

und Analyse von UFO-Wrackteilen befaßt; »Sigma« steht für die elektronische Kommunikation mit Außerirdischen; »Snowbird« ist der Codename für die Auswertung von Erkenntnissen außerirdischer Raumschifftechnologie; »Aquarius« ist die Dachorganisation zur Koordination aller UFO-Untersuchungen; Projekt »PI 40« spezifiziert die Projekte im einzelnen.
Durch Erkenntnisse, die Projekt »Snowbird« zu verdanken sind, werden seit einiger Zeit im streng abgeschirmten Testgelände Groom Range in der Wüste von Nevada, etwa 100 Kilometer nordwestlich von Las Vegas, »Fluggeräte« erprobt, »die jeder Beschreibung spotten«, läßt ein »namenloser« Air-Force-Entwicklungschef die Katze aus dem Sack. »Einen Vergleich mit der SR-71 anzustellen, wäre so, als wollte man Leonardo da Vincis Fallschirmgerät mit dem Space Shuttle vergleichen.«
Ein anderer Beteiligter, der ungenannt bleiben möchte, schwärmt: »Was wir haben, geht über die Vorstellungskraft jedes herkömmlichen Flugtechnologen hinaus.« Im übrigen sollen dort »Gravitationsantriebe« getestet werden und Fluggeräte, die nicht irdischen Ursprungs sind.

Eingefleischte Skeptiker – keinesfalls gewillt, die Beweislast außerirdischer Besucher zur Kenntnis zu nehmen – führen vorzugsweise das Zeitproblem ins Feld. Da außerirdische Raumfahrer mit großer Wahrscheinlichkeit aus einem anderen Sonnensystem zu uns kommen müßten, würde die Zeit bei derartig großen Entfernungen zu einem unüberbrückbaren Hindernis, argumentieren sie. Sie übersehen allerdings, daß die Raumzeit neuesten Erkenntnissen zufolge nicht nur zu beeinflussen, sondern sogar manipulierbar ist. Denn durch sogenannte Zeitrisse werden unter Umständen »Abkürzungen« im All ermöglicht. Es ist also

nicht abwegig, daß Ufonauten solche »Raumzeit-Abkürzungen« nutzen, um hin und wieder hier aufzutauchen und ihre Spuren auf der Erde zu hinterlassen, wie zum Beispiel am 24. April 1964 in Socorro, Neu Mexiko. Hier wurden in einer Schlucht im Sand sechs Abdrücke von den Landefüßen eines ovalen Flugobjekts unbekannter Herkunft und Metallabriebspuren am Gestein entdeckt.
Der Leiter des Goddard Space Flight Center in Greenbelt, Maryland, Dr. Henry Frankel, gab nach seiner Analyse folgendes Resultat bekannt: »Die abgeriebenen Metallspuren stimmen mit keiner auf der Erde gelisteten Legierung überein. Diese Entdeckung bestärkt uns in der Überzeugung, daß der Ursprung des Socorro-Objekts außerirdischer Herkunft sein muß.«

7
Alien-Spuren

Hellerleuchtet steht das gigantische Raumschiff unbeweglich irgendwo draußen in den unendlichen Weiten des Alls. Wie der alles verschlingende Schlund eines riesigen Ungeheuers dreht sich vor ihm in einer gewaltigen Spirale ein »Schwarzes Loch«. Meteoriten rasen vorbei, werden von einem unvorstellbaren Sog in diesen Strudel gerissen.
Schaudernd verfolgen die Menschen an Bord des Raumkreuzers das faszinierende Schauspiel. »Was liegt dahinter?« fragen sie sich. »Das Unfaßbare, ein anderes Universum – oder führt das ›Schwarze Loch‹ auf dem kürzesten Weg zur heimatlichen Milchstraße zurück?« Ist es sozusagen ein »intergalaktischer Schnellaufzug«, der Raumschiffe in Sekundenbruchteilen an ihren Ausgangspunkt zurückbringt, den sie vor unzähligen Jahren einmal verlassen haben?
Wer den Film »Das Schwarze Loch« kennt, weiß um die Schönheit dieser Szene und kennt auch die hier angebotene Lösung des Rätsels: Am anderen Ende wartet unsere gute alte Erde.
Was ist von dieser Theorie zu halten? Sind »Schwarze Löcher« vielleicht Passagen durch einen Raum, in dem weder Zeit, Entfernung noch Geschwindigkeit eine Rolle spielen? Nutzen UFOs auf ihren Expeditionsreisen etwa diesen Weg und ließe sich so erklären, wie sie aus weit entfernten Planetensystemen zu uns kommen können?
Nach dem Stand unserer heutigen Raumfahrttechnik sind

bemannte interstellare Reisen nicht möglich. Zu ihrer Ausführung müßten nach den Vorstellungen irdischer Raumfahrtspezialisten folgende Energievoraussetzungen erfüllt werden:
Zur Überwindung der Gravitationsfelder von Erde und Sonne ist eine ausreichende Beschleunigungsenergie notwendig. Eine entsprechend hohe Antriebsenergie, um die Entfernungen zu anderen Planetensystemen in annehmbarer Zeit zurücklegen zu können. Dazu eine ausreichend hohe Bremsenergie, um das Schwerefeld des fremden Planeten zu überwinden und eine sichere Landung zu gewährleisten. Die gleichen Voraussetzungen wären für den Rückflug gültig.
Was die benötigten Treibstoffmengen, die Schubkraft und das Material für die Antriebsaggregate anbelangt, können diese Erfordernisse für bemannte Raumflüge zu anderen Sternen derzeit nicht erfüllt werden. Für solche Reisen sind also völlig neuartige, revolutionierende Methoden notwendig.

Das christliche Abendland betrachtete die Erde rund 1500 Jahre lang als den Mittelpunkt des Universums. Bis es schließlich nicht umhin kam, die Tatsache anzuerkennen, daß die Erde um die Sonne kreist und nicht umgekehrt. Mit wachsenden wissenschaftlichen Erkenntnissen wurde die Demontage der Vorstellung von der Sonderstellung unseres Planeten Schritt für Schritt fortgeführt. Heute wissen wir, daß die Milchstraße nur *ein* Sternensystem unter den Abermilliarden im Universum ist – und daß unsere Sonne keinesfalls der Mittelpunkt des Universums ist, sondern lediglich in einem unbedeutenden Vorort der Milchstraße liegt, dessen Entfernung von ihrem Zentrum rund 30 000 Lichtjahre beträgt.
Um das zu verdeutlichen, müssen wir uns ein Modell vorstellen, bei dem unsere Sonne die Größe einer Murmel hat. Die Erde wäre dann ein Sandkörnchen, das einen Meter entfernt von ihr liegt. Der nächste Stern würde demnach eine 240 Kilometer entfernte Murmel sein. Nach diesem Modell könnte die nächste fortgeschrittene Zivilisation vielleicht 30 000 Kilometer entfernt existieren.
Allein in unserer Milchstraße gibt es etwa 150 bis 200 Milliarden Sterne mit ungezählten Planeten und deren natürlichen Satelliten, sprich Monden. Mit Sicherheit verfügt davon eine große Anzahl von Planeten über eine Atmosphäre, die Leben ermöglicht. Von den 47 bekannten Sternen (Sonnen) bis zu einer Entfernung von 16 Lichtjahren

um unsere Sonne herum gibt es nach heutigen wissenschaftlichen Erkenntissen rund 22 Sterne, denen lebentragende Planeten zugeordnet sein könnten.
Die der Erde nächstgelegenen – und für mögliches Leben günstigsten – sind die zwischen zehn und elf Lichtjahre entfernten Sterne Epsilon Eridani, Epsilon Indi und Tau Ceti. Wollte man nun mit den uns derzeit bekannten Raketenantrieben den rund elf Lichtjahre – oder umgerechnet 104 Billionen Kilometer – von uns entfernten Stern Epsilon Eridani erreichen, so wäre dies genauso ehrgeizig wie das Vorhaben einer Schnecke, einige hundert Male um die Erde herumkriechen zu wollen.
Es muß also andere Möglichkeiten geben, diese Entfernungen zu überwinden – wie sonst könnten die UFOs von fremden Planeten zu unserer Erde gelangen? Die nächstliegende Erklärung wäre ein enorm leistungsstarkes Antriebssystem, das beispielsweise ein Reisetempo mit beinahe Lichtgeschwindigkeit – also rund 300000 Kilometer pro Sekunde – ermöglichen würde. Damit wäre ein schnelles Fliegen zwischen zwei weit entfernten Planetensystemen möglich – nur würde die bei diesem Tempo auftretende Zeitverschiebung den Raumfahrern ein äußerst unangenehmes Schnippchen schlagen: Während nämlich die Zeit an Bord ihres Raumschiffes verlangsamt abläuft – und damit auch die physikalischen und biochemischen Prozesse wie die Alterung der Mannschaft –, wäre die Zeit auf ihrem Heimatplaneten normal vergangen. Damit wären einschneidende Folgen verbunden.
Nehmen wir einmal an, ein irdisches Raumschiff befände sich auf einem Flug zum Epsilon-Eridani-System, um den zweiten Planeten – Achele – aufzusuchen. Mit annähernd Lichtgeschwindigkeit würde es dazu zwei Jahre benötigen, Beschleunigung und Abbremsvorgang inbegriffen. Zur Er-

forschung des Planeten hätten die Raumfahrer ein Jahr Zeit, bevor sie sich wieder auf die zweijährige Rückreise begäben. Wenn wir davon ausgehen, daß die komplette Mannschaft beim Start auf der Erde durchschnittlich 40 Jahre alt war, würde sie bei ihrer Heimreise zur Erde zurück in die Zukunft reisen. Ihre Frauen wären längst verstorben und ihre im Jahr des Starts geborenen Kinder bereits älter als ihre Väter.

Oder um es noch krasser zu formulieren: Bei einer interstellaren Reise mit beinahe Lichtgeschwindigkeit zum Zentrum der Milchstraße – was bei diesem Tempo in wenigen Jahren zu schaffen wäre – müßten die Raumfahrer nach ihrer Rückkehr feststellen, daß auf der Erde inzwischen 60000 Jahre vergangen sind. Und stellen Sie sich vor, ein Mensch könnte es schaffen, das gesamte Universum innerhalb eines Menschenlebens mit beinahe Lichtgeschwindigkeit zu durchreisen – würde er unser Sonnensystem bei seiner Rückkehr gar nicht mehr vorfinden, denn es hätte bereits aufgehört zu existieren.

Das Genie Albert Einstein hat in seiner Allgemeinen und später in seiner Speziellen Relativitätstheorie bereits nachgewiesen und errechnet, daß bei Erreichen von 99 Prozent der Lichtgeschwindigkeit von 60 irdischen Minuten für den Raumfahrer nur sechs Minuten vergehen.

Welche Alternative gibt es also, um ungeheuere Entfernungen zurücklegen zu können, ohne der Zeitdilatation – der Zeitdehnung – zum Opfer zu fallen? Die Schwarzen Löcher könnten hier die Lösung sein. Bei ihnen handelt es sich um »gestorbene« Sterne, die sich nach dem Kollaps immer mehr verdichtet haben, wobei die Schwerkraft die Kernkraft übertrumpfte. Bis schließlich ein sehr schnell rotierender Strudel mit enormer Anziehungskraft entstand, der alles

»verschluckt«. In diesem ungeheuer schnell rotierenden Strudel wären die uns bekannten Grenzen von Raum, Zeit und Geschwindigkeit aufgehoben.
Wäre also ein Raumschiff in der Lage, sich der Geschwindigkeit des Strudels – des Schwarzen Lochs – anzupassen, könnte es theoretisch das »hohle« Innere, den Schacht des Schwarzen Lochs (ähnlich wie bei einem Wasserstrudel) gefahrlos – in Nullzeit – passieren. Dieser Theorie zufolge würde das Raumschiff an einer anderen Stelle des Universums aus einem »Weißen Loch« – dem Gegenpol – wieder zum Vorschein kommen. Ein solcher »Zeittunnel« ist unter Wissenschaftlern als Einstein-Rosen-Brücke bekannt – benannt nach Professor Nathan Rosen und Albert Einstein, die diese Theorie aufgestellt haben.
Namhafte Wissenschaftler wie der amerikanische Physiker John Archibald Wheeler schlossen aus diesem Einstein-Rosen-Modell auf ein von »Wurmlöchern« durchzogenes ringförmiges Universum, mit einem zeitlosen Überraum in der Mitte. Die »Wurmlöcher« wären hier die »Schwarzen Löcher«.
Passiert nun ein Raumschiff solch ein »Wurmloch«, geriete es in den Überraum, in dem es sich vorwärts im Raum und rückwärts in der Zeit fortbewegen würde – also ohne Zeitverlust, in Nullzeit. Begriffe wie »vorher«, »jetzt« und »nachher« hätten ihre Bedeutung verloren.
Dies alles ist keine Science-fiction, sondern es handelt sich um die Forschungsarbeit weltweit anerkannter Wissenschaftler. Und die Relativitätstheorie ist ohnehin schon seit langem bewiesen. Auch die Existenz der Schwarzen Löcher hat man inzwischen nachweisen können.
Bleibt also die Theorie, ob sie wirklich eine Nullzeit-Verbindung von einem zum anderen Ende des Universums sind. Das werden wir wohl erst wissen, wenn irdische Roboter-

sonden sie durchflogen haben. Ein Experiment, das die UFO-Besatzungen vielleicht schon lange hinter sich haben und die seitdem routinemäßig die Schwarzen Löcher als »kosmischen Schnellaufzug« benutzen. Das würde erklären, wieso außerirdische Intelligenzen aus anderen Planetensystemen in der Lage sind, in regelmäßigen Expeditionen mit ihren Raumschiffen die Erde zu besuchen.

Vielleicht ermöglicht ein Schwarzes Loch noch etwas anderes – nämlich in die Zukunft zu reisen. Die Rückkehr könnte durch einen in umgekehrter Richtung verlaufenden »Zeittunnel« erfolgen. Da in einem »Schwarzen Loch« die Zeit durch Schwerkraft praktisch bis zur Unendlichkeit gedehnt wird, schließt der englische Mathematikprofessor John G. Taylor von der Universität London daraus: »... Die Ergosphäre (Energiefeld) eines großen, rotierenden Schwarzen Lochs ist der Ort, an dem man eine Zeitlang verweilen sollte, wenn man tausend (oder Millionen) Jahre in die Zukunft reisen will.«

Sollten UFOs Schwarze Löcher tatsächlich als »Zeittunnel« nutzen, läßt das eine interessante Theorie zu: Danach könnten UFOnauten Zeitreisende aus der Zukunft sein. Sie würden in die Vergangenheit – unsere Jetztzeit – fliegen, um die Ursachen für zukünftige Entwicklungen herauszufinden, die ihren Anfang in unseren Tagen nahmen.

Wo immer der Ursprung der UFOs auch sein mag, eines ist sicher, daß sie auf der Erde immer wieder zu Rästeln Anlaß geben!

Nach einer Zwischenlandung in Island steigt die Boeing-747 der Japan Airlines unter Flugkapitän Kenju Terauchi am 17. November 1986 mit Ziel Anchorage, Alaska, in den Himmel auf. Die Frachtmaschine mit der Flugnummer JL 1628 ist von Paris nach Tokio mit einer Ladung Beaujolais an Bord unterwegs. Der 49jährige Flugkapitän ist ein ruhiger, zuverlässiger Pilot, der in 19 Berufsjahren einige Millionen Flugkilometer für seine Gesellschaft am Himmel hinter sich gebracht hat.

Im Licht des Vollmondes ist die Sicht gut, und trotz einiger Turbulenzen verläuft der Flug problemlos. Nachdem Terauchi die nordpolare Region Kanadas überquert hat, schlägt er die südwestlich gelegene arktische Flugroute ein. Es ist 16 Uhr 25 Alaska-Zeit. Mitte November ist es in diesem Teil der Erde rund um die Uhr dunkel. Hier wird die Sonne erst wieder im März sichtbar. Als der Flugkapitän die Bodenstation in Edmonton über seine Flugposition informiert, wird er aufgefordert, sich in Anchorage zu melden.

17 Uhr 05. Die Bodenstation in Edmonton registriert JL 1628 auf dem Radarschirm und weist Terauchi eine neue Flugroute zu. Er dreht nach links ab. Da tauchen vor der Frachtmaschine plötzlich zwei nicht identifizierbare Lichter auf. Flugzeuge, vermutet die Besatzung der JL 1628. In 10 600 Metern Flughöhe zieht die Maschine mit 900 Stundenkilometern auf ihrem neuen Kurs dahin. Terauchi und seine Männer sehen zwar, daß sich die Lichter mit gleicher Geschwindigkeit und in ihrer eigenen Richtung fortbewegen, messen dem aber keine Bedeutung bei, da sie glauben, Militärjets vor sich zu haben. Sie fangen erst an, sich zu wundern, als die Lichter ihre Position unverändert beibehalten.

Tameto, der Erste Offizier der Boeing-747, ruft nun Anchorage Center über Funk: »Hier Japan Air 1628, haben Sie über uns irgendwelchen Flugverkehr registriert?«

»Negativ«, antwortet Anchorage.

»Etwa eine Meile vor uns sind aber zwei Flugobjekte«, funkt JL 1628 zurück.

»Können Sie den Flugzeugtyp indentifizieren, Sir? Erkennen Sie, ob es sich um Militär- oder Zivilmaschinen handelt?« fragt Anchorage an.

»Typ unidentifizierbar. Aber wir erkennen Navigationslichter«, antwortet JL 1628.

Die Crew der Frachtmaschine rätselt, ob hier etwa Laser getestet werden, denn das würde die schnellen Bewegungen dieser Lichter erklären. Manchmal sieht es so aus, als würden sie miteinander »spielen«. Ihre Verhaltensweise entspricht jedoch in keiner Weise der von Flugzeugen. Aber da sie weit genug entfernt sind und keine Gefahr bedeuten, behält Terauchi seinen Kurs bei.

Sind das etwa UFOs? schießt es ihm plötzlich durch den Kopf. Gleichzeitig greift er nach seiner Kamera, um ein paar Aufnahmen zu machen, mit deren Hilfe die Objekte später eventuell besser identifiziert werden könnten. Doch die Schärfeeinstellung der automatischen Kamera versagt. Terauchi legt den Photoapparat weg, weil das Flugzeug plötzlich zu vibrieren beginnt.

Die beiden unbekannten Flugobjekte stoppen unvermittelt und tauchen die JAL-Transportmaschine in hellen Lichtschein. Die Männer im Inneren der Maschine spüren seine Wärme. Als das Licht abgedämpft wird, können sie die etwa 150 bis 300 Meter über der Boeing dahinziehenden fremden Flugobjekte deutlich ausmachen.

Terauchi und seine Crew sind starr vor Staunen. Erst als sich die unbekannten Flugobjekte entfernen, informiert der Flugkapitän Anchorage über den Vorfall.

Als die UFOs auf den Radarschirmen von Anchorage Center geortet werden, wird umgehend die militärische Luftüberwachung eingeschaltet. Doch die fremden Flugobjekte wurden dort bereits auf Radarschirmen registriert. Gleichzeitig wird bestätigt, daß sich in diesem Luftraum keine Militärmaschinen aufhalten.

»Überprüft doch mal, ob da ›was anderes Militärisches‹ in der Luft sein könnte!« fordert Anchorage die militärische Luftraumüberwachung auf.

»Da ist ein unbekanntes Flugobjekt... Okay?...«, kommt zögernd die Antwort. »Jetzt haben wir den Kontakt verloren.«

Plötzlich taucht die gigantische, walnußförmige Silhouette eines Raumschiffs – so groß wie ein Flugzeugträger – hinter der JAL-Frachtmaschine auf.

»Da ist... äh... Ich glaube... äh... ein sehr... ein gewaltiges Flugobjekt!«, funkt JL 1628 verstört an Anchorage.

Die Boeing-Besatzung sucht verängstigt um Kursänderung nach, und Terauchi dreht direkt nach links ab, sobald die Genehmigung erteilt ist. Seine Hoffnung, das gigantische Raumschiff auf diese Weise abzuschütteln, erfüllt sich aber nicht. Denn ein Blick nach draußen zeigt, daß es sich unverändert in Begleitung der Frachtmaschine befindet. In Panik bittet Terauchi um Änderung der Flughöhe und erhält sofort die Erlaubnis.

»Wir leiten jetzt den Sinkflug ein«, funkt JL 1628 an Anchorage.

»Sehen Sie immer noch Flugverkehr?« fragt Anchorage zurück.

»Immer noch... äh... es... äh... nähert sich von rechts.«

»Verstanden!« bestätigt Anchorage.

Als der Treibstoff bis auf 3800 Pfund verbraucht ist und somit weiteres Umherfliegen unmöglich wird, erbittet Terauchi die Erlaubnis, den Flughafen von Anchorage – Talkeetna – im Direktflug ansteuern zu dürfen.

»Der Direktflug für JL 1628 nach Talkeetna ist frei«, bestätigt Anchorage. »Halten Sie uns über ihren Flugverkehr auf dem laufenden!«

»Gleiche Position!« ist die Antwort.

Während des Funkgesprächs beobachtet die Besatzung der Frachtmaschine besorgt, daß das UFO immer noch in Formation mit ihrer eigenen Maschine fliegt.
»Machen Sie eine 180-Grad-Rechtswendung, Sir, und teilen Sie uns mit, wie das unbekannte Flugobjekt reagiert!« funkt Anchorage.
Inzwischen hat die militärische Luftraumüberwachung bestätigt, daß »da oben« keine Militärmaschinen im Einsatz sind, und fragt an, ob JL 1628 in seiner Nähe immer noch das fremde Flugobjekt sieht.
»Er sagt ja«, beantwortet Anchorage die Frage.
Fast gleichzeitig wird das Echo des unbekannten Flugobjekts von einer anderen Radarstation der militärischen Luftraumüberwachung bestätigt.
»Wird die JAL-Maschine noch von ihm begleitet?« fragt Anchorage an.
»Sieht ganz so aus«, funkt die Radarstation der militärischen Luftraumüberwachung zurück.
Mittlerweile verfolgen alle militärischen und zivilen Radarstationen der Gegend das UFO auf ihren Schirmen.
»Sollen wir Abfangjäger hochschicken?« fragt die militärische Luftraumüberwachung bei Flugkapitän Terauchi an.
»Negativ, negativ«, wehrt JL 1628 ab.
Terauchi ist bekannt, daß sich bei einem ähnlichen Vorfall durch das Eingreifen eines US-Abfangjägers in der Vergangenheit eine Tragödie abgespielt hat.
Das UFO begleitet die japanische Frachtmaschine 50 Minuten lang, um dann ebenso plötzlich zu verschwinden, wie es aufgetaucht ist.
JL 1628 landet um 18 Uhr 25 unbeschadet auf dem Flughafen von Anchorage.
»Ich bin froh, daß nichts passiert ist«, sagt Flugkapitän

Terauchi bei einer Pressekonferenz. »Meine Kollegen sind alle verheiratet. Sie haben Kinder und sind noch jung.«
Vom Chef der Luftaufsichtsbehörde FFA wurde ein Krisenstab einberufen. Hier erklärten die Fluglotsen, sie hätten nicht gewußt, wie sie die Situation bewältigen sollten. Schließlich sei weder mit einer Gefahr zu rechnen gewesen noch sei gegen ein Gesetz verstoßen worden. Das Ganze wäre einfach unheimlich gewesen.
Für Terauchi steht außer Frage, daß er dem Raumschiff einer außerirdischen Zivilisation begegnet ist.

Derzeit sorgt in England ein mysteriöses Phänomen wieder einmal für Aufregung. Es wird von rätselhaften »Kreisen« berichtet, die in Wiesen und Kornfeldern – vorwiegend in der Nähe prähistorischer Stätten wie z. B. Stonehenge und Avebury – beobachtet werden. Aus unerklärlichen Gründen ist dort das Gras oder Getreide in einer Links- oder Rechtsdrehung kreisförmig flachgelegt, ohne vom Halm gebrochen oder abgeknickt zu sein. Diese manchmal in symmetrischen Vierer- oder Fünfergruppen angeordneten, scharf abgegrenzten Kreise werden mit UFO-Sichtungen in Verbindung gebracht.
Angefangen hat es vor einigen Jahren. Bis dahin plätscherte das Leben in Warminster, in der englischen Grafschaft Wiltshire, gemächlich dahin. Dieses kleine unauffällige Provinzstädtchen lebte eigentlich nur am Rande vom Ruhm der nahegelegenen, über 4000 Jahre alten, längst zu Weltruhm gelangten Monolithenanlage Stonehenge.
Eines Weihnachtstages war es dann mit dem Frieden vorbei. Denn in der Nacht zum ersten Feiertag wurde Postmeister Roger Rump durch höllischen Lärm unsanft aus seinen Träumen gerissen.
»Ich schreckte im Bett hoch, weil ich glaubte, die Ziegel

würden mit roher Gewalt vom Dach meines Hauses in der Hillwood Lane gezerrt«, berichtet er.
Zwei Wochen später hatten seine Nachbarn, die Marsons, ein ähnliches Erlebnis. Gleich dreimal in der Nacht wurden sie wach, weil »Kohlen die Hauswand hinunterprasselten«, wie sie glaubten.
Rachel Attwell, die Frau eines RAF-Piloten, hörte gegen 4 Uhr früh in der gleichen Nacht undefinierbare Geräusche, die sie aus dem Bett trieben. Als sie zum Schlafzimmerfenster lief, um zu ergründen, was draußen vor sich ging, sah sie zu ihrem Erstaunen ein leuchtendes, zigarrenförmiges Objekt am Himmel.
»Es leuchtete heller als jeder Stern«, erzählte sie den Reportern später.
Und Kathleen Pekton, die das »Ding« auch beobachtet hatte, verglich es mit »einem auf dem Dach schwebenden Eisenbahnwaggon, in dem alle Fenster erleuchtet waren.«
Von nun an interessierten sich immer mehr Einheimische für außergewöhnliche Erscheinungen am Himmel über Wiltshire. Und ausgerechnet in der Nähe prähistorischer Stätten – wie beispielsweise bei Avebury oder Silbury Hill, einem aus grauer Vorzeit stammenden, künstlich errichteten Hügel in der Nähe der Kleinstadt Marlborough – kommt es immer wieder zu spektakulären UFO-Sichtungen. So auch bei meinem England-Besuch im Herbst 1988 und im Juli 1989.
Jetzt untersuchen nicht nur Experten aus dem Vereinigten Königreich die mysteriösen, bis zu 30 Meter im Durchmesser großen Kreise in den Getreidefeldern und Wiesen, sondern auch NASA-Spezialisten, wie zum Beispiel der Ingenieur Pat Delgado. Aber wie nicht anders zu erwarten, scheiden sich die Geister über den Ursprung.
Ich hatte mich in Marlborough mit dem IBM-Computer-

spezialisten George Wingfield verabredet, der mir einige dieser seltsamen, in der Nähe von Silbury Hill aufgetauchten Kreise vor Ort zeigen wollte. Der Mittvierziger hat es sich zur Lebensaufgabe gemacht, die Hintergründe dieses rätselhaften Phänomens systematisch zu erforschen.

Auf der Fahrt zu unserem Ziel passierten wir die gewaltige Monolithen-Anlage von Avebury. Dabei erzählte Wingfield beiläufig, einen Tag vor dem Auftauchen der Kreise im Kornfeld sei über Silbury Hill ein strahlendes, »dahinschwebendes Licht« beobachtet worden. Patricia James, die Sekretärin eines Steuerberaters, habe es über dem Hügel schweben sehen und festgestellt, daß es einen hellen Lichtstrahl auf ein unter ihm liegendes Feld ausgerichtet hatte. Von Neugier getrieben, sei sie nach Silbury Hill gefahren, doch bei ihrer Ankunft sei das ominöse Licht zu ihrer Enttäuschung nicht mehr da gewesen.

Der Eigentümer des Feldes, ein Farmer mit Namen Roger Hues, habe dort am nächsten Morgen eine symmetrisch angelegte Fünfergruppe von Kreisen entdeckt – einen großen in der Mitte, der quadratisch von vier kleineren umgeben war. Hues habe ihn, Wingfield, darüber unterrichtet.

Als wir schließlich auf einer Hügelkuppe anhielten, zeichneten sich die scharf umrissenen Kreisbildungen in einem Feld unter uns ab.

Auf dem langen Fußmarsch dorthin erklärte mir Wingfield, der Oxford-Meteorologe Dr. Terence Meaden vertrete die Theorie, daß stationäre Wirbelwinde für dieses Phänomen verantwortlich seien. Nach Wingfield eine absurde Idee, gegen die allein schon die präzise Symmetrie der Kreise und die Tatsache sprechen würde, daß sie erst seit 1980 aufgetaucht seien – zudem vorwiegend in der Nähe prähistorischer Stätten. »Ganz abgesehen davon schleudern Wirbelwinde Gegenstände in die Luft und pressen sie nicht flach auf den Boden«, war Wingfields Nachgedanke.

Als wir vor den Kreisen standen, waren weit und breit weder Fußspuren noch Abdrücke von Autoreifen oder anderen Fahrzeugen zu entdecken, die dort hinführten. »Genau wie bei allen anderen Kreisen, die mir bisher vor Augen gekommen sind«, stellte Wingfield mit Genugtuung fest.

Während wir die Getreidehalme untersuchten, erinnerte ich mich an eine Bemerkung von Pat Delgado. »Diese Kreise sind durch eine unbekannte Kraft entstanden«, hatte er behauptet. »Möglicherweise durch die Manipulation einer fremden Intelligenz.«

Der Physiker Colin Andrews aus Andover ist der gleichen Ansicht. Er gehört einem elfköpfigen Wissenschaftlerteam an, das die rätselhaften Kreisbildungen erforscht und zur Schlußfolgerung gelangt ist, daß dieses Phänomen nicht natürlichen Ursprungs ist.

Nach Kreisbildungen, die sich Anfang Juli 1989 zeigten, haben die Wissenschaftler in einigen Feldern automatische Kameras und Temperaturmeßgeräte aufgestellt, um der Entstehung dieser Kreise photographisch auf den Grund zu gehen. Inzwischen ist die Sensation vollkommen: Denn beunruhigenderweise sind die Kreise nun »hinter dem Rükken der Linse«, also prompt hinter den aufgestellten Kameras entstanden! Gleichzeitig wurde von den Meßgeräten ein starker Temperaturabfall am Boden registriert. Darüber hinaus berichtete mir der englische Journalist Richard Martin von der »Marlborough Times«, daß innerhalb der Kreise eine gallertartige Masse gefunden wurde, die zur Zeit analysiert wird.

Übrigens wurde nach UFO-Sichtungen auch schon in anderen Teilen der Welt am Boden eine solche gallertartige Substanz entdeckt.

Es ist Abend geworden, als wir zum Wagen zurückgehen. Wingfield sieht mich nachdenklich an: »Ich wünschte, diese unheimlichen Kreise ließen sich durch eine einfache Erklärung wie die Wirbelwindtheorie aus der Welt schaffen.« Und mit einem unsicheren Blick zum Himmel: »Aber das ist leider nicht möglich. Ich fürchte, daß hier eine uns unbekannte Kraft im Spiel ist, die durch intelligente Wesen in Gang gesetzt wird. Die Kreise sind Spuren – Alien-Spuren –, die möglicherweise auf das Energiefeld dieser unbekannten Flugobjekte zurückzuführen sind. Wahrscheinlich kommen sie von weit her, diese Herren der Zeit.«

Vielleicht ist die Lösung des Rätsels nicht einmal in den Weiten des Alls zu suchen, sondern im Vorort der Milchstraße – in unserem Sonnensystem. In diesem Zusammenhang könnten vielleicht die sensationellen Photos der NASA-Mars-Mission »Viking« einen entscheidenden Hinweis geben.

8

Der Enigma-Planet

Legenden und Sagen berichten von blühenden Hochkulturen in grauer Vorzeit. Gewaltige Mauern, Straßen und Pyramiden in aller Welt und sogar auf dem Meeresgrund weisen auf untergegangene, rätselhafte Zivilisationen hin. – Allem Anschein nach hat sich die Menschheit nicht, wie viele meinen, kontinuierlich fortentwickelt, sondern ist durch Aufstieg und Absturz gezeichnet. Ein Zeitriß trennt uns von konkreten Erkenntnissen über sagenumwobene Kulturen im Dunkel der Vergangenheit. Was blieb, sind Fragen.

Gab es früher schon einmal Zivilisationen, die über High-Tech verfügten – Urahnen, die bereits interplanetarische Raumfahrt betrieben haben, etwa mit Kolonien auf dem Mars? Ist der Mensch am Ende gar kein Kind der Erde? Stammt er ursprünglich aus einer anderen Welt, von einem anderen Planeten? Kam Adam aus dem All?

Bis heute hat sich bei einer Reihe von Astronomen und Geophysikern die Überzeugung gehalten, daß die unzähligen Gesteinsbrocken unterschiedlichster Größe des Asteroidengürtels zwischen Mars und Jupiter die traurigen Überreste eines einstigen zehnten Planeten – Phaeton – darstellen. Liegt hier der Schlüssel zu den Legenden über untergegangene Hochkulturen auf der Erde und auch zu den rätselhaften Entdeckungen auf dem Mars?

Es drängt sich die Überzeugung auf, daß in fernster Vergangenheit hochstehende Kulturen gelebt haben müssen. Be-

richten doch Überlieferungen und Legenden der unterschiedlichsten Völker aus aller Welt vom Untergang und versiegtem Wissen. Aber leider ist es so gut wie ausgeschlossen, Aufzeichnungen »auszugraben«, die diesen Zeitriß schließen könnten. Denn Zehntausende, Hunderttausende, wenn nicht gar Millionen Jahre haben praktisch alle Spuren verwischt. Nur »bleibende Dokumente«, wie vielleicht gigantische Mauerreste, Pyramiden oder auch überdimensionale Skulpturen, könnten solche uns schwer vorstellbar langen Zeiträume möglicherweise überstehen.
So haben beispielsweise weniger als zehn Prozent der »Literatur« des Altertums die Zeitläufte überstanden, und ein großer Teil davon ist auch nur erhalten geblieben, weil er entweder in Stein gemeißelt oder an Höhlenwänden verewigt aufgefunden wurde.
Sollte es auf dem Mars jemals eine inzwischen untergegangene Zivilisation gegeben haben, hätte ihre eventuell hinterlassene Botschaft auch nur in Form steinerner Monumente überleben können ...

Computerspezialist Vincent DiPietro sitzt im Raumfahrt-Archiv des National Space Science Data Center der NASA in Greenbelt, Maryland, und betrachtet unzählige Photos der Marsoberfläche. Plötzlich hält er die Schwarzweißaufnahme des »erhabenen Abbildes eines menschenähnlichen Antlitzes« in Händen. Mit diesen Worten beschreibt DiPietro später dieses Bild.

Und nach der Entdeckung sucht er bis heute unangreifbare Antworten auf die Fragen: Wer hat dieses monumentale Halbrelief geformt? Gab es Leben auf dem Planeten Mars? Seine Forschungsergebnisse sind eine Sensation.

20. Juli 1976, 13 Uhr 12 MEZ. Die erste der beiden vollautomatischen Landekapseln der amerikanischen »Viking«-Mission setzt auf der Marsoberfläche auf. Am 3. September desselben Jahres erreicht auch der »Lander« von »Viking II« sein Zielgebiet. Während die beiden »Viking«-Lander im Marssand nach Bodenproben schürfen und ihre Daten zur Erde funken, umkreisen die »Viking«-Orbiter in rund 2200 Kilometer Höhe den Planeten und photographieren seine Oberfläche.

Jede Aufnahme der Orbiterkameras wird von den Bordcomputern abgetastet und in »pixels« (also kleinste Bildeinheiten) zerlegt. Insgesamt werden 300 000 Aufnahmen der Marsoberfläche in unzähligen »pixels« zur Erde gesendet und dort im National Space Science Data Center auf Computerbändern gespeichert. Davon wurden bisher allerdings nur 60000 im Bildverarbeitungsverfahren ausgewertet. Grund: Dieses Verfahren ist sehr teuer, und der dafür vorhandene Etat war schnell ausgeschöpft. – Die elektronischen Bausteine zu 240000 Marsaufnahmen fristeten also ein unbeachtetes Dasein im Archiv. Und daran hätte sich wohl kaum etwas geändert – wenn nicht Vincent DiPietro aus Glenndales, Maryland, neugierig gewesen wäre.

DiPietro notiert sich die Nummer der Aufnahme, die am 31. Juli 1976 registriert wurde, und besorgt sich einen Abzug. Der steinerne Kopf mit einem Durchmesser von ungefähr 1500 Metern wurde in der Cydonia-Region aufgenommen.

»Ich war erleichtert und neugierig«, schreibt DiPietro in seinem Bericht. »Erleichtert, daß die US-Raumfahrtbehörde NASA die Photographie ausgewertet hatte, und neugierig, weil ich Näheres wissen wollte.«

Der Computerwissenschaftler Gregory Molenaar, den Di Pietro auf die Marsaufnahmen aufmerksam macht, ist so fasziniert von dem steinernen Antlitz, daß er sich entschließt, mit DiPietro zusammenzuarbeiten, um die Bildqualität mit Hilfe der Computertechnik zu verbessern und mehr Einzelheiten herauszuholen. Und damit nimmt ein jahrelanges, fantastisches Abenteuer seinen Anfang.

Die Computerspezialisten entschließen sich, die Aufnahme erst einmal mit Hilfe der Digital-Computertechnik zu vergrößern. Als nächstes wird der Kontrast der Grauschattierungen der »pixels« gestreckt und verstärkt. Doch das Resultat ist unbefriedigend, weil die durch die Vergrößerung übergroßen »pixels« eine Art »Treppenmuster«-Effekt auslösen.

DiPietro und Molenaar entwickeln nun eine Methode, nach der die ursprünglichen »pixels« in neun neue, kleinere Einheiten aufgeteilt werden. Sie nennen dieses Computer-

bild-Analyseverfahren »Starburst Pixel Interleaving Technique«- »SPIT«.
Mit dieser Methode wird nicht nur eine entschieden bessere Bildauflösung erreicht, sondern es werden auch Übertragungsfehler zwischen den Viking-Orbitern und der Erde deutlich gemacht. Nun werden im steinernen Marsgesicht wesentlich mehr Einzelheiten erkennbar. Denn diese Computertechnik erlaubt es, Lichtzonen aufzuhellen und Schatten zu vertiefen, um Einzelheiten der Originalaufnahme zu betonen. Mit anderen Worten: Der Kontrast wird verstärkt.
Nach Veröffentlichung der Aufnahme mit dem halb im Schatten liegenden Marskopf unterstellten Kritiker voreilig, es handle sich um eine optische Täuschung. Denn der Sonnenstand sei für Licht- und Schattenzonen auf der Steinformation verantwortlich, durch die sie rein zufällig wie ein Gesicht wirke.
Schon durch die erste Analyse von DiPietro und Molenaar erweist sich, daß die im Sonnenlicht liegende Gesichtshälfte eine Augenhöhle, den Nasenrücken, Mund, Kinn und Haaransatz zeigt, die kaum einem zufälligen Licht- und Schattenspiel zugeschrieben werden können. Doch da die beiden Computerspezialisten sichergehen wollen, sehen sie das »Viking«-Material im NASA-Archiv in Greenbelt noch einmal gründlich durch. Dabei entdecken sie eine weitere Aufnahme des Marskopfes, die der »Viking«-Orbiter 35 Tage nach der ersten geschossen hat. Unterschied: eine niedrigere Umlaufbahn des Orbiters, ein anderer Sonnenstand und ein anderer Kamerawinkel.
Einige Zeit später überläßt die NASA den beiden Wissenschaftlern das Band mit der zweiten Marsgesicht-Aufnahme zur Auswertung. Sie bearbeiten es nach der SPIT-Methode, mit einem Ergebnis, das alle Erwartungen übersteigt. Denn diese zweite Aufnahme ist nicht nur eine Bestätigung der

ersten, sondern fördert weitere Einzelheiten zutage: Die im Sonnenlicht liegende Augenhöhle ist auf beiden Photos sichtbar. Aber auf dem zweiten Bild wird nicht nur die im Schatten liegende Augenhöhle erkennbar, sondern auch der Haaransatz und die von der »Pagenfrisur« umrahmte andere Gesichtshälfte. Auch die Kinnlinie zeichnet sich ab. Darüber hinaus entdecken DiPietro und Molenaar zu ihrer Überraschung etwa 13 Kilometer ostnordöstlich vom Marskopf entfernt eine große, dreikantige Struktur, die sie »Fort« taufen.

Die scharfen Außenkanten und Ecken des »Forts« sind erstaunlich symmetrisch. Und durch die eingebrochene »Decke« wird ein quadratischer Innenraum sichtbar. Ganz in der Nähe dieses »Bauwerks« befindet sich die »City« – eine Anordnung nahe beieinanderliegender, pyramidenförmiger Erhebungen, mit einem Quadrat von kugel- beziehungsweise kuppelförmigen Strukturen im Zentrum. Knapp 20 Kilometer südlich des steinernen Gesichts steigt eine riesige, fünfkantige Pyramide in den Marshimmel auf. Und rund 100 Kilometer südwestlich des Marskopfes erhebt sich eine Doppelpyramide. Die nördlichere von den beiden erinnert mit dem zentralen Treppenaufgang und mehreren Einstufungen oder Plattformen an mexikanische Pyramiden, während die südlicher gelegene dem ägyptischen Typ mit Umfassungsmauer ähnelt. Von der Stufenpyramide aus scheint eine Mauer nach Süden zu führen.

Die Marssonde »Mariner 9« hatte bereits am 8. Februar 1972 in der Elysium-Region des roten Planeten Pyramiden entdeckt.

Einige wissenschaftliche Erklärungen sprechen von natürlichem Ursprung aufgrund tektonischer Verschiebungen durch Marsbeben und die Einwirkung von Sandstürmen als Ursache des glatten Schliffs der Wände. Dagegen argumentieren DiPietro und Molenaar ironisch, daß der Wind dann ausgesprochen wählerisch gewesen sein müsse, da er andere Felsformationen der Gegend ausgespart habe.

»Wir sind nicht überzeugt, daß dafür allein natürliche Ursachen verantwortlich sind«, stellen die beiden fest.

DiPietro und Molenaar läßt vor allem das riesige steinerne Relief des Marsgesichts keine Ruhe. Sie überlegen, wie sie den Aufnahmen noch weitere Einzelheiten entlocken können. Es geht ihnen darum, herauszufinden, ob sich dieses steinerne Antlitz nicht doch durch Meteoriteneinschläge, Sandstürme, Verwitterung oder andere natürliche Ursachen geformt hat. Sie beschließen, der Sache unter Anwendung der Falschfarben-Codierung auf den Grund zu gehen.

Mit Hilfe dieser Technik ist es möglich, dem Helligkeitsmuster einer Photographie Informationen zu entnehmen, die dem menschlichen Auge normalerweise verborgen bleiben. Hier wird die Fähigkeit des menschlichen Auges genutzt, Farben wesentlich besser unterscheiden zu können als Grauschattierungen.

Zur Farbcodierung einer Originalaufnahme ist der Computer an einen Farbbildschirm angeschlossen. Seinem Grauton entsprechend wird jedes »pixel« einer Farbe zugeordnet. Die dunkelsten Stellen der Photographie werden auf dem Bildschirm in Lila- oder Rottöne umgesetzt, während die zunehmend helleren Bildstellen in Gelb-, Grün- und Blauschattierungen erscheinen. Die Wiedergabe von Lichtflekken ist weiß.

Auf diese Weise lassen sich Form, Beschaffenheit, Größe oder Lage eines photographierten Objekts bestimmen. Darüber hinaus wird eine dreidimensionale Betrachtung ermöglicht, die über die Form der Oberfläche Aufschluß gibt und Einzelheiten herausbringt, die auf einem normalen Photo nicht zu erkennen sind.

Die Falschfarbenmethode bringt unfaßbare Auswertungsresultate der Marsaufnahmen ans Licht: Die Gesichtzüge sind auf beiden gleich. Doch in den Augenhöhlen liegt die Überraschung, denn hier sind plötzlich die Augäpfel mit den Pupillen im Zentrum erkennbar. Der schon auf den Schwarzweißaufnahmen sichtbare Mund und Haaransatz zeichnen sich noch deutlicher ab – dazu eine »steinerne Träne« auf der im Sonnenlicht liegenden Wange. Ein ebenmäßiges menschliches Antlitz schaut zum Marshimmel auf.
»Wenn sich die vielen frappierenden Einzelheiten dieses steinernen Kopfes auf natürliche Weise geformt haben, muß die Natur selbst ein hochgradig intelligentes Wesen sein«, kommentieren die beiden Computerspezialisten ihre Entdeckung.

Dr. Mark J. Carlotto, Dirketor der Analytical Sciences Corporation (TASC), stellte bei einer kürzlich abgehaltenen Pressekonferenz in Reading, Massachusetts, fest: »Meine Computerauswertungen der Photos haben gezeigt, daß der Marskopf und andere in seiner Nähe befindliche Strukturen von intelligentem Zuschnitt sind und nicht ein Spiel der Natur. Es ist höchst unwahrscheinlich, daß hier ein Licht- und Schattenspiel die Ursache ist.« Nach seiner 3-D-Computerstudie des Marsgesichts im Mai 1988 behauptet Carlotto, in dessen geöffnetem Mund Zähne entdeckt zu haben.
Carlotto kann mit seinem Computerprogramm natürliche Formationen von Artefakten unterscheiden und rekonstruiert aus den Geometriedaten dreidimensionale Darstellungen des untersuchten Objekts. Er läßt ein 3-D-Abbild des Marsgesichts auf dem Bildschirm entstehen. Der Rechner zeigt das Gesicht aus allen Perspektiven, so als »umflöge«

eine Kamera den Kopf. Im Gegensatz zu natürlichen Strukturen bleiben die gesichtstypischen Merkmale des Marskopfes bei jeder simulierten Kameraposition erhalten.
»Deshalb glaube ich, daß dieses Gesicht kein natürliches Phänomen ist«, erklärte mir Carlotto bei einem persönlichen Gespräch.

Richard Hoagland, Leiter einer Gruppe von Wissenschaftlern, die unter der Bezeichnung »Das Marsprojekt« arbeitet, kommt aufgrund akribischer Untersuchungen zum Ergebnis, daß zwischen dem Marskopf und den offenbar künstlichen Strukturen ringsum eine klare geometrische Verbindung besteht. Danach würde eine gedachte Linie vom Zentrum der »Mars-City« über das »Fort« bis zum Gesicht genau mit dem Sonneneinfallswinkel übereinstimmen, der zum Zeitpunkt der marsianischen Sommer-Sonnenwende vor 500 000 Jahren bestand.
Zudem beweist Hoagland, daß die Pyramidenachsen eine strenge Nordsüd- und Ostwest-Ausrichtung aufweisen. Die Mittelachsen des City-Kerns und der großen Pyramide zeigen direkt auf das Gesicht. Die Abstände zwischen dem östlichen und dem westlichen Ende der Stadt zu ihrem Zentrum, dem Marskopf und einer in größerer Entfernung aufragenden Felsformation (die Hoagland als »Bauwerk mit Rampe« bezeichnet) stehen im Verhältnis von 1:2:4:8.
»Entweder die Strukturen auf dem roten Planeten sind natürlichen Ursprungs und die Forschungsarbeit ist Zeitvergeudung – oder aber sie sind künstlich errichtet. Dann wäre das eine der wichtigsten Entdeckungen für die Menschheit«, sagt Hoagland.
Gegen den natürlichen Ursprung der Pyramiden sprechen vor allem ihre scharf umrissenen Ecken und Kanten, die im

Gegensatz zu anderen Formationen in der Nähe praktisch keine Verwitterungsschäden aufweisen. – Hoagland vertritt die These, die Pyramiden seien Wohngebäude der Urheber des Marsgesichts gewesen.

Existierten irgendwann einmal humanoide Lebewesen auf dem Mars? Eine Theorie, die gar nicht so abwegig ist, weisen doch die Entdeckungen der NASA-»Viking«-Mission darauf hin, daß der Planet Mars früher weniger lebensfeindlich war als heute.

Als die US-Raumfahrtbehörde dieses ehrgeizige Projekt plante, konnte sie, durch Mißerfolge der Russen vorgewarnt, mögliche Zwischenfälle einkalkulieren.

Für das »Viking«-Projekt waren zwei automatische Landekapseln vorgesehen, die im Abstand von fünf Wochen in verschiedenen Marsregionen aufsetzen sollten. »Viking 1« wie auch »Viking 2« bestanden aus den Landekapseln – den Landern – und ihren in einer Marsumlaufbahn verbleibenden Satelliten – den Orbitern –, die von dort die Marsoberfläche photographieren sollten. Hauptaufgabe der Lander war die Suche nach Leben auf dem roten Planeten.

Die beiden mit je einem Greifarm ausgestatteten Lander sollten Marserde sammeln und ins Innere der Kapseln befördern, damit dort eine Reihe von Lebensnachweis-Experimenten durchgeführt werden konnte.

Der Lander der »Viking 1«-Mission setzte in der auf 22,5 Grad nördlicher Breite gelegenen Chryse-Region des roten Planeten auf. Die 815 Millionen Kilometer lange Reise um die Sonne hatte 334 Tage gedauert. Das Gelingen dieses unglaublichen wissenschaftlichen Abenteuers war einem Team von 780 Spezialisten des Raumfahrtzentrums der NASA und vom Jet Propulsion Laboratory in Pasadena zu verdanken.

Noch am Tag der Landung, dem 20. Juli 1976, traf die mit Spannung erwartete erste Aufnahme von der Marsoberfläche ein. »Viking 1« hatte sie über seinen Orbiter zur Erde gefunkt. Das Bild zeigt den Landeteller eines der Teleskopbeine der Landekapsel, Sand und kleinere Steine.
Die Fernsehkamera des Landers hatte dieses Photo mit Hilfe hochempfindlicher Lichtsensoren festgehalten. In einzelne »pixels« zerlegt wurde es zum Orbiter gefunkt, wo die »pixels« auf Band aufgenommen und zur Erde abgestrahlt wurden. Nach einer »Reisezeit« von 20 Minuten trafen sie in Pasadena ein und wurden dort mittels eines Computer-Bildverarbeitungsverfahrens Streifen für Streifen wieder zu einem Bild zusammengesetzt.
Die ersten auf der Erde eintreffenden Farbaufnahmen zeigten ein leicht welliges, mit Felsbrocken und Geröll übersätes Wüstengebiet von rötlicher, brauner und gelblicher Färbung. Eigentlich eine recht irdische Landschaft, wie sie auch in Australien oder Arizona vorkommt. Nur der Himmel sieht anders aus als unser irdischer: Durch den ständig in die Atmosphäre aufgewirbelten, wahrscheinlich eisenoxidhaltigen Staub wölbt er sich blaßrot über dem Planeten.
»Viking 2« landete am 3. September 1976 im Utopia-Planitia-Gebiet, 48,5 Grad nördlicher Breite, nachdem Nahaufnahmen des »Viking 2«-Orbiters den ursprünglich vorgesehenen Landeplatz als denkbar ungünstig ausgewiesen hatten.
An der Landestelle schwankte die Temperatur zwischen – 90 Grad Celsius in der Nacht und – 10 Grad Celsius am Tage. – Die Analyse der Marsatmosphäre hat ergeben, daß sie zu 95 Prozent aus Kohlendioxid besteht und ihre Dichte nur 1 Prozent der Erdatmosphäre beträgt. Zudem fehlt dem roten Planeten eine Ozonschicht, die seine Oberfläche vor den gefährlichen harten Ultraviolettstrahlen schützen

würde. Allerdings deutet vieles darauf hin, daß die Umweltbedingungen auf dem Mars einmal ganz anders gewesen sein müssen.
Denn während die Lander ihre Analysen durchführten, photographierten ihre Orbiter die Marsoberfläche laufend aus ihren Umlaufbahnen. Die zur Erde gefunkten Aufnahmen lassen auf eine bewegte Vergangenheit des roten Planeten schließen: Von Flußbetten und Stromtälern durchzogene Landschaften sind abgebildet, in deren Mitte »offenbar durch Wasser ausgewaschene« Felsinseln aufsteigen. Verwitterungserscheinungen deuten auf Wind- oder Wassereinwirkungen hin, und für einige Geröllablagerungen könnten Schneeschmelzen verantwortlich gewesen sein. Heute gibt es nur noch an den Polarkappen Wasser in Form von Eis. Wahrscheinlich aber existieren unter der Marsoberfläche auch noch einige Wasserreservoire. Die lebhafte geologische Geschichte des roten Planeten wird durch die inzwischen erloschenen, riesigen Vulkane und die breiten, erstarrten Lavaströme dokumentiert.
Nach Meinung einiger Wissenschaftler spannte sich einst eine dichte Marsatmosphäre über einen großen Ozean, der weite Teile der nördlichen Hemisphäre des Planeten bedeckte. DiPietro zufolge lag die City am Rande dieses Urmeeres. Dann muß urplötzlich ein dramatisches Ereignis eingetreten sein: Wasser und Sauerstoff haben sich verflüchtigt. Der Mars wurde zum lebensfeindlichen Planeten. Was die Zeiten überdauert hat, sind die rätselhaften steinernen Monumente und eine Unmenge Sauerstoff, die im oxidierenden Marsboden gebunden ist.

Während eines Gesprächs mit Vincent DiPietro erfuhr ich eine weitere Sensation: Er analysiert gegenwärtig die »Viking«-Aufnahme eines weiteren steinernen Gesichts in der

Utopia-Region, das vor allem hinsichtlich der Größe mit dem in der Cydonia-Region identisch ist.
Nicht genug damit, wurden auf einer Marsaufnahme auch noch rechteckige und quadratische, wie Mauerfundamente anmutende Strukturen entdeckt, die von der NASA »Inkastadt« getauft wurden. Den Daten zufolge liegt diese Inkastadt nicht weit vom Südpol des Planeten entfernt. Es fällt überaus schwer zu glauben, daß diese Inkastadt-Mauern mit ihren überaus symmetrischen Rechtecken und Quadraten durch tektonische Verschiebungen auf dem Mars entstanden sind.
Ungewöhnlich erscheinen auch Strukturen, die nahe dem Marsäquator festgestellt wurden. Sie erinnern an alte, riesige Wagenräder ohne Reifen. An gewaltigen Radnaben scheinen jeweils fünf breite Speichen strahlenförmig befestigt. Diese Strukturen konnten bis heute nicht befriedigend erklärt werden. Wenn auch einige NASA-Wissenschaftler vermuten, daß sie durch Schmelzen des Permafrostes entstanden sein könnten.
Für den Planetologen Dr. Gerhard Neukum von der Deutschen Forschungs- und Versuchsanstalt für Luft- und Raumfahrt in Oberpfaffenhofen gibt es keine rätselhaften Marsstrukturen. Er ist vielmehr davon überzeugt, daß die steinernen Monumente durch den Einfluß von Wasser und Wind und die besondere Tektonik des Planeten entstanden sind.
Und der Geologe Dr. Johannes Fiebag, Würzburg, kommt in einer Analyse vom Juli 1989 zu dem ambivalenten Ergebnis, »daß die Strukturen im Ursprung geologischer Natur sind (eine Einschränkung bildet möglicherweise nur das »Fort«) ... Eine spätere künstliche Überprägung, die zu den beobachteten Symmetrien der Strukturen führte, ist allerdings nicht völlig auszuschließen.«

Vorläufig ist jedenfalls das Rätsel um die natürliche oder künstliche Herkunft der Mars-Monumente noch ungelöst. Sollte sich allerdings herausstellen, daß sie künstlich erschaffen wurden, stehen wir vor der schwerwiegenden Frage, wer ihre Schöpfer waren?
Wann und von wem wurden sie erstellt? Etwa von Marsianern, die vor langer Zeit einmal existierten? Von einer längst untergegangenen, hochentwickelten irdischen Zivilisation, die der Raumfahrt mächtig war? Von einer Zivilisation, die auf einem Planeten zwischen Mars und Jupiter – auf Phaeton – lebte, die einer kosmischen oder hausgemachten Katastrophe zum Opfer fiel?
Und wenn es tatsächlich humanoide Lebewesen gewesen sein sollten, die diese steinernen Monumente gestaltet haben, dann müßten wir uns fragen, welchen Zweck sie damit verfolgten. Schaut das steinerne Antlitz nicht zum Marshimmel auf, als hoffe es, von dort aus gesehen zu werden? Vom Marsboden aus wäre das einige hundert Meter hohe Gebilde von anderthalb Kilometern Durchmesser nicht als Gesicht zu erkennen. Demnach müßten diese Köpfe mit der Absicht geschaffen worden sein, von oben gesichtet zu werden.

In den Mythen, Legenden und Sagen der verschiedensten Erdenvölker stoßen wir immer wieder auf seltsame Übereinstimmungen: In Wort, Bild und Form steinerner Monumente wird von Besuchern – »Göttern« – aus dem All berichtet. Und allem Anschein nach spielen der Planet Mars und Pyramidenbauten hier eine besondere Rolle.
Esoterischer Überlieferung nach sollen sich auch die der Raumfahrt mächtigen Atlantiden insbesondere dem Pyramidenbau gewidmet haben. Besteht hier etwa ein Zusammenhang mit dem roten Planeten?

1

2 

1 Die rätselhafteste Bibliothek der Welt: 800 Jahre alte indische Palmblätter von sechs Zentimeter Breite und 48 Zentimeter Länge, auf denen die Schicksale heute lebender Menschen aus aller Welt in alttamilischer (altindischer) Sprache eingeritzt sind.

2 Der Klartraumforscher Professor Paul Tholey sagt: »Ein Klartraum ist im wahrsten Sinne des Wortes klar. Denn der Klarträumer weiß, daß er träumt, und steuert sein Traumgeschehen. Vor allem aber ist der Klartraum eine Art Zeitmaschine, die den Klarträumer gewissermaßen durch einen Zeitriß zu Lebensabschnitten in der Vergangenheit oder auch in der Zukunft führen kann.«

3 und 4 Dokumentation »Majestic 12 – Top Secret, Eyes Only, Majic«: Bericht über die sensationelle Bergung von Wrackteilen havarierter unbekannter Flugobjekte und den verstümmelten Leichen der vier humanoiden Insassen. Zwölf hochrangige Wissenschaftler und US-Regierungsbeamte waren mit der Untersuchung und Analyse beauftragt. – In der Geheimdokumentation »PI 40« werden die Projekte »Snowbird« und »Aquarius« spezifiziert, die sich mit der Auswertung von Erkenntnissen über außerirdische Raumschifftechnologie befassen. – Der inzwischen verstorbene kanadische Ingenieur Wilbert W. Smith bestätigt in diesem Zusammenhang in seinem geheimen Memorandum: »... fliegende Untertassen existieren ...«

TOP SECRET / MAJIC

EYES ONLY

• TOP SECRET •

EYES ONLY

COPY ONE OF ONE.

SUBJECT: OPERATION MAJESTIC-12 PRELIMINARY BRIEFING FOR PRESIDENT-ELECT EISENHOWER.

DOCUMENT PREPARED 18 NOVEMBER, 1952.

BRIEFING OFFICER: ADM. ROSCOE H. HILLENKOETTER (MJ-1)

NOTE: This document has been prepared as a preliminary briefing only. It should be regarded as introductory to a full operations briefing intended to follow.

* * * * * * *

OPERATION MAJESTIC-12 is a TOP SECRET Research and Development/ Intelligence operation responsible directly and only to the President of the United States. Operations of the project are carried out under control of the Majestic-12 (Majic-12) Group which was established by special classified executive order of President Truman on 24 September, 1947, upon recommendation by Dr. Vannevar Bush and Secretary James Forrestal. (See Attachment "A".) Members of the Majestic-12 Group were designated as follows:

Adm. Roscoe H. Hillenkoetter
Dr. Vannevar Bush
Secy. James V. Forrestal*
Gen. Nathan F. Twining
Gen. Hoyt S. Vandenberg
Dr. Detlev Bronk
Dr. Jerome Hunsaker
Mr. Sidney W. Souers
Mr. Gordon Gray
Dr. Donald Menzel
Gen. Robert M. Montague
Dr. Lloyd V. Berkner

The death of Secretary Forrestal on 22 May, 1949, created a vacancy which remained unfilled until 01 August, 1950, upon which date Gen. Walter B. Smith was designated as permanent replacement.

• TOP SECRET •

TOP SECRET / MAJIC

EYES ONLY

EYES ONLY

T52-EXEMPT (E)

On 07 July, 1947, a secret operation was begun to assure recovery of the wreckage of this object for scientific study. During the course of this operation, aerial reconnaissance discovered that four small human-like beings had apparently ejected from the craft at some point before it exploded. These had fallen to earth about two miles east of the wreckage site. All four were dead and badly decomposed due to action by predators and exposure to the elements during the approximately one week time period which had elapsed before their discovery. A special scientific team took charge of removing these bodies for study. (See Attachment "C".) The wreckage of the craft was also removed to several different locations. (See Attachment "B".) Civilian and military witnesses in the area were debriefed, and news reporters were given the effective cover story that the object had been a misguided weather research balloon.

On 06 December, 1950, a second object, probably of similar origin, impacted the earth at high speed in the El Indio - Guerrero area of the Texas - Mexican boder after following a long trajectory through the atmosphere. By the time a search team arrived, what remained of the object had been almost totally incinerated. Such material as could be recovered was transported to the A.E.C. facility at Sandia, New Mexico, for study.

a. The matter is the most highly classified subject in the United States Government, rating higher even than the H-bomb.

b. Flying saucers exist.

c. Their modus operandi is unknown but concentrated effort is being made by a small group headed by Doctor Vannevar Bush.

d. The entire matter is considered by the United States authorities to be of tremendous significance.

6

5 Operation »Aquarius« berichtet von »exotischen« Kristallen, die in UFO-Wrackteilen entdeckt wurden: In seinem Institut für wissenschaftliche Photographie auf Schloß Weißenstein erforscht Manfred Kage das geometrische Wunder von Kristallen.

6 Der englische UFO-Forscher Timothy Good und der Autor bei der Sichtung der geheimen Dokumentationen »Majestic 12« und »PI 40«.

7 Das in Falschfarben wiedergegebene 1500 Meter große, rätselhafte steinerne Marsgesicht: In der vom Sonnenlicht beschienenen Gesichtshälfte ist der Augapfel deutlich zu erkennen. Mit Hilfe der Digital-Computeranalyse gelang es den Computerspezialisten Vincent DiPietro und Gregory Molenaar sogar, die Pupille im Augapfel sichtbar zu machen.

8 »Viking«-Lander-Aufnahme einer sehr irdisch anmutenden Steinwüste auf dem Mars: Durch den eisendioxidhaltigen Staub in der Atmosphäre hat der Marshimmel eine blaßrote Färbung.

9 »Viking«-Orbiter-Aufnahme der Cydonia-Region auf dem Mars: Etwa neun bis 15 Kilometer vom steinernen Kopf entfernt befindet sich die sogenannte Mars-City mit dem »Fort«, in dem ein freigelegter quadratischer Innenraum sichtbar ist. Unterhalb der »City« liegt die große Doppelpyramide.

10 Der Geologe Dr. Johannes Fiebag hat diese mögliche Rekonstruktion der Mars-Doppelpyramide erarbeitet.

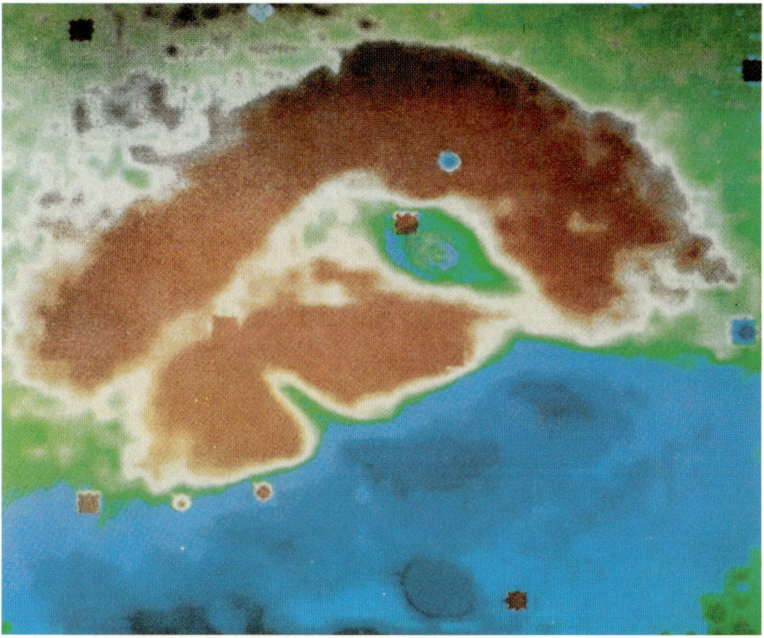
7

8

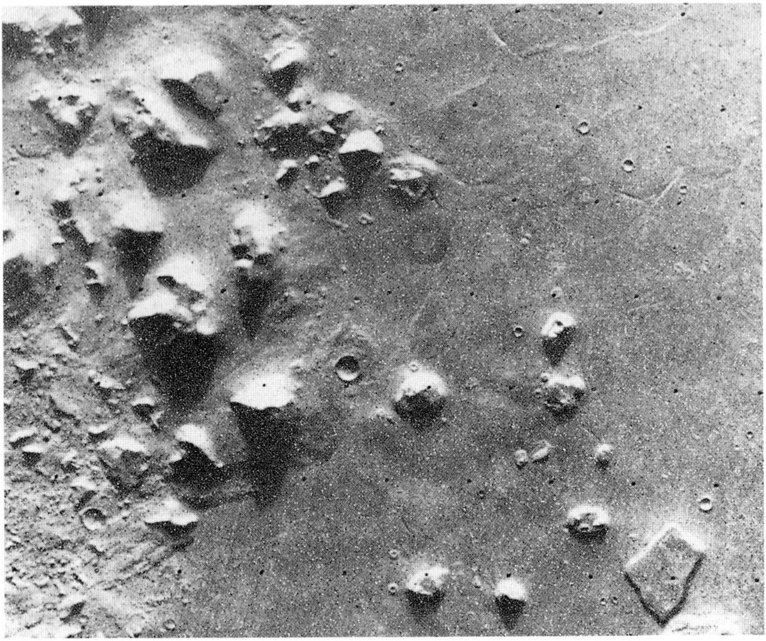

9

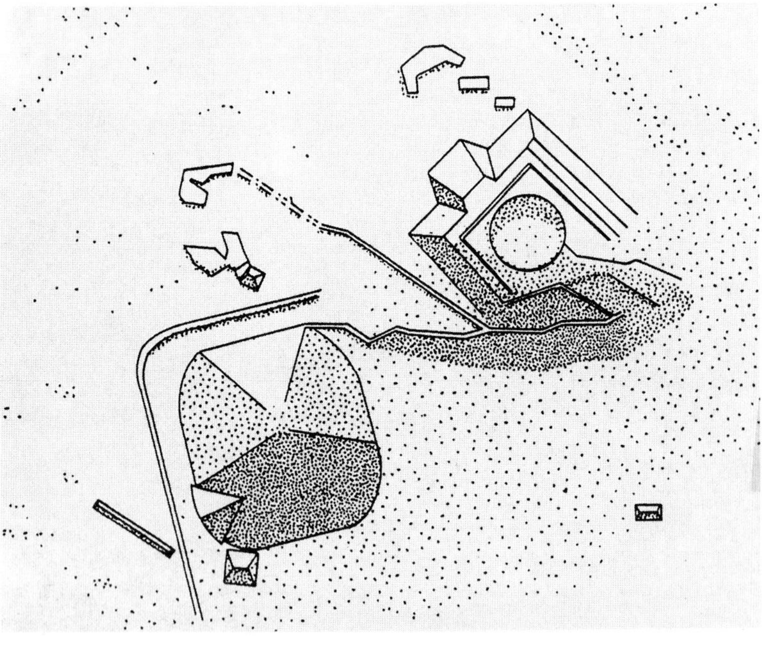

10

11

11 Die Erde umzieht ein regelrechter Gürtel von Pyramiden. Sie befinden sich an den unerwartetsten Plätzen – in Australien, Neu-Guinea oder in China und sogar auf dem Meeresboden. Besteht ein Zusammenhang zwischen den Pyramiden, dem sagenumwobenen Atlantis und dem Mars?

12 Neuesten Erkenntnissen zufolge sollen prähistorische Anlagen – hier Stonehenge – durch sogenannte geomantische Kraftlinien untereinander verbunden sein, deren einstiges Zentrum Atlantis war. Geheimlehren nach sollen an diesen »Orten der Kraft« die Druiden-Priester mit den Göttern durch einen Zeitriß Verbindung aufgenommen haben.

13 IBM-Computerspezialist George Wingfield und der Autor untersuchen mysteriöse Kreise flachgelegten Getreides, die bei Sibury Hill in der englischen Grafschaft Wiltshire entdeckt und mit UFO-Sichtungen in Zusammenhang gebracht werden.

14 UFO-Einzelbild aus dem Film, den der Melbourner Fernseh-Kameramann David Crockett in der Nacht vom 30. zum 31. Dezember 1978 über Neuseeland aus einer »Argosy«-Frachtmaschine gedreht hat. Nach eingehender Analyse des Films hat der Experte für optische Physik und Elektronik der US-Kriegsmarine, Dr. Bruce Maccabee, die Filmaufnahmen für absolut authentisch erklärt und jede Verwechslung mit konventionellen Flugobjekten ausgeschlossen.

15 Unbekannte Flugobjekte wurden in allen Ländern der Erde gesichtet und von Menschen unterschiedlichster Herkunft und Bildung beobachtet – von Eingeborenen auf Neu-Guinea wie von Astronauten. Inzwischen existiert ein Sichtungskatalog der unterschiedlichsten UFO-Formen.

16 Eine aus dem Jahr 1941 stammende Aufnahme, die in der chinesischen Stadt Tientsien gemacht wurde. Es soll sich hier um eine authentische UFO-Beobachtung durch die Rote Befreiungsarmee handeln.

12

13

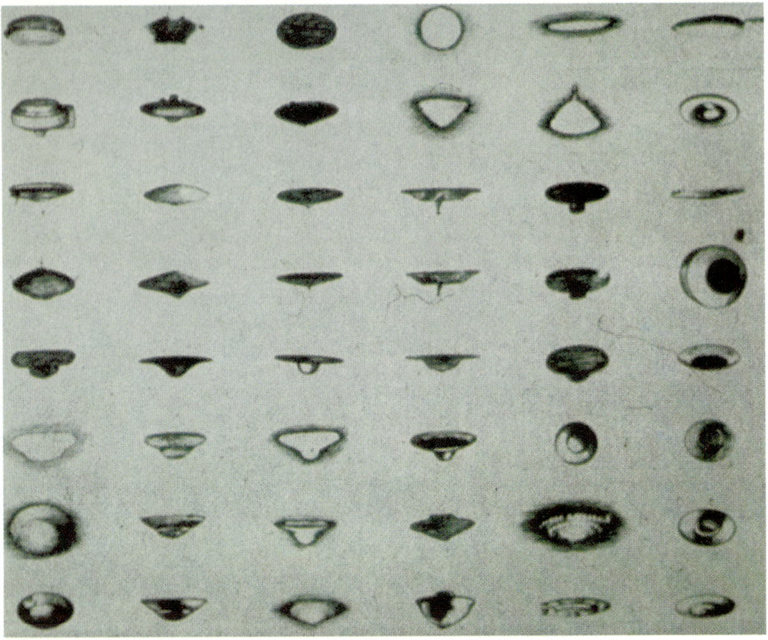

15

16

17

18

19

17 Wird unsere Zivilisation untergehen oder kann ein neues kosmisches Bewußtsein die Menschheit ins 21. Jahrhundert hinüberretten? Die ersten Ansätze für ein verantwortungsvolleres, ganzheitliches Denken zeichnen sich ab.

18 Der kanadische Yellow-Knife-Indianer Tim Sikea reist um die ganze Welt, um die Menschheit mit seinen Endzeitvisionen aufzurütteln: Sikea und der Autor im Gespräch auf der geheiligten Ritual-Decke.

19 Unser angeschlagenes Raumschiff Erde: Wieviele von intelligenten Wesen bewohnte Welten mag es allein in unserer Milchstraße geben?

20 Das Sternenmeer des Nordamerika-Nebels: Unser Sternensystem, die Milchstraße, setzt sich aus 150 bis 200 Milliarden Sternen zusammen. Nach neuesten Erkenntnissen führen viele dieser Sterne Planetensysteme mit sich – Heimatsysteme für Leben?

21 Für die Zukunft der Menschheit kann der Asteroidengürtel von großer Bedeutung sein. Denn die Asteroiden gelten als wichtiger Garant für die Rohstoffgewinnung.

21

Atlantis – dieser Name hat die Gedanken der Menschen seit der Antike nicht mehr losgelassen. Atlantis, der versunkene, sagenumwobene Inselkontinent – war dort die Wiege der Menschheit? Ist das Flammenschwert des Erzengels die biblische Umschreibung für eine nukleare oder kosmische Katastrophe, die Atlantis vernichtete? Und war »die Vertreibung aus dem Paradies« die Strafe der »Götter« für den Hochmut der Atlantiden? Ist der verbotene Biß in den Apfel vom Baum der Erkenntnis als der Mißbrauch technischer Macht zu deuten, der Versuch, den »Göttern« gleich zu sein? Sicherlich sind diese Götter nicht mit dem Gott der Bibel identisch. Aber vielleicht wurde diese ungeheure Katastrophe der Vorzeit in der Bibel aufgegriffen, um auf die verheerenden Folgen gewissenlosen Machtmißbrauchs hinzuweisen.
Was könnte passiert sein? Lassen wir doch unsere Fantasie durch einen Zeitriß einmal auf die Reise gehen: Flüchtlinge des untergegangenen zehnten Planeten – Phaeton –, die auf dem Mars eine Kolonie errichtet hatten, gründeten auf der Erde eine Niederlassung – Atlantis. Sie zeugten mit irdischen Frauen ein neues, fähigeres Menschengeschlecht. Durch die Erbanlagen der Kolonisatoren waren diese Atlantiden natürlich allen anderen Menschen in vieler Hinsicht weit überlegen.
Eines Tages verließen die Kolonisatoren die Erde wieder, um eine weitere neue Welt zu erkunden, und stießen schließlich auf das rund elf Lichtjahre von der Erde entfernte Planetensystem Epsilon Eridani. Auf dem zweiten Planeten, einem Wüstenplaneten, den sie Achele tauften, ließen sie sich erneut nieder und schufen eine Hochkultur. Und diese hochentwickelte Zivilisation beobachtet die Menschheit seit Jahrtausenden mit ihren UFOs.
Doch zurück zu Atlantis. Mit der Zeit spielten sich die

Atlantiden als Herren über Leben und Tod auf. Rigoros mißbrauchten sie ihre Vormachtstellung. – Für die Kolonisatoren war das irdische Experiment also gründlich mißlungen. Ihrer Ansicht nach gab es nur eine Lösung: Um Schlimmeres für die gesamte Menschheit abzuwenden, mußte Atlantis vom Antlitz der Erde verschwinden...

Allem Anschein nach muß den Kolonisatoren dabei eine kosmische Konstellation zu Hilfe gekommen sein. Denn durch moderne wissenschaftliche Forschungsergebnisse und Beobachtungen ist bestätigt worden, daß es zu jener Zeit in unserem Sonnensystem zu einer Dreifachkonstellation kam, bei der Sonne, Venus, Erde und Mond in einer Linie ausgerichtet waren, mit der Konsequenz veränderter Schwerkraftverhältnisse.

Der Naturwissenschaftler und Ingenieur Otto H. Muck, der die Lage von Atlantis aufgrund langjähriger Untersuchungen im Gebiet des mittelatlantischen Rückens, also bei den Azoren vermutet, nennt ein genaues Datum: den 5. Juni 8498 vor unserer Zeitrechnung. Nach seinen Berechnungen ereignete sich an diesem Tag eine globale Katastrophe, die den Untergang von Atlantis verursacht haben könnte. Muck stieß auf dieses astronomisch begründete Datum, nachdem er die geologischen, klimatischen, meterologischen und geographischen Gegebenheiten der Vergangenheit systematisch durchforscht hatte.

Durch die Dreifachkonstellation von Sonne, Venus, Erde und Mond entstand vermutlich eine Schwerkraftzusammenballung, die einen sogenannten Apollo-Asteroiden (»Irrläufer«, die immer wieder die Erdbahn kreuzen) zur Erde lenkte, wo er mit ungeheurer Kraft einschlug. Da in dieser Zeit nachweislich eine Veränderung der Erdachse um 25 Grad eingetreten ist, wird heute damit der Asteroideneinschlag in ursächlichen Zusammenhang gebracht, der den

Untergang von Atlantis zur Folge hatte. Und da der griechische Philosoph Plato (427–347 v. Chr.) die Zerstörung von Atlantis auf 8500 v. Chr. datierte, scheint Mucks Theorie der Wahrheit am nächsten zu kommen.
Plato stützt sich dabei auf schriftliche Aufzeichnungen über Atlantis, die von ägyptischen Priestern aus Saïs geheimgehalten und auf Tempelsäulen festgehalten worden waren. Diese Aufzeichnungen wurden Solon (640–560 v. Chr.), dem Gesetzgeber von Athen, von Priestern erläutert. Sein direkter Nachfahre – Plato – verwendete die Erinnerungen seines Vorfahren später in seinen Dialogen »Kritias« und »Timaios«.
Der rätselhafte, zu jener Zeit plötzlich einsetzende Kulturrückgang würde ebenfalls für eine entsetzliche Katastrophe sprechen. – Jedenfalls scheint es einigen überlebenden Atlantiden gelungen zu sein, sich mit Schiffen in Sicherheit zu bringen und ihr kulturelles Wissen in andere Teile der Welt mitzunehmen.
Wie schon berichtet, entdeckten die »Viking«-Sonden auf dem Mars neben dem steinernen Gesicht Pyramiden, wie sie auch überall auf der Erde zu finden sind – selbst auf dem Meeresboden vor den Bahama-Inseln Bimini und Andros. Die höchste Erhebung dieser unterseeischen Bauwerke ragt bis zu sechs Meter unter der Wasseroberfläche auf. In der gleichen Region wurden auf dem Meeresgrund in einem über 100 Quadratkilometer großen Gebiet riesige behauene Steinblöcke gefunden – Reste gigantischer Mauern. Unterwasseraufnahmen und Messungen haben gezeigt, daß nur der kleinere Teil dieser Ruinen über den Meeresgrund herausragt. Wissenschaftler kamen durch Spezialberechnungen und Schichtvergleichsstudien zu dem Ergebnis, daß die Ruinen mindestens 15 000 Jahre alt sein müssen. – Könnten es die Überreste des sagenhaften Atlantis sein?

Es scheint einleuchtend, daß ein Zusammenhang zwischen den irdischen und den marsianischen Pyramiden besteht. Waren Atlantis oder gar der Mars das verlorene Paradies, aus dem Adam vertrieben wurde? Einer Auslegung zufolge soll Adam eine Abwandlung aus dem hebräischen »Adom« sein, und das bedeutet: »Mann von der roten Erde«. Wäre damit etwa der Beweis erbracht, daß Adam, der Stammvater der Menschheit, vom Planeten Mars kam?
Mit Atlantis ist der Begriff »das goldene Zeitalter« verbunden. So beschreibt Plato in seinen Dialogen die schimmernden, messingverkleideten Ringmauern, die das rotschimmernde Orichalcum (eine Art Messinglegierung) reflektierende Zitadelle und die mit einem silbrigen Metallüberzug versehenen Tempel. Weiter berichtet Plato, die Atlantiden hätten ungeheure Reichtümer besessen, wären mit einem überquellenden Nahrungsangebot gesegnet gewesen und lebten unter idealen klimatischen Bedingungen. Um in Überfluß zu leben, habe es keiner harten Arbeit bedurft. Diesen Schilderungen nach muß Atlantis das Paradies auf Erden gewesen sein.
Plato zufolge war Atlantis ein Inselkontinent etwa von der Größe Kleinasiens und Libanons zusammen und lag »hinter den Säulen des Herkules«, also hinter Gibraltar im Altlantischen Ozean. Interessant dürfte in diesem Zusammenhang sein, daß russische Meeresforscher vom Meeresgrund des Atlantischen Rückens Reste von Kieselalgen geborgen haben, die eindeutig vor 10000–12000 Jahren in Süßwasserseen beheimatet waren.
Überlieferungen nach sollen die Atlantiden sogar »durch die Luft und unter See« gereist sein, Objekte aus großer Entfernung photographiert, Röntgenstrahlen genutzt, Videoverfahren gekannt und Kristallen laserähnliche Energie entnommen haben.

Erinnert das nicht auffallend an den Stand unserer heutigen Technik? Haben wir jetzt vielleicht den Wendepunkt erreicht, der einst für Atlantis den Untergang durch eine kosmische oder gar hausgemachte Katastrophe bewirkte? Offensichtlich war auch der Planet Mars – vielleicht in Zusammenhang mit der Vernichtung von Phaeton – einer tiefgreifenden ökologischen Veränderung ausgesetzt. Sollten auf dem roten Planeten einmal humanoide Lebewesen beheimatet gewesen sein, die mit ihren steinernen Monumenten auf eine einstige Hochkultur hinweisen, müßten sie den Enigma-Planeten entweder verlassen haben oder wären durch die Umweltzerstörung untergegangen. Wurde das steinerne Gesicht von ihnen etwa geschaffen, um den Menschen eines Tages eine Warnung zu sein?

Der Wunsch der Menschen nach einer Kontaktaufnahme mit Intelligenzen im All – mit Extraterrestriern – ist uralt. Aber wären wir überhaupt in der Lage, sie zu erkennen, wenn sie bereits unter uns weilten?

9
Extraterrestrier

Konservativen Schätzungen zufolge führen, wie schon gesagt, wenigstens zehn Prozent der rund 150 bis 200 Milliarden Sterne in unserer Milchstraße einen Planeten in ihrer lebensfreundlichen Ökosphäre mit sich. Wenn wir nun voraussetzen, daß von diesen 15 Milliarden Planeten auch nur ein Drittel Leben produziert, gäbe es immer noch fünf Milliarden Planeten, auf denen Leben entstanden ist. Sollte sich auch nur ein winziger Bruchteil dieser Lebensformen zu intelligenten und vielleicht auch technologisch orientierten Zivilisationen entwickelt haben, würde das immer noch eine stattliche Anzahl fortschrittlicher außerirdischer Zivilisationen bedeuten.

Der Himmel, vor allem aber der Nachthimmel, hat die Menschen von jeher fasziniert. Und um dem Himmel näher zu sein und die »Götter« – die Außerirdischen – anzulokken, haben Menschen in der Frühzeit, mit einem gänzlich anderen Zeitverständnis, als wir es haben, oft über Generationen an Riesenfiguren gearbeitet, Kultstätten, Tempel und Sternwarten erbaut.

Durch neueste Entdeckungen wurde in diesem Zusammenhang nachgewiesen, daß diese prähistorischen Anlagen ursprünglich in einem weltweiten System durch sogenannte Ley-Lines – also geomantische Kraftlinien – miteinander verbunden waren, als deren einstiges Zentrum Atlantis genannt wird.

Nach Geheimlehren sollen die Druiden-Priester an diesen

prähistorischen Plätzen – diesen »Orten der Kraft« – zu bestimmten Stunden durch einen Zeitriß die Möglichkeit gehabt haben, mit den »Göttern« Verbindung aufzunehmen.

Als Mittler zwischen ihren Völkern und den Göttern – den Überirdischen beziehungsweise den Außerirdischen – nahmen die Priester eine ganz besondere Machtposition ein. Denn sie dienten den Alleinbeherrschern der Erde und somit den gewaltigsten Richtern als Sprachrohr.

Vom frühen Menschen wurden die ihm unverständlichen Naturgewalten und Phänomene zu Göttern und Dämonen erklärt und ihnen damit die Verantwortung für positive oder negative Ereignisse zugeschoben. Rituale sollten an bestimmten Orten der Kraft die Götter gnädig stimmen.

Dem Keltenlande gegenüber liegt im angrenzenden Ozean nördlich vorgelagert eine Insel, die nicht kleiner als Sizilien ist. Auf der Insel gibt es einen prachtvollen Hain, der dem Sonnengott geweiht ist, und einen seltsamen Tempel von kreisrunder Form. Alle zwölf Jahre, zur Zeit, wenn Sonne und Mond wieder die gleiche Stellung zueinander einnehmen, kommt Apollo auf die Insel.«

Diese erste schriftliche Aufzeichnung über Stonehenge hat der griechische Geschichtsschreiber Hekatäus von Abdera um 300 v. Chr. festgehalten.

In den folgenden Jahrhunderten scheint diese Überlieferung in Vergessenheit geraten zu sein. Erst um 1600 erhielt dann Inigo Jones vom englischen König James I. den Auftrag, die Steinmonumente von Stonehenge zu untersuchen und zu vermessen. Jones berichtete seinem König, daß es sich um einen römischen Tempel handele.

John Aubrey, der von Charles II. 1660 zur Untersuchung der Ruinen nach Stonehenge beordert wurde, ging wesentlich sorgfältiger vor. Er gab sich nicht mit der genauen Beschreibung der Steinsetzung zufrieden, sondern nahm sich darüber hinaus auch noch den kreisförmig um die Steine angelegten Erdwall vor. So entdeckte er an der Böschung des Walls einen Ring von 56 Gruben, die heute noch Aubrey-Löcher genannt werden. In einigen wurden dann später Reste von Feuerbestattungen sichergestellt. Die tiefere Bedeutung der Aubrey-Löcher konnte allerdings bis zum heutigen Tag nicht geklärt werden. Nach Abschluß seiner Arbeit stellte Aubrey in einer Zusammenfassung fest: Die Anlage müsse ein Tempel der keltischen Druiden gewesen sein, deren Priesterkaste der Stern- und Heilkunde mächtig war. Noch 70 Jahre später trat auch der englische Gelehrte William Stuckeley für die Druiden-Theorie ein.

Allerdings hatte sich zu Stuckeleys Zeiten bereits herausgestellt, daß die Hauptachse von Stonehenge auf den Punkt des Sonnenaufgangs am längsten Tag des Jahres – dem Tag der Sonnenwende – ausgerichtet war. 1901 berechnete der Astronom Norman Lokyer aus den Schwankungen des Sonnenlaufs, daß Stonehenge um 1850 v. Chr. errichtet wurde. Demnach konnten die erst tausend Jahre später auftauchenden Druiden mit dem Bau des Ringtempels nicht in Verbindung gebracht werden.

Die vor 30 Jahren nach der Radiokarbon-Methode durchgeführten Untersuchungen bestätigten das von Lokyer errechnete Datum. Genaueren Forschungsergebnissen zufolge entstand die Anlage in mehreren Bauabschnitten. Wahrscheinlich wurde an Stonehenge bis zur endgültigen Fertigstellung über 600 Jahre gearbeitet. Die dort verwendeten Steine stammen einerseits aus den 36 Kilometer entfernten Steinbrüchen, wurden teilweise aber auch aus den rund 400 Kilometer entfernten Prescelly-Hügeln in Wales herangeschafft. Es wird vermutet, daß sie auf dem Landweg auf Rollen befördert wurden, da es zu jener Zeit noch keine Räderfahrzeuge gab, und daß sie auf den Flüssen mit Flößen oder Einbäumen transportiert wurden.

»Unförmige, riesengroße Steine, sichtlich von Menschenhänden aufgestellt, erheben sich in ungeheuren Massen auf einer mäßigen, nur ganz allmählich ansteigenden Anhöhe. Hohen Säulen gleich, stehen sie in einem großen tempelähnlichen Kreis, immer zwei und zwei näher aneinander, welche dann ein großer ähnlicher Stein, wie ein Quaderbalken oder Gesims auf ihrer Spitze ruhend, miteinander verbindet.« So beschrieb die Hofrätin Schopenhauer, die Mutter des berühmten Philosophen, die Steinkreise von Stonehenge vor etwa zweihundert Jahren.

Vier Meter aufragende Steinpfeiler von bis zu 50 Tonnen schließen sich – bis auf einen ausgesparten Eingang – zu einem durch 30 Überliegesteine verbundenen Ring. Ringsum ist ein Wall mit 56 Löchern angelegt, der bereits erwähnte Aubrey-Kreis. Die Gesamtanlage hat einen Durchmesser von 115 Metern, und im Grundriß zeigt sie eine Aufteilung in konzentrische Kreise.

Innerhalb des ersten Rings formen 49 Trilithen ein Hufeisen. Der letzte, innerste Ring besteht aus kleineren, hufeisenförmig angelegten Steinblöcken. Im Zentrum steht ein einzelner Block. Die Längsachse des großen Hufeisens ist nach Nordosten ausgerichtet und verlängert sich in einer Art steinerner Allee.

Anläßlich eines Besuches in der Nähe von Stonehenge wurde der Astronomieprofessor Gerald S. Hawking darauf aufmerksam gemacht, daß über dem Steinblock in der Mitte der Anlage der Sonnenaufgang am Tag der Sonnenwende verfolgt werden könne.

Hawking, der sich persönlich von dem Phänomen überzeugte, stellte nach eingehenden Untersuchungen fest, daß die Allee Teil eines komplexen Observatoriums ist.

Zur Abkürzung der zeitraubenden Forschungen und zur Beschleunigung des Auswertungsprozesses nahm Hawking einen Computer zur Hilfe, den er mit Schlüsselpositionen über Stonehenge und astronomischen Daten speiste. Das Ergebnis war erstaunlich. Denn es stellte sich heraus, daß Stonehenge einst nicht nur ein komplexes Observatorium

mit Informationen über Sonnenwende, Sonnen- und Mondfinsternisse, Tag- und Nachtgleichen war, sondern gleichzeitig einen steinernen Kalender darstellte. Stonehenge selbst ist demnach eine Art Zeit-Computer gewesen!
Eine weitere prähistorische Anlage mit gigantischen Ausmaßen ist in der Nähe von Glastonbury in der englischen Grafschaft Somerset zu finden. Hier breitet sich über rund 15 Quadratkilometer ein enormes Planetarium aus, dessen Hügel und künstliche Wasserläufe die Zeichen des Tierkreises wiedergeben. Eine riesige Sternkarte, die sich sonderbarerweise nur vom Flugzeug ausmachen läßt und älter ist als die große Pyramide von Giseh.

Astronomie dürfte eine der ältesten Wissenschaften sein, und obwohl ihr Ursprung gewöhnlich den Babyloniern zugeschrieben wird, gibt es Hinweise, daß sich vor ihnen schon andere Kulturen viel eingehender und mit weit größeren Kenntissen damit beschäftigt haben.
So wurde in der französischen Vendée bei Poiré eine uralte Sternkarte gefunden. Genauer gesagt: ein prähistorischer Steinblock, auf dessen himmelwärts gerichteter Seite eine Anzahl eigenartiger Zeichen eingemeißelt sind.
Der französische Forscher Dr. Marcel Baudouin glaubte in diesen Zeichen Sternbilder zu erkennen – zu Recht, wie sich später herausstellte. Er ließ Abdrücke der in Stein geritzten Zeichen herstellen und diese von verschiedenen Forschungsinstituten genau untersuchen. Dr. Baudouins Annahme bewahrheitete sich. Seine Sternkarte – »Pierre de Merlière« genannt – gleicht der ältesten Darstellung der Tierkreiszeichen durch die Chinesen des Altertums – der »Sternkarte des Himmels«.
Auf diesem prähistorischen Steinblock läuft eine Rechtsspirale bis zum Zentrum und endet dort in einer Vertiefung. Sie

ist der Kern der Sternkarte und verkörpert den Standpunkt des Betrachters. Vom Kern zweigen zwei Rillen in unterschiedliche Richtungen ab. Die eine verläuft nach Norden und endet in einem Kreuz, unter und über dessen Querbalken insgesamt vier Vertiefungen eingemeißelt sind. Größere und kleinere »Kuhlen« daneben entsprechen dem Sternbild des Großen Bären. Heute wissen wir, daß der Große Bär der Meridian des Steinzeitmenschen war.
Die zweite Rille verläuft vom Zentrum aus in nordwestlicher Richtung. Bei der Wintersonnenwende wird durch diese Sonnenwendlinie der Stand der aufgehenden Sonne angezeigt.
Im südwestlichen Teil der steinernen Sternkarte befindet sich zusätzlich noch eine kleine, im Zentrum vertiefte Scheibe mit zwei konzentrischen Kreisen, die das Zeichen der Sommersonnenwende darstellt. Nach sorgfältigen Untersuchungen wurde noch eine Reihe anderer Zeichen gefunden. Nach dem festgelegten Markierungspunkt konnte schließlich errechnet werden, wann das Sternbild am nördlichen Nachthimmel so gesehen worden war. Danach muß die prähistorische steinerne Sternkarte wenigstens 8500 Jahre alt sein!
Über ganz Europa verstreut wurden von Spanien bis zur Ukraine mit Punkten und Linien versehene Knochen und Steine aufgefunden. Nach dem amerikanischen Forscher Alexander Marshak sollen diese in Knochen und Steine eingeritzten Zeichen Resultate aus Beobachtungen der Gestirne darstellen.

In meinem Buch »Leben auf dem Mars« habe ich bereits vom Dongting-See an den Ausläufern des chinesischen Huanggebirges berichtet und von der im See liegenden Felsinsel Jotuio, die 1959 von einem Erdbeben erschüttert wurde. Auf der Insel sichergestellte Funde veranlaßten den Pekinger Archäologen Professor Chi Pen-lai, die Insel systematisch zu erforschen. Seine Assistentin Hui Chu-ting und Dr. Wu To-wai waren in seiner Begleitung. Vor Ort stießen die Wissenschaftler bei der Untersuchung eines Mauerwalls, der vor 3000 Jahren mit Teilen der Insel versunken war, auf unbekannte Höhlen im Inneren der Insel. Zusätzlich eingesetzte Taucher stießen in dreißig Meter Tiefe auf ein in Granitfelsen führendes Labyrinth.

Die glatten Wände dieses Unterwasserlabyrinths waren mit Ritzzeichnungen von erstaunlicher Vollkommenheit verziert und mußten vor Jahrtausenden mit äußerst scharfen Werkzeugen in das Granitgestein eingeritzt worden sein.

Eine deutlich erkennbare Jagdszene zeigt Männer, die flüchtendes Wild mit Blasrohren verfolgen, während nach einer Rekonstruktionszeichnung andere mit modern anmutenden Waffen aus merkwürdigen Flugkörpern auf die Tiere zielen. Eine für uns besonders interessante Eingravierung stellt zehn Kugeln dar, die in unterschiedlichen Abständen um eine größere im Zentrum gruppiert sind. Von der Mitte aus gesehen, verbindet die dritte und vierte Kugel eine Schlangenlinie. Wären da nicht zehn Kugeln im Spiel, würde diese Darstellung an unser Sonnensystem erinnern.

Aber wir wissen ja nur von neun Planeten und das auch erst seit relativ kurzer Zeit. Oder handelt es sich bei dem eingeritzten zehnten Planeten etwa um Phaeton?

Schätzungen zufolge sind diese prähistorischen Ritzzeichnungen etwa 45 000 Jahre alt! Um so erstaunlicher ist die Tatsache, daß der damalige Künstler das erst im sechzehnten Jahrhundert veröffentlichte kopernikanische System vorweggenommen hat, nach dem die Planeten um die Sonne kreisen und nicht, wie bis dahin vorausgesetzt, die Sonne um die Erde.

Vielleicht sind die erstaunlichen astronomischen und kosmischen Erkenntnisse früher Kulturen gar nicht so verwunderlich, da diese sich weit mehr als wir mit der Erde und dem Kosmos indentifizierten, also als Teil der Natur auch mit ihr im Einklang lebten. So schuf sich der frühe Mensch durch seinen Glauben an die Beseeltheit der Natur, an die Existenz von Göttern, Geistern und Dämonen, eine Vorstellungswelt von unbeschreiblichem Empfindungsreichtum, in die er – sozusagen durch die Projektionen seiner Innenweltvisionen – voll integriert war.

In diesem Zusammenhang stellt Jens M. Möller in seinem Buch »Geomantie in Mitteleuropa« fest: »Eine Mitgestaltung der Erde nach kosmisch-harmonikalen Aspekten geschah in frühen atlantischen Menschheitsepochen an Orten besonderer solarer und tellurischer (irdischer) Einströmungen; die Feststellung und Zuordnung dieser Orte nach geomantischen Gesichtspunkten erfolgte mit einer für neuzeitliche Vorstellungen unbegreiflichen Harmonie und Vollkommenheit. Zeugnisse einer derartigen Beeinflussung der Erde lassen sich noch heute finden in Gestalt monumentaler Felsbilder und Skulpturen, riesiger megalithischer Sakralbauten und Anlagen bzw. deren nachvollziehbare Festlegung mit Hilfe großer Menhire und Dolmen.«

Für die Priester der Schamanen gehörte die Kommunikation mit den Göttern, beispielsweise durch Telepathie, Trancezustände und Astralreisen, gewissermaßen zum Alltag. Sie zweifelten nicht im geringsten an der Existenz vieler bewohnter Welten im »Himmel».

Im griechischen Altertum sprach dann Demokrit (460 v. Chr.), der Begründer der Atomlehre, von der Geburt und dem Tod der Welten, von denen sich einige unter ihnen für die Entstehung von Leben eignen würden. Er sah in der Milchstraße nichts anderes als eine Ansammlung ferner Sterne. Sein Zeitgenosse Anaxagoras (500–428 v. Chr.) ging sogar noch einen Schritt weiter. Er schrieb, daß auch andere »Erden« Bewohner nähren könnten. Doch über 2000 Jahre später wurde dann der Dominikanermönch Giordano Bruno (1547–1600) auf dem Scheiterhaufen verbrannt, weil er festzustellen gewagt hatte, daß es außer unser Welt auch noch andere geben müsse.

Heute sind viele Astronomen und Exobiologen *wieder* zu der Erkenntnis gelangt, daß außerirdische Zivilisationen mit an Sicherheit grenzender Wahrscheinlichkeit existieren müssen. Eine ganze Reihe davon sei wesentlich älter als wir und hätte auch ein höheres Entwicklungsniveau erreicht. Denn die meisten Sterne in der Milchstraße sind doppelt so alt wie unsere Sonne – nämlich rund 10 Milliarden Jahre.

Die Vorstellung hochentwickelter Zivilisationen ist für uns wohl mit Intelligenz und technologischem Wissen gleichzusetzen. Ist dieses Evolutionsstadium einmal erreicht, besteht allerdings auch die Gefahr der Selbstvernichtung durch Umweltzerstörung oder kriegerische Auseinandersetzungen mit Kernwaffen.

Welches Alter können also Hochzivilisationen überhaupt erreichen? Nach dem deutschen Astrophysiker Sebastian von Hoerner liegt der kritische Zeitpunkt für die Lebenszeit einer hochentwickelten Zivilisation bei 4500 Jahren. Überdauert sie diesen Zeitraum, hat sie berechtigte Aussichten, sehr alt zu werden, und damit bieten sich ihr ungeahnte Möglichkeiten der Weiterentwicklung in wissenschaftlich-technologischer und ethischer Hinsicht.

Nach heutigen wissenschaftlichen Erkenntnissen wird die

elektromagnetische Strahlung als günstigste Methode zur Kontaktaufnahme mit außerirdischen Intelligenzen angesehen. Vorausgesetzt natürlich, die Bewohner einer fremden Welt sind uns in ihrer Entwicklung überlegen, damit überhaupt ein Kontakt zustandekommen kann. Denn um unsere Signale empfangen und die eigenen ausstrahlen zu können, müßten ihre Sender und Empfänger das Entwicklungsstadium unserer eigenen weit überholt haben. Darüber hinaus müßten solche Zivilisationen eine überaus lange Lebensdauer haben.

Stellen wir all diese Faktoren in Rechnung, müßten uns eigentlich ständig Radiobotschaften anderer Planetensysteme überschütten. Aber leider ist das nicht so, denn wir haben Probleme mit dem Empfang. Wir kennen weder ihre Sendefrequenz, ihre Bandbreite, noch die Art der Modulation oder den »Sitz« des Planetensystems, von dem solche Signale ausgestrahlt werden könnten.

Natürlich könnten sich Zivilisationen, die im Besitz von Hochleistungs-Radioteleskopen sind, auch ausschließlich auf den *Empfang* fremder Signale spezialisieren, ohne selbst auszustrahlen, um ihre Heimatwelt nicht preiszugeben. Sie wären dann sogar in der Lage, die Radioausstrahlungen einer Zivilisation aufzufangen, deren Technik noch in den Kinderschuhen steckt. Aber unsere eigene Mentalität vorausgesetzt, würde eine Hochzivilisation mit solchen Empfangs- und Sendeanlagen wahrscheinlich ihr Schweigen brechen, wenn sie Signale einer fremden Welt aufspüren würde.

Derzeit überprüft ein NASA-Komitee die Ortungsmöglichkeiten außerirdischer Signale. Zu diesem Zweck haben die Beteiligten, darunter auch Philip Morrison vom Massachusetts Institute of Technology, die verschiedensten wissenschaftlichen und technischen Hilfsmittel in Erwägung gezogen und bereits neu zu installierende Radioteleskope auf der Erde und im Weltraum eingerechnet. Die Sowjetrussen entwickelten unabhängig davon Weltraum-Radioteleskopsysteme, die eventuelle Funksignale fremder Welten aufspüren sollen. Unter der Leitung von Paul Horowitz ist in den USA inzwischen das Projekt »Sentinel« angelaufen, ein Gemeinschaftsvorhaben der Harvard University und der Planetary Society, dem das Radioteleskop des Oak Ridge-Observatoriums für die Forschungsarbeiten zur Verfügung steht.

Ein Hochleistungscomputer dient hier als Analysator zur Identifikation künstlicher Signale, um mögliche intelligente Ausstrahlungen von irdischen Funkstörungen zu unterscheiden. Horowitz sieht allerdings nur dann Erfolgsaussichten, wenn eine Fülle aufgefangener Signale analysiert werden kann.

Da einige Astronomen davon ausgehen, daß mögliche andere Zivilisationen im planetarischen Nachrichtenaustausch vielleicht Laserstrahlen oder uns bisher noch unbekannte Techniken anwenden, sehen sie in Radiowellen nicht unbedingt die beste Methode zur Übermittlung von Nachrichten. Von einigen wenigen Wissenschaftlern werden bereits Satelliten zur Ortung intelligenter Signale eingesetzt. So untersuchte der astronomische Beobachtungssatellit »Kopernikus« mehrere nahegelegene Sterne auf UV-Strahlen, und britische Astronomen beabsichtigen, auch Röntgenstrahlen-Daten nach Hinweisen intelligenter Transmissionen zu untersuchen. Der britische Röntgenstrahlen-Astronom Mike Cruise verweist hier auf die von Astronomen ohnehin gespeicherten Daten, die seiner Ansicht nach noch einmal gründlich auf eventuelle außerirdische Signale hin überprüft werden sollten. Denn im Vergleich zur Entdeckung außerirdischer Intelligenzen falle der mit der Computertechnologie verbundene Aufwand nicht besonders ins Gewicht.

Das Problem ist, daß elektromagnetische Signale als interstellare Kommunikationsmethode zu langsam sind. Der Zeitfaktor spielt hier eine entscheidende Rolle. Sie bewegen sich »nur« mit rund 300 000 Kilometern in der Sekunde. Eine aberwitzige Geschwindigkeit, die bei den enormen Entfernungen zu anderen Planetensystemen dennoch viel zu langsam ist! Bei dieser Geschwindigkeit würde beispielsweise der Dialog mit einer 100 Lichtjahre entfernten Zivilisation 200 Jahre dauern – keine sehr befriedigende Aussicht.

Schon seit Jahren diskutiert die Fachwelt über die Existenz überlichtschneller Partikelchen, sogenannter Tachyonen. Ausgelöst wurde die Debatte durch die amerikanischen Physiker Olex Myron Bilanuik, V. K. Deshpande und E. C. George Sudarshan von der Universität Rochester und schließlich durch Gerald Feinberg, Professor für Physik an der Columbia University.

Die Lichtgeschwindigkeit als absolute Grenzgeschwindigkeit anzuzweifeln, galt lange als »Gotteslästerung«. Als schließlich die hypothetischen Tachyonen ins Gespräch kamen, gab es lange Zeit heftige Diskussionen, ob sie aufgrund der Relativitätstheorie überhaupt eine Existenzberechtigung haben. Zwischenzeitlich wurden sie jedoch sogar im Rahmen der Relativitätstheorie anerkannt, weil Tachyonen (falls sie existieren) nur mit Überlichtgeschwindigkeit entstehen und die Lichtgeschwindigkeit nie unterschreiten. Dennoch bleiben sie problematisch, weil unser gesamtes Weltbild durch sie auf den Kopf gestellt wird. Denn sobald die Lichtgeschwindigkeit überschritten wird, läuft die Zeit rückwärts. Ergebnis: Wir müßten unsere

Auffassung von Ursache und Wirkung gründlich revidieren, denn die Wirkung ginge hier der Ursache voraus.
Stellen wir uns doch einmal ein hypothetisches Tachyonentelefon vor, das vielleicht irgendwann in der Zukunft tasächlich benutzt werden kann: Es gäbe kein besseres Horoskop als solch ein Tachyonentelefon. Denn da Tachyonen durch ihre Überlichtgeschwindigkeit rückwärts in der Zeit, also in die Vergangenheit »flitzen« würden, könnten sie Nachrichten in die Vergangenheit befördern. Das heißt im Klartext: Die Nachricht träfe ein, bevor sie übermittelt wurde. – Zur Kontaktaufnahme mit Extraterrestriern wäre also ein Tachyonensender ideal, da die Verbindungsaufnahme ohne jeglichen Zeitverlust zustandekäme.
Einige Wissenschaftler haben für das bisher vergebliche Bemühen einer Kontaktaufnahme mit anderen Welten eine ganze Anzahl von Erklärungen parat: Entweder sei die Menschheit die einzige Zivilisation in der Milchstraße, oder alle anderen wären vielleicht nicht technisch orientiert, würden sich auf ihr eigenes Planetensystem beschränken oder seien an einer Verbindungsaufnahme ohnehin nicht interessiert. Zudem reiche die Lebensspanne technischer Zivilisationen für das Zustandekommen einer Kontaktaufnahme wahrscheinlich sowieso nicht aus. Möglicherweise wäre die Überlegenheit anderer Zivilisationen so groß, daß wir unfähig sind, sie zu erkennen. Im übrigen könnten wir für fortgeschrittene Extraterrestrier viel zu uninteressant sein, zu unreif und für eine Verbindungsaufnahme gar tabu.
Einige Evolutionsbiologen vertreten allerdings die Ansicht, daß die Erde als Heimat für intelligentes Leben aller Wahrscheinlichkeit nach einzigartig ist.
Sie argumentieren: Die Wahrscheinlichkeit ist geringer als 10^{-10}, daß sich Lebewesen mit technologischen und inter-

stellaren Kommunikationsfähigkeiten auf einem erdähnlichen Planeten innerhalb von fünf Milliarden Jahren entwikkeln. Demzufolge wären wir wahrscheinlich die einzige Spezies, die in der Milchstraße existiert. Gäbe es extraterrestrische Intelligenz mit technologischen Kenntissen in bezug auf interstellare Kommunikation, hätte sie interstellare Raumfahrt entwickelt und wäre bereits in unserem Sonnensystem. Da sie aber nicht hier sind, existieren sie auch nicht. – Wirklich nicht?

Am 6. Januar 1946 waren Mona Stafford, Louise Smith und Elaine Thomas im Wagen von Stanford nach Liberty im US-Staat Kentucky unterwegs, als ihnen am Himmel ein riesiges Flugobjekt auffiel. Nach der Aussage der drei Frauen war es »so groß wie ein Fußballplatz«, hatte an der Unterseite eine Reihe verschiedenfarbiger Lichter und oben eine weiße Kuppel.

Plötzlich verlor die Fahrerin die Kontrolle über den Wagen, der jedoch von selbst seine Fahrtrichtung mit rund 120 Kilometer Geschwindigkeit beibehielt. Den drei Frauen begannen die Augen zu tränen und sie bekamen schier unerträgliche, stechende Kopfschmerzen. Später hatten sie eine Gedächtnislücke – einen Zeitriß – von etwa anderthalb Stunden.

Unter Hypnose sagten sie dann aus, daß sie an Bord des fremden Flugobjekts entführt worden seien, wo sie die ihnen »fehlende« Zeit verbrachten. Sie berichteten: Die Wesen des fremden Flugobjekts wären etwa 1,30 Meter groß gewesen und hätten kapuzenähnliche Kopfbedeckungen getragen. (Offensichtlich ähnelten sie den EBEs »der Majestic 12«-Dokumentation).

Ihrer Aussage nach wurden die Frauen auf einem Tisch einer schmerzhaften Untersuchung unterzogen, mit einer warmen, dünnflüssigen Paste übergossen, an der sie zu ersticken glaubten, die dann später wieder gewaltsam abgezogen wurde. Ihre Glieder wurden auf ihre Belastbarkeit hin überprüft. Man stach ihnen irgend etwas in den Nacken, und tatsächlich hatten alle drei Frauen dort eine Wunde. Eingehende Untersuchungen des Vorfalls durch verschiedene Institutionen lassen keinen Zweifel an der Glaubwürdigkeit der drei Frauen.

Inzwischen ist eine ganze Reihe ähnlicher Vorfälle registriert worden. Hier berichten immer wieder Personen aus allen Gesellschaftsschichten von ihrer Entführung durch Extraterrestrier, von denen sie oft schmerzhaften medizinischen Untersuchungen ausgesetzt wurden. Falls es sich in der Tat um ein rein psychologisches Problem handeln sollte, wie von Skeptikern oft ins Feld geführt wird, sind die durch Untersuchungen nachgewiesenen Wunden, Verbrennungen oder sogar Strahlenschäden um so erstaunlicher – ganz zu schweigen von den durch Hypnose zu Tage geförderten Einzelheiten!

Was haben wir von solchen Entführungen eigentlich zu halten? Hier gibt es vier mögliche Erklärungen:

1. Es könnte sich tatsächlich um einen physischen Kontakt mit Extraterrestriern handeln.
2. Eine durch einen veränderten Bewußtseinszustand oder eine Halluzination ausgelöste Erfahrung, die mit persönlichen und kulturellen Glaubensgrundsätzen vermengt ist, äußert sich auf diese Weise.
3. Es findet eine Vermischung physischer und psychischer Aspekte statt.
4. Ein psychisches Erlebnis äußert sich als reale Projektion.

Der englische Forscher Hilary Evans stellte kürzlich in Zusammenhang mit dem Entführungsphänomen fest: »Im einen oder anderen Sinn sind die Entführungsberichte real; bezweifelt werden muß nur, ob diese Realität mit der Alltagswirklichkeit der physikalischen Welt übereinstimmt...«.

In vieler Hinsicht repräsentieren diese ungewöhnlichen Kontaktgeschichten mit Extraterrestriern die exotische Wirklichkeit von Parallelwelten verschiedenster Zeitebenen, die neuesten Hypothesen zufolge Seite an Seite mit unserer Welt existieren sollen.

10

Der Herr vom fremden Stern

»Sie sammeln Erd- und Gesteinsproben und transportieren sie zu ihren Flugmaschinen – genauso wie irdische Astronauten auf dem Mond Sand- und Gesteinsproben gesammelt haben. Sie interessieren sich für irdische Installationen, Flugzeuge, Tiere und vor allem für Menschen. Sie geben Kontaktlern verwirrende Auskünfte über sich und ihre Heimatwelt«, sagte der inzwischen verstorbene Astrophysiker und UFO-Spezialist, Professor Allen Hynek einmal.

»Es wäre hilfreich, wenn wir feststellen könnten, daß sich nahe Begegnungen der dritten Art von den übrigen grundsätzlich unterscheiden würden. Aber sie unterscheiden sich in keiner Weise. Ganz egal, wo sie stattfinden – in Amerika, Australien oder Frankreich –, die beschriebenen Umstände sind im Grunde immer gleich.«

Da anscheinend überwiegend menschenähnliche Wesen in nahe Begegnungen verwickelt sind, könnten wir mit Fug und Recht argumentieren, daß die Glaubwürdigkeit hier bis aufs äußerste strapaziert wird. Selbst wenn wir geneigt sein sollten, die außerirdische Herkunft von UFO-Insassen einzugestehen, wäre es nicht zu viel verlangt, auch noch zuzugeben, daß sie wie Menschen aussehen?

Nimmt man die sogenannten Kontaktler ernsthaft unter die Lupe, kristallisiert sich oft heraus, daß sie sich nie für das UFO-Phänomen interessierten und nur durch Zufall verwickelt wurden. Meistens sind sie durch eine sogenannte nahe Begegnung nur bestürzt und äußern sich widerstre-

bend darüber. Im allgemeinen ziehen diese Kontaktler keine Schlußfolgerungen und versuchen auch nicht, Kapital daraus zu schlagen oder Schlagzeilen zu machen. Nach einem solchen Vorfall, der sehr oft nur durch Zufall ans Tageslicht kommt, versinken sie wieder in der Anonymität, aus der sie vorübergehend aufgetaucht waren.
Die Aussagen solcher Kontaktler können durch Untersuchungsmethoden wie Hypnose, Lügendetektoren oder Wahrheitsdrogen meist nicht ins Wanken gebracht werden.
Das folgende Klartraum-Interview mit einem Außerirdischen ist durch überzeugende Aussagen verschiedener Kontaktpersonen aus aller Welt zustandegekommen.

Ich träumte – wußte, daß es ein Klartraum war. Erlebte als Beobachter, wie der seit 1956 auf der Erde lebende Besucher aus einer anderen Welt ein Interview beantwortete:

»Sind Sie der einzige Besucher, von Achele, dem Planeten aus dem Epsilon-Eridani-System, der hier auf der Erde lebt?« fragte der Interviewer.

»Nein«, antwortete Vana, der Herr vom »fremden Stern«. »Fünf von uns bilden hier ein unsichtbares Kollegium. Wenn auch immer wieder sporadisch fremde Wesen auftauchen, kommen sie nicht von Achele.«

»Ihr äußeres Erscheinungsbild weist in keiner Weise darauf hin, daß Sie nicht irdischer Herkunft sind. Wie ist das möglich?«

»Nichts einfacher als das«, antwortete Vana. »Da unsere und die irdische Rasse praktisch gleichen Ursprungs sind, sehen wir auch wie Menschen aus. Abgesehen von ein paar geringfügigen organischen Abweichungen gibt es keine Unterschiede zwischen den Acheleern und den Menschen.«

»Moment mal«, warf der Interviewer ein. »Was meinen Sie damit, daß Ihre und meine Rasse in etwa den gleichen Ursprung haben?«

»Ich will damit sagen, daß die Acheleer über Phaeton direkte Nachfahren der frühen Atlantiden sind, während die Menschen teilweise Nachkommen eines späten Atlantiden-Astes sind.«

»Wollen Sie damit andeuten, daß es tatsächlich einmal

einen zehnten Planeten namens Phaeton gab und auch Atlantis in Wirklichkeit existierte?« fragte der Interviewer sichtlich verwirrt.

»Genau das«, antwortete Vana. »Atlantis wie auch den grünen Planeten Phaeton hat es gegeben. Und der von dieser Kultur erreichte soziale und technologische Standard war immens hoch. Wissenschaft, Bildungswesen und Künste wurden mit großer Intensität gepflegt.

Zudem waren die Atlantiden in der Lage, Kräfte beziehungsweise Energieformen zu nutzen, die auf der Erde längst wieder verlorengegangen sind. Sie durchkreuzten mit ihren Allzweckschiffen die Meere, den Luftraum und das All – so wie wir Acheleer.

Atlantis hat über einen sehr langen Zeitraum existiert und sieben Epochen durchgemacht, in deren Verlauf sich die Atlantiden mit den Urbewohnern der Erde vermischten. So entstanden die Rassen der Rmoahals, der Tlavatli, Tolteken, Turanier, Arier, Akkadier und Mongolen.«

»Ist Ihre Heimatwelt eigentlich mit der Erde und deren vielfältigen Landschaften vergleichbar?« fragt der Interviewer.

»Nein. Achele ist ein heißer Wüstenplanet und ähnelt landschaftlich höchstens einem Mittelding zwischen Zentralaustralien und Arabien. Allerdings gibt es bei uns gewaltige, von tiefen Schluchten durchzogene Gebirgszüge aus Gestein aller Farbschattierungen. Im Gegensatz zur vielfachen, prachtvollen Flora und Fauna der Erde, hat Achele nur kakteenartige Gewächse, die blühen und Früchte tragen, und Haine von Bäumen, deren Geäst in Ringen endet. Auch die Tierwelt bei uns ist recht bescheiden. Sie ist auf friedliche, kurzlebige Echsenarten und so etwas wie ›fliegende Affen‹ beschränkt, die sich von der kargen Pflanzenwelt ernähren. Wasser ist nur in geringen Mengen in natürlichen

Reservoiren tief unter der Oberfläche von Achele vorhanden.
Bei uns gibt es allerdings eine Besonderheit: eine Reihe von Seen, in denen sich über einen langen Zeitraum glasklares, dünnflüssiges Öl gesammelt hat, das vom Felsgestein ständig ausgeschieden wird. Aus diesem entfernt nach Eukalyptus duftenden Steinöl wird nicht nur ein Teil unserer Nahrung gewonnen, sondern es bereitet auch großes Badevergnügen. Und was die Atmosphäre von Achele betrifft, gleicht sie zwar der irdischen, hat aber eine größere Dichte. Der Luftdruck ist auf Achele höher als der auf der Erde.«
»Wie groß ist Ihr Planet eigentlich, und wie hoch ist die Bevölkerungszahl?« fragte der Interviewer.
»Achele ist etwas größer als die Erde und hat eine Bevölkerungsdichte von rund 2 Millionen. Die Acheleer leben über den ganzen Planeten verstreut, und es gibt nur zwei Städte. Die eine davon, die Hauptstadt mit dem großen Raumflughafen, heißt Urche. Alle Industrieanlagen sind aus Umweltgründen unteracheleisch situiert. Bei uns gibt es also keine Umweltzerstörung.«
»Was wird in diesen Industrieanlagen hergestellt?«
»Alles – vom Trinkbecher bis zum Raumfahrzeug – wird dort durch unglaublich fortgeschrittene Roboteranlagen produziert. Die Überwachung erfolgt durch multivalente künstliche Intelligenz, durch fortschrittlichste kybernetische Kontrolleinheiten.
Achele ist sehr reich an Bodenschätzen, deswegen wurde der Planet nach dem Untergang von Phaeton infolge einer kosmischen Katastrophe als neue Heimat gewählt. Es gibt in unserem Planetensystem Elemente, die euch Irdischen nicht bekannt sind. Diese exotischen Elemente sind auf eine gigantische Supernova-Explosion zurückzuführen,

die sich vor der Entstehung des Epsilon-Eridani-Systems ereignete, und die diese schweren Elemente in die Epsilon-Eridani-Urwolke geschleudert hat. Diese Elemente ermöglichen es uns, außergewöhnlich leichte, aber harte und elastische Metalle herzustellen.
Übrigens produzieren wir aus unserem Steinöl auch synthetisches, federleichtes, schmutzabstoßendes Material für unsere Bekleidung.«
»Welche Lebensspanne haben die Acheleer eigentlich? Werden sie so alt wie die Menschen, nämlich im Durchschnitt 75 Jahre? Und wie ist es möglich, die Bevölkerungsdichte permanent so niedrig zu halten, wie es auf Achele offensichtlich der Fall ist?«
»Um Ihre erste Frage zu beantworten: Wir werden etwa 840 Jahre alt. Und die gleichbleibende Bevölkerungsdichte wird durch die in weiter Vergangenheit von unseren Wissenschaftlern vorgenommene Programmierung von Stop- und Go-Genen im DNS-Erbprogramm reguliert. Das heißt, im Zeitraum unserer gleichzeitig genetisch verlängerten Lebensspanne können wir nur zweimal ein Kind zeugen. Die meisten begnügen sich sogar mit einem.«
»Gibt es bei Ihnen familiäre Bindungen wie bei uns auf der Erde, also mit Eltern, Geschwistern oder Verwandten?« unterbrach der Interviewer.
Vana verneinte. »Es gibt intensive Bindungen, wenn auch die Ehe als solche nicht existiert. Der Begriff ›Familie‹ unterliegt bei uns keiner Institutionalisierung. Wir leben in lockeren Interessengemeinschaften, und jeder Erwachsene ist für jedes Kind, jeden Jugendlichen und auch für jeden Alten mitverantwortlich.«
»Welche Regierungsform wird auf Achele praktiziert? Leben Sie unter einer Monarchie, einer Diktatur oder einem demokratischen System?«

»Nichts dergleichen«, sagte Vana. »Wir haben einen gewählten ›Rat der Zweihundert‹, der die wichtigsten Entscheidungen trifft. Jedes Ratsmitglied beiderlei Geschlechts wird aufgrund ethischer und moralischer Qualitäten, intellektueller Fähigkeiten und Leistungen von den Acheleern in zwei Wahlgängen – einem geheimen und einem offenen – ernannt.«
»Und wie funktioniert Ihr finanzielles System?«
»Wir kennen kein monetäres System«, sagte Vana. »Jeder Acheleer kann sorglos leben, da die automatische Versorgung mit allen lebensnotwendigen Gütern mehr als ausreichend ist. Besondere Ansprüche können durch entsprechende Leistungen befriedigt werden.«
»Und wie steht es bei Ihnen mit dem Schulwesen und der Ausbildung?«
»Alle Wissensgebiete sind in künstlich hergestellten Kristallen gespeichert. Diese Informationen können direkt in die Bewußtseinsschichten des Großhirns übertragen werden. Damit wird nach Abschluß der Kindheit begonnen. Ansonsten beruht die Ausbildung auf dem altgriechischen Meister-Schüler-Prinzip.«
»Und wie ist es mit der Unterhaltung auf Ihrem Planeten bestellt? Gibt es bei Ihnen zum Beispiel Fernsehen, Theater, Konzerte und Sportveranstaltungen?«
»Gewiß. Wir haben holographisches, also dreidimensionales ›Fernsehen‹ mit in Kristallen programmierten Dokumentationen und eine Art ungeheuer realistischer Abenteuerdarstellungen, in die wir uns nicht nur einbeziehen, sondern deren Handlungsablauf wir auch verändern können. Die Herausforderung besteht darin, im Handlungsablauf dieser 3-D-Vorführungen durch taktisches Verhalten zu bestehen und deren Ausgang mitzubestimmen.
Selbstverständlich pflegen wir auch Musik und nehmen an

Theateraufführungen teil, deren Ursprung weit in der Vergangenheit liegt.

Natürlich gibt es bei uns auch sportliche Aktivitäten. Klettern, Laufen und Schwimmen gehören zur Körperertüchtigung. Ein besonders beliebtes Wettspiel wird von zwei Teilnehmern ausgeführt. Jeder steht auf einer schwebenden Scheibe, deren Fluggeschwindigkeit, -höhe und -richtung durch Gedankenkraft gesteuert wird. Eine vorgeschriebene Strecke über unwegsames Gelände muß so schnell und so dicht wie möglich über dem Boden bewältigt werden. Wer zuerst ankommt, ist der Geschicktere.«

»Haben diese Flugscheiben einen Motor, und wie werden Ihre Raumschiffe überhaupt angetrieben? Wie sehen sie aus?«

»Die großen interstellaren Mutterschiffe von einer Länge bis zu 800 Metern sind elliptisch oder zigarrenförmig. Die interplanetarischen Aufklärer sind mit einer Kuppel versehene scheibenförmige Flugkörper von zwölf bis 90 Meter im Durchmesser. Die Navigation wird mit Hilfe von programmierten Kristallen durchgeführt. Als Antriebsmethode nutzen wir die Raumzeit selbst.

Sie sollten wissen, daß alle Materie, von Kernteilchen bis hin zu Molekularverbänden, aus Raumzeit besteht, also verdichtete Raumzeit ist. Wir verformen sozusagen die Raumzeit trichterförmig in Flugrichtung. Das so entstehende enorme Gravitationspotential ›saugt‹ unsere Raumschiffe mit Überlichtgeschwindigkeit ständig hinter sich her. Es ist beinahe so, als würde einem Esel eine Karotte am Stock hingehalten, der er nachläuft, ohne sie zu erreichen. In anderen Worten: Wir manipulieren die Raumzeit-Struktur.«

»Aber nun zu den Behausungen Ihrer Landsleute. Wie wohnen Sie eigentlich?«

»Ganz anders als die Menschen«, antwortete Vana. »Hier gibt es keinen Vergleich. Einige unserer Wohngebäude sind pyramiden- oder domförmig errichtet. Andere sind aus natürlichen Steinformationen gebaut, die durch geringfügige Umgestaltungen bewohnbar gemacht werden. Um hier jeden Irrtum auszuschließen: wir sind hochtechnisiert und alles andere als ›Höhlenbewohner‹. Wegen des sehr warmen Klimas spielt sich das Leben ohnehin praktisch im Freien ab. Aber um Ihnen einen Eindruck zu vermitteln, werde ich mein ›Haus‹ beschreiben:
Es liegt auf einem Berg, etwa 180 Kilometer von Urche entfernt. Eine große, ovale Einbuchtung in einem Felsen wurde mit einer kristallartigen Kuppel aus geschmolzenem Gestein überdacht. Sie ist lichtdurchlässig und scheint durch ihr ständig wechselndes Farbenspiel zu leben.«
»Und wie sieht es innen aus?«
»Alles ist wie aus einem Guß. Aus den unregelmäßigen, in ihrer ursprünglichen Form belassenen Felswänden, die teilweise glattgeschmolzen wurden, sind ›Schränke‹ ausgespart. Tische sind kunstvoll aus Steinen gestaltet worden, mit einer ›Platte‹, die durch einen laserartigen Strahl geglättet und poliert wurde. Sitzgarnituren, Stühle und Liegen wurden aus einem schmiegsamen Material gefertigt, das aus verdichtetem Steinöl gewonnen wird. Es gleicht sich den Körperformen wie ›eine zweite Haut‹ an. Im großen ganzen sind die Räume sparsam ausgestattet.«
»Und wie ist es auf Achele mit den Küchen, Bädern – eben allem, was zu einem ›Haushalt‹ gehört?«
»Jedes Gebäude hat natürlich ein großes, in den Boden eingelassenes Schwimmbecken, das ständig mit Steinöl gefüllt ist. Außerdem gibt es ein kleineres Becken mit Wasser, das ständig regeneriert wird. Küchen im irdischen Sinn brauchen wir nicht. So ist in meinem Wohnbereich eine

automatische Anlage in die Felswand integriert, die ständig mit Steinöl versorgt wird. In diesem Öl ist alles enthalten, was zur Lebenserhaltung notwendig ist: Minerale, Vitamine, Kohlenhydrate und Aminosäuren. In der Anlage wird es ständig in den verschiedensten Geschmacksrichtungen aufbereitet. Außerdem haben wir bestimmte Kakteen, die als Gemüse verwendet werden, und eine Vielfalt herrlicher Kakteenfrüchte.«

»Wie verständigen Sie sich untereinander? Besitzen Sie eine Art Telefon?«

»Nein. Jeder Acheleer hat ein auf ihn geeichtes, kleines Gerät – einen Kommunikator, also eine Art Sprechfunkgerät über jede Entfernung und ohne Zeitverlust.«

»Gibt es bei Ihnen Kriege, Kriminalität?«

»Nein.«

»Eine letzte Frage. Warum sind Sie und Ihre vier Kollegen – also das ›Unsichtbare Kollegium‹ – hier auf der Erde? Was bezwecken Sie und wann kehren Sie nach Achele zurück?«

»Wir sind hier, weil wir uns durch die gemeinsame Abstammung mit der Erde verbunden fühlen. Wir möchten der Menschheit eine positive Richtung weisen, ein kosmisches Verantwortungsbewußtsein wecken, damit sie überlebt. Auch so etwas wie Entdeckungslust ist natürlich im Spiel, da wir letztendlich aus der Zukunft kommen. Zurückkehren nach Achele werde ich in zweieinhalb Jahren«, beendet Vana das Interview.

Was ist nun Achele – eine Traumwelt, eine Parallelwelt der Phantasie, gar Wirklichkeit oder nur ein Zeitriß in diesem Buch?

11

Parallelwelten

Im Gegensatz zum Tier ist dem Menschen die Tatsache seiner Gebundenheit an Raum und Zeit voll bewußt. Je mehr er im Lauf seiner Entwicklung das Tierische seines Wesens überwand, um so mehr wurde er sich eines Phänomens bewußt, das dem Tier unbekannt ist: der Vergänglichkeit und damit dem Tod der Zäsur, dem Zeitriß seines Daseins. Während der Verstand des Menschen ihn lehrt, das Unabänderliche zu akzeptieren, lehnt sich sein Gefühl dagegen auf. Auf das Phänomen Tod reagieren also zwei Pole des Menschen: der Verstand und das Gefühl.

In fast allen philosophisch-religiösen Vorstellungen gilt der Tod als willkommene Brücke zu einem neuen Dasein in einer anderen Welt – in einer Parallelwelt. So gleicht das Jenseits in der Schilderung vieler Völker immer dem eigenen Diesseits. Es verkörpert eine Projektion der materiellen Welt in die Parallelwelt einer immateriellen Unendlichkeit, in der die vom Menschen entdeckten Begriffe von Raum und Zeit ohne Bedeutung sind. Die Verstorbenen würden dort als immaterielle Wesen ein ihrem weltlichen Leben entsprechendes Dasein führen. Träume und Visionen haben ihn, seiner Überzeugung nach, in die Lage versetzt, in diese Parallelwelt durch einen Zeitriß einzudringen, um mit ihren Bewohnern – den Toten – in Verbindung zu treten.

Auch der Schamanismus beruht auf der Gedankenfolge: Traum, Tod und Fortbestehen in einer Parallelwelt nach dem Tod. Das Schamanentum geht bis auf den Beginn der

Menschheit zurück und ist im Grunde der Ursprung aller Mythologien und Religionen.
Die Unterweisung des Schamanen-Novizen erfolgt im Traum, weil die reale Zeit nur im Traum aufgehoben und durch eine mythische abgelöst wird. So nimmt der Schamane am Weltbeginn und an der Schöpfung des Lebens teil. Der Einführungstraum, der sogenannte Initiationstraum zu den Parallelwelten, findet meist schon in der Kindheit statt.

Ein sibirischer Schamanen-Novize träumte, daß er an Pocken erkrankte und drei Tage bewußtlos war. Scheintot wurde er am dritten Tag beinah lebendig begraben. In dieser Zeit vollzog sich seine Initiation. Er erinnerte sich, daß er in die Mitte eines Sees getragen wurde. Dort sprach die Schwarze Pest zu ihm:

»Die Herren des Wassers statten dich mit der Gabe des Schamanismus aus. Dein Name als Schamane lautet buottarie (Taucher).«

Nun wühlte die Krankheit den See auf, der Novize wurde nach oben gespült, verließ den See und stieg auf einen Berg. Dort begegnete ihm ein nacktes Weib, an dessen Brust er zu trinken begann.

»Ich säuge dich, weil du mein Kind bist«, sagte die Frau. Sie war die Herrin des Wassers. »Du wirst es sehr schwer haben und viele Schwierigkeiten überwinden müssen.«

Vom Herrn der Unterwelt, dem Gemahl der Herrin des Wassers, erhielt er zwei Führer, ein Hermelin und eine Maus. Die beiden begleiteten ihn zur Unterwelt. Als sie den hochgelegenen (!) Ort erreicht hatten, zeigten ihm seine Führer sieben Zelte mit zerschlissenem Dach. Im ersten traf der Novize auf die Bewohner der Unterwelt und die Herren der Pockenkrankheit. Sie rissen ihm das Herz aus dem Leib und warfen es in einen Kochtopf. In den anderen Zelten hausten der Herr des Wahnsinns, die Herren der Nervenkrankheiten und die schlechten Schamanen. So erlangte er

das Wissen über alle Krankheiten, von denen die Menschheit heimgesucht wird.
Danach führten ihn seine Begleiter in das Land der Schamaninnen, die ihn lehrten, seine Kehle und Stimme zu benutzen. Von dort wurde er zu den Ufern der Neun Seen getragen, mit einer Insel in der Mitte, in deren Zentrum eine junge Birke hoch in den Himmel aufragte. Es war der Baum des Herrn der Erde – der Weltenbaum. In seiner Nähe wuchsen neun Kräuter, die Ahnen aller irdischen Pflanzen. Die ringsum liegenden Seen wurden von jeweils einer Vogelart bevölkert, von den verschiedenartigsten Enten, einem Schwan und einem Sperber. Der Novize besuchte alle Seen, einige darunter salzig, andere wieder so heiß, daß er sich ihren Ufern nicht nähern konnte.
Nachdem er sich alles angesehen hatte, hob er den Kopf und erblickte im Gipfel des Baumes Menschen verschiedener Völkerstämme: Tavy, Samojeden, Russen, Dolganen, Jakuten und Tungusen. Er hörte Stimmen sagen: »Es wurde beschlossen, dir ein Tamburin – einen Trommelstock aus den Ästen des Baumes zu schenken.«
Als der Novize mit den Vögeln des Sees fortfliegen wollte und sich vom Ufer entfernte, rief der Herr des Baumes:
»Gerade ist mir ein Ast abgebrochen, nimm ihn dir und fertige eine Trommel daraus, sie soll dir ein ganzes Leben lang nützen.«
Der Herr des Baumes befahl ihm außerdem, aus den drei Gabelungen des Astes noch drei weitere Trommeln herzustellen, die von drei Frauen bewacht werden müßten, da jede der Trommeln bei einer bestimmten Zeremonie verwendet werden sollte: Die erste diene dem Schamanisieren der Wöchnerinnen, die zweite der Heilung von Kranken und die dritte erfülle den Zweck, Verirrte im Schnee aufzufinden. Der Herr des Baumes gab auch allen anderen Männern im

Baumgipfel einen Ast. Doch dann zeigte er sich bis zur Brust in menschlicher Gestalt und rief:

»Einen einzigen Ast gebe ich den Schamanen nicht, denn er soll allen übrigen Menschen gehören. Sie können sich Wohnungen daraus bauen oder ihn für etwas anderes benutzen. Ich bin der Baum, der allen Menschen das Leben gibt.«

Als der Novize seinen Ast umklammerte, um damit fortzufliegen, hörte er abermals eine Stimme. Sie offenbarte ihm die Heilkräfte von sieben Pflanzen, unterwies ihn in der Kunst des Schamanismus und befahl ihm, drei Frauen zu heiraten. (Später heiratete er tatsächlich drei Waisen, die er von den Pocken geheilt hatte.)

Auf seinem Weiterflug kam er an einen unendlich großen See. Dort fand er Bäume und sieben Steine, die nacheinander zu ihm sprachen. Der erste hatte Zähne wie ein Bär und war ausgehöhlt wie ein Korb. Von ihm erfuhr der Novize, daß er der Stein der Erdenschwere sei und mit seinem Gewicht die Felder beschwere, um sie davor zu bewahren, vom Wind fortgetragen zu werden. Der zweite Stein diente dem Schmelzen des Eisens. Sieben Tage hielt sich der Novize bei den Steinen auf, um von ihnen zu lernen, wie sie dem Menschen nützlich sein könnten.

Danach führten ihn das Hermelin und die Maus auf einen hohen, runden Berg. Er sah einen Spalt und drang in eine leuchtende Höhle ein. Ringsum war spiegelndes Glas, und in der Mitte leuchtete etwas wie ein Feuerschein. Dann erkannte er, daß kein Feuer loderte, sondern durch eine Öffnung oben Licht eindrang.

Nach dem Verlassen der Höhle gelangte er zu einer Wüste und sah in weiter Ferne ein Gebirge. Als er es nach drei Tagen endlich erreicht hatte, fand er einen Zugang und stieß auf einen nackten Mann, der einen Blasebalg bediente. Über einem Feuer hing ein Kessel, »so groß wie die halbe Erde«.

Als der Nackte den Novizen erblickte, griff er mit einer riesigen Zange nach ihm. Der konnte gerade noch denken: »Ich bin tot.«

Der Nackte schlug ihm den Kopf ab, zerstückelte seinen Körper und warf alles in den Kessel. Dort kochte es drei Jahre lang.

Auf dem dritten von drei Ambossen schmiedete der Nackte den Kopf des Novizen. Es war der Amboß, auf dem die besten Schamanen geschmiedet werden. Anschließend warf der Schmied den Kopf in einen von drei Wasserbottichen. Er enthielt das kälteste Wasser. Gleichzeitig lehrte er den Novizen, daß er nicht zu schamanisieren brauche, wenn er zu jemandem gerufen werde und das Wasser bereits sehr heiß sei, denn derjenige wäre bereits verloren; bei lauwarmen Wasser handele es sich um einen genesenden Kranken, und kaltes Wasser sei das Kennzeichen des Gesunden.

Der Schmied fischte nun die Gebeine des Novizen aus dem Wasser, fügte sie zusammen und versah sie mit Fleisch. Dann zählte er sie nach und merkte, daß drei übrig waren. Daraufhin gebot er dem Novizen, sich drei Schamanenkostüme zu beschaffen. Während er den Kopf des Schamanen schmiedete, erklärte er diesem, wie die Buchstaben (Gedanken) darin gelesen werden müssen. Er wechselte ihm die Augen aus, damit er beim Schamanisieren nicht durch seine eigenen, fleischlichen, sondern durch diese mythischen Augen sehe. Endlich durchstach er ihm noch die Ohren, damit er die Sprache der Pflanzen verstehe. Anschließend fand sich der Schamane auf einem hohen Berggipfel wieder und erwachte schließlich in seiner Jute unter den Seinen. Von nun an konnte er schamanisieren und singen, ohne je zu ermüden.

Immer wieder wird im Schamanismus das Bestreben er-

kennbar, den Zyklus von Leben, Tod und Wiedergeburt im Traum zu überwinden – die pysikalischen Gesetze aufzuheben und in die Struktur des Universums einzugreifen. Die Traumwelt bietet diese Möglichkeit ja tatsächlich.
Im Schamanismus wird das Bewußtsein des einzelnen gezielt darauf gelenkt, die Einflüsse nicht faßbarer Kräfte als selbstverständlich hinzunehmen. So zeigt denn auch die symbolische Darstellung auf einer Schamanentrommel die kosmische Reise eines Menschen durch die Mitte der drei Welten. Durch das Erklingen des Urtons auf der Trommel ordnet sich das All, und die Ekstase vollzieht sich. Nun kann die Traumreise bewußt wiedererlebt werden.
Für den australischen Ureinwohner bedeutet die Schöpfung »die ewige Traumzeit«, mit der die irdische Geschichte unlösbar verknüpft ist. So ist die ganze Welt der Traum eines erweckten Träumers. Ein Traum, in dem die Ebenen der Wirklichkeit verschmelzen.
In Mythologien und Religionen ist die Erschaffung der Welten und des Lebens kein Problem, da sie sich im Gegensatz zur modernen Naturwissenschaft in Symbolen ausdrücken. Sie setzen die Existenz fremder Welten als gegeben voraus. Aber die mit der Welt der Energie und Materie befaßte Naturwissenschaft geht von ganz anderen Voraussetzungen aus. Denn für sie sind die Prozesse der Lebensentstehung und die Existenz lebensfördernder Planeten in anderen Systemen noch lange nicht hinreichend erwiesen.

Wie groß ist nun die Wahrscheinlichkeit, daß sich außer unserem Sonnensystem auch noch andere gebildet haben? Der amerikanische Astronom Stephen H. Dole ist der Sache auf den Grund gegangen. Denn mit Hilfe von Computersimulationen hat er untersucht, ob die Entstehung von Planetensystemen sozusagen ein alltäglicher Vorgang ist oder nicht. Er simulierte eine interstellare Gas- und Staubwolke, die derjenigen entsprechen könnte, aus der sich unser Sonnensystem entwickelt hat. Er gab dem Computer Daten über Schwerkraftauswirkungen, zufällige Bewegungsabläufe, Kollisionsprozesse und weiteres ein und ließ danach die Ergebnisse errechnen. Dieses Gas- und Staubwolkenmodell spielte Dole in den verschiedensten Varianten durch und kam zu Resultaten, nach denen die simulierten Planetensysteme *in jedem Fall* eine verblüffende Übereinstimmung mit unserem Sonnensystem zeigten. Sie bestanden nämlich jeweils aus einem Zentralstern, der von sieben bis vierzehn Planeten begleitet war. Die kleineren, massiven Planeten befanden sich dabei in der Nähe ihrer Sonne, und wie in unserem Sonnensystem waren die größeren weiter entfernt. Beinahe jedes Simulationsmodell führte einen Planeten mit sich, der in seiner Zusammensetzung und Entfernung vom Zentralgestirn etwa der Erde entsprach. Der Masse und Entfernung nach bildeten sich auch jupiterähnliche Planeten.

Als Dole schließlich auch noch das Diagramm unseres *wirklichen* Sonnensystems speicherte und zum Vergleich unter die diversen simulierten mischte, erhielt er ein überraschendes Ergebnis. Denn das echte stimmte mit den simulierten Systemen derartig überein, daß eine Unterscheidung kaum mehr möglich war. Doles Studie zufolge existieren also nicht nur in unserer Milchstraße zahllose Planetensysteme, sondern auch in anderen Galaxien.

Obwohl die Astronomie schon seit längerer Zeit auf der Suche nach anderen Planetensystemen ist, gelang es erst unlängst dem holländisch-amerikanischen Infrarot-Astronomie-Satelliten IRAS, einen Hinweis auf ein anderes Planetensystem zu erbringen. Ein Computerausdruck der

darüber von IRAS gespeicherten Daten ist über hundert Kilometer lang!
Der Forschungssatellit konnte annähernd fünfzig Planetensysteme in unserer Milchstraße aufspüren, bevor ihm die Betriebsenergie ausging. So konnte IRAS das Planetensystem des blauen Sterns Wega praktisch nachweisen. Zudem registrierte er, daß um den Stern Beta Pictoris ein Planetensystem *entsteht*.
Nach dieser Meldung nahmen die Astronomen umgehend die optische Suche in Angriff. Und einer der optischen Entdecker des 50 Lichjahre entfernten Beta Pictoris-Systems, der Astronom Richard Terrile, hat bei seinen Beobachtungen fesgestellt, daß sich um diesen Stern gerade innere Planeten bilden – so wie dereinst die inneren Planeten unseres eigenen Sonnensystems – Merkur, Venus, Erde und Mars – vor rund 4,7 Milliarden Jahren entstanden sind.

Der Rohstoff aller irdischen Lebensformen hat sich in den Sternen entwickelt, und die »Reifezeit« dieser Bausteine des Lebens dauerte etwa zehn Milliarden Jahre. Die Vielfalt der verschiedensten Lebensformen auf der Erde ist auf eine bestimmte Zusammensetzung dieser Bausteine zurückzuführen.
Natürlich bringt nicht jeder Stern die Voraussetzungen mit, die Leben auf seinen Planeten fördern würde. Dazu eignen sich wohl auch nur langlebige, stabile Sterne der sogenannten Hauptreihe, der auch unsere Sonne angehört. Denn nur solche Sterne geben über einen langen Zeitraum ständig gleichbleibende Energiemengen ab. Unsere Sonne »strahlt« beispielsweise schon seit knapp fünf Milliarden Jahren Energie ab und wird das auch noch mindestens für den gleichen Zeitraum fortsetzen.
Nähert sich ein Stern seinem Lebensende, wird er zuneh-

mend heißer, und jeder ursprünglich lebensfreundliche Planet in seiner Umlaufbahn wird schließlich immer lebensfeindlicher.
Hätte die Sonne zum Beispiel mehr Masse, wäre ihre Entwicklung so schnell vorangegangen, daß irdisches Leben nicht über das Stadium von Mikroorganismen hinausgekommen, sondern schon vorher verschwunden wäre. Ein Stern, dessen Masse geringer ist als die der Sonne, lebt zwar länger, aber seine Oberfläche ist kälter. Unter solchen Umständen müßte die Umlaufbahn des Planeten um seinen Stern enger sein, um so die gleiche Energiemenge zu erhalten wie die Erde von der Sonne. Aber durch den Gezeiteneffekt würde er viel langsamer rotieren. Der Tag dieses Planeten wäre dann praktisch so lang wie sein Jahr oder noch länger. Und das hätte katastrophale klimatische Konsequenzen für den Planeten. Unseren Erkenntnissen nach dürfte sich also ein Stern, der Planeten mit sich führt, nicht allzu gravierend von unserer Sonne unterscheiden.
Ein zur Entwicklung von Leben geeigneter Planet sollte eine fast kreisförmige Bahn um seinen Mutterstern einhalten, um seine lebensfreundliche Zone – seine Ökosphäre – keinen zu großen Temperaturschwankungen auszusetzen. Voraussetzung zur Entwicklung von Leben ist also eine stabile Planetenbahn, die zwar nicht ausschließlich vom Orbit des Planeten abhängt, sondern auch von seiner Größe. Denn durch ihre geringe Schwerkraft können kleine Planeten ihre Atmosphäre wahrscheinlich nicht lange genug halten, um die Entstehung von Leben zu gewährleisten. Aufgrund ihrer starken Gravitation bleibt die aus Kohlendioxid und Wasserstoff bestehende Ur-Atmosphäre wahrscheinlich erhalten.
Was die Atmosphäre der jungen Erde angeht, so kamen die beiden amerikanischen Astrophysiker J. S. Levine und T. R.

Augustson vom Langley Research Center in Virginia mit Hilfe der Datenauswertung eines UV-Astronomie-Satelliten zu aufsehenerregenden Erkenntnissen. Die Hauptaufgabe dieses Satelliten war es, sehr junge Sterne zu beobachten. Einer unter ihnen, T-Tauri im Sternbild Stier, macht derzeit etwa die gleiche Phase durch wie unsere Sonne, während die irdische Ur-Atmosphäre entstand. Der UV-Satellit hatte Daten mit einer besonders sensationellen Entdeckung übermittelt: daß nämlich die ultraviolette Strahlung bei Sternen in diesem Entwicklungsstadium den bisher angenommenen Wert weit übersteigt und daß diese Strahlung die unserer heutigen Sonne etwa um das Zehntausendfache überbietet.
Diese Erkenntnis bringt ganz entscheidende Schlußfolgerungen bezüglich der Vorstellung über die irdische Ur-Atmosphäre mit sich und damit auch über die Entstehung des Lebens. Nach bisheriger Auffassung setzte sich diese Atmosphäre aus Kohlendioxid, Wasserdampf, Methan und Ammoniak zusammen. Aber bei der jetzt festgestellten Stärke der UV-Strahlung setzt unweigerlich die Photolyse ein, das heißt, es kommt zu einer Abspaltung von Sauerstoff aus Wasser und Kohlendioxid. Nach den Berechnungen von Levine und Augustson muß der Sauerstoffanteil unserer Atmosphäre also von Anfang an wenigstens ein Prozent gewesen sein.

Die Bildung organischer Verbindungen ist die eine Seite. Auf einer ganz anderen stand dagegen der Schritt zur Lebensentstehung – zur reduplikationsfähigen Substanz, zum genetischen Code der Nukleinsäuren. Dieser Schritt zum Fortbestand, zur Vermehrung und Differenzierung ist noch lange nicht geklärt. Die These, biologische Bausteine wären wie »Buchstaben« in der Ursuppe herumgeschwommen, könnten durch Energiezufuhr »vermengt« worden sein, bis sich schließlich »Worte« zu Informationen verbunden hätten – diese These läßt sich nach dem Gesetz der statistischen Wahrscheinlichkeit nicht aufrechterhalten. Und zutreffen kann diese These schon deswegen nicht, weil die Zeit nicht ausgereicht hätte. Denn schon relativ kurz nach dem Entstehen der Erde tauchten die ersten Lebensformen auf.

Trotzdem setzt eine Anzahl von Evolutionsbiologen nach wie vor als gegeben voraus, daß

– Leben auf der Erde ein einzigartiger Zufall ist;
– Atome sich hier zu Molekülen und diese zu Makromolekülen verbunden haben;
– die DNS (Desoxyribonukleinsäure) aus einer endlosen Kette von Zufällen und physikalischen Wechselwirkungen entstanden ist und daraus schließlich die Zelle;
– Die Zelle als kleinste lebende Einheit der Ausgangspunkt der biologischen Evolution ist und die Weiterentwicklung dann durch Mutation und Selektion erfolgte, also durch Veränderung, Auswahl und Anpassung.

Aber im Zufall die Ursache für die Entstehung des Lebens zu sehen, wäre denn doch zu einfach gedacht. Selbst wenn Präferenzen ins Spiel kämen, also die »Vorliebe« bestimmter Atome und Moleküle zueinander, ist keine lückenlose Erklärung gegeben. Es kann so gut wie ausgeschlossen werden, daß die Bildung auch nur der kleinsten Moleküle als Zufallsergebnis gewertet werden kann.

Dr. Bruno Vollmer, Direktor des Polymer-Institutes der Universität Karlsruhe stellt in diesem Zusammenhang fest: In der Ursuppe hätten weder die ersten primitiven Zellen entstehen können noch die im Verlauf der Erdgeschichte aufgetretenen Arten mit ihren von einer Entwicklungsstufe zur anderen immer länger werdenden DNS-Molekülen.

»Wo dieses Makromolekül nicht von selbst entstehen kann, ist auch Leben nicht in der Lage, von selbst zu entstehen. Von der Entstehung oder Synthese von Makromolekülen

weiß man indessen durch jahrzehntelange, sorgfältige experimentelle Forschungsarbeit zu viel, als daß ein Polymer-Chemiker sich einreden könnte oder einreden ließe, in Ursuppen könnten zufällig von selbst Makromoleküle von der Art der DNS entstehen«, schreibt Vollmer in seiner Arbeit »Das Molekül und das Leben«. Und weiter:
»Dasselbe gilt auch für das spätere Kettenwachstum des DNS-Makromoleküls im Laufe der Erdgeschichte von einer Tierklasse zur nächsthöheren. Und Darwinismus ist daher eine Weltanschauung, eine Ideologie, und nicht eine wissenschaftlich bewiesene Theorie... Ich halte daher den Darwinismus für einen verhängnisvollen Irrtum, der seinen beispiellosen Erfolg letztlich wieder einem anthropozentrischen Wunschdenken verdankt.«
Stellen wir uns doch einmal eine überdimensionale, bis zum Rand mit Buchstaben gefüllte Lottotrommel vor, die sich einige Milliarden Jahre lang drehen und dabei unverdrossen Buchstaben ausspucken würde. Kein Gedanke daran, daß dabei rein zufällig das Sprichwort entstünde: »Was lange währt, wird endlich gut!«

Einen Ausweg aus dem Zufallsdilemma haben der englische Astronom Fred Hoyle und sein Kollege Chandra Wickramasinghe in ihrer faszinierenden Theorie unterbreitet. Danach muß Leben nicht de novo entstanden sein: die Sonne und ihre Planeten sind aus kosmischem Staub hervorgegangen. Unser Milchstraßensystem wird von Abermillionen kometenähnlicher Körper umkreist, von denen jährlich mehrere aus ihrer Umlaufbahn geraten und so in die inneren Bereiche unseres Sonnensystems eindringen. Dort kann es zu einem Zusammenstoß mit den Planeten kommen, also auch mit der Erde. Eine direkte Kollision tritt nur selten ein, aber trotzdem »bombardieren« die Erde jährlich schät-

zungsweise Tausende von Kometen»krümeln«, deren chemische Zusammensetzung sich weitgehend mit den Bausteinen des Lebens deckt.
Ist das Leben in Form von Mikroorganismen aus dem Weltall zur Erde gelangt? Wenn auch theoretisch möglich, steht der praktische Nachweis dieser Lebenskeime im Universum noch aus. Allerdings charakterisierte der amerikanische Astronom Lyman Spitzer diese winzigen Einheiten in den interstellaren Wolken schon vor Jahren beinahe visionär als »Interstellarsporen«!
Von Beginn an wurden mit Kometen – schmutzigen kosmischen Schneebällen aller Größen – Mikroorganismen zur Erde getragen, die aber wegen der ungünstigen physikalischen Verhältnisse auf der Ur-Erde keine Überlebenschance hatten. Doch nach der Entstehung der Weltmeere und der Atmosphäre – die vorwiegend den durch Kometeneinschläge hinterlassenen Rohstoffen zu verdanken sein dürften – stand der Entfaltung der kosmischen Keime – der Mikroorganismen – nichts mehr im Wege.
Dieser Prozeß dürfte sich auf einer Unzahl anderer Welten auf ähnliche Weise vollzogen haben. – Übrigens glauben Hoyle und Wickramasinghe, daß die ersten entwicklungsfähigen Lebenskeime auf der Erde zum Zeitpunkt der Isua-Sedimente in Westgrönland auftauchten, also bereits vor knapp vier Milliarden Jahren. Nebenbei erwähnt, fand der Gießener Paläontologe Professor Hans-Dieter Pflug dort Spuren fossiler Mikroben.
Wenn wir die Bedingungen zur Lebensbildung in den wahrscheinlich zahllosen Planetensystemen unserer Milchstraße und in anderen Sternensystemen als gegeben voraussetzen, stellt sich gleichzeitig die Frage, ob auch dort intelligente Lebensformen entstanden sind; oder ob Intelligenz als einzigartiges Phänomen durch einen unglaublichen Zufallsfak-

tor im ganzen Universum nur einmal, nämlich auf der Erde vorkommt.

Wenn lebende Substanz eine höhere Ordnung darstellt als unbelebte, dann verkörpert das menschliche Großhirn in seiner komplexen Struktur zweifellos ein besonders hohes Maß an Ordnung. Trotzdem ist es fraglich, ob höhere Intelligenz vom rein evolutionären Standpunkt aus vorteilhafter ist als geringere. Wenn wir Intelligenz nämlich mit besseren Überlebenschancen gleichsetzen, zeigt sich, daß dies nicht unbedingt zutrifft. Denn Gorillas und Schimpansen sind zum Beispiel vom Aussterben bedroht, die als Spezies erfolgreicheren Ratten dagegen nicht. Die Zukunftsaussichten der Elefanten stehen im umgekehrten Verhältnis zu denen der Insekten. Die ersteren sind vom Aussterben bedroht, und die letzteren nehmen überhand. Natürlich ist nicht zuletzt der Mensch an dieser Entwicklung schuld. Aber paradoxerweise trifft auch zu, daß das wohl »intelligenteste« Lebewesen auf der Erde – der Mensch – weniger rosige Zukunftsaussichten hat als beispielsweise Insekten oder Ratten. Und da das »intelligenteste« Wesen der Erde einfallsreich genug ist, um sich und seinen Planeten früher oder später selbst zu zerstören, gerät man über die Vorteile der Intelligenz schon ernsthaft ins Grübeln!
Führt Intelligenz nicht unter Umständen in eine Sackgasse? Die Menschheit ist heute bedauerlicherweise an einem Scheidepunkt angelangt: Wenn sie die jetzige Übergangsphase überlebt, könnte eine Weiterentwicklung zu einer höheren Ordnung eingeleitet werden. Meistern die Menschen ihre selbstgeschaffene, globale Krisensituation, könnte es den Aufstieg zu einem fähigeren Menschen bedeuten. Nach Ansicht einiger Wissenschaftler sollen ja Katastrophen und plötzliche Umweltveränderungen auch zur

Entwicklung des Lebens, der Bewußtseinsbildung und Intelligenz beigetragen haben. Mit anderen Worten: Die Herausforderung durch neue Umwelteinflüsse führt schließlich in den höheren Lebensformen durch psychische und physische Veränderungen – Mutationen – der Steuerungsmechanismen zu größerer Flexibilität.
Mit derartigen Einflüssen muß wohl auch auf anderen geeigneten Welten gerechnet werden, so daß Mutation, Selektion und die Herausforderung durch Krisensituationen schließlich zur Entwicklung höherer Lebensformen führen würde.

In seiner Erkenntnistheorie unterteilt der Wissenschaftsphilosoph Sir Karl Popper das Universum in drei Parallelwelten:

1. in die physikalische Welt mit belebten und unbelebten Substanzen;
2. in die Welt der bewußten Erlebnisse, Gefühle, Absichten, Träume ... und des subjektiven Wissens;
3. in die Welt mit ihren logischen Inhalten von Aufzeichnungen, Speicherungen intellektueller Bestrebungen und theoretischer Systeme in Datenverarbeitungsanlagen, Facharbeiten, Büchern und dergleichen mehr.

Zwischen diesen drei Welten gibt es eine Wechselwirkung gegenseitiger Beeinflussung zwischen Welt 1 und 2 sowie zwischen Welt 2 und 3. Eine direkte Beeinflussung der Welten 1 und 3 untereinander findet jedoch nicht statt.

Der Physiker Paul Dirac stellte schon 1938 die Behauptung auf, daß zu jedem Elementarteilchen ein Antiteilchen existiert, sozusagen ein Spiegelbild der Materie. Kurz nach Diracs Voraussage wurde dann in der kosmischen Strahlung tatsächlich das erste Antielektron – Positron genannt –

entdeckt. Wie schon aus dem Namen hervorgeht, ist das Positron im Gegensatz zum Elektron positiv geladen und dreht sich in seinem Spin auch in entgegengesetzter Richtung. Inzwischen ist es gelungen, in großen Beschleunigern Antimaterie zu erzeugen.

Seit die Existenz von Antimaterie als erwiesen gilt, wird spekuliert, daß parallel zu unserem Universum noch ein Antimaterie-Universum mit Antimaterie-Welten existieren könnte. Auf diesen Welten gäbe es dann Antimaterie-Wesen, mit denen ein Zusammentreffen jedoch tunlichst vermieden werden sollte, da es explosiv enden würde. Denn Materie- und Antimaterie-Wesen würden sich gegenseitig zerstrahlen.

»Wirklichkeit ist nicht nur fantastischer als wir denken, sondern weit fantastischer als wir uns überhaupt vorstellen können«, stellte der britische Physiologe und Philosoph J. B. S. Haldan einmal fest. Und er hat recht. Gehen Astrophysiker und Mathematiker doch inzwischen von der Überlegung aus, daß außer dem uns bekannten vierdimensionalen Raumzeit-Kontinuum noch weitere, verborgene Dimensionen existieren könnten und daß in einer fünften, sechsten oder siebten Dimension die Möglichkeit von Parallelwelten mit intelligentem Leben besteht. Sie befänden sich damit in einem für uns völlig fremdartigen Raumzeit-Kontinuum, dessen Zugang uns normalerweise verwehrt wäre. Eine Kontaktaufnahme könnte, wenn überhaupt, nur durch einen Zeitriß zustande kommen.

Lassen sich paranormale Phänomene eventuell durch höhere Dimensionen erklären? Aber hier bewegen wir uns in Dimensionen jenseits von Einstein.

12

Jenseits von Einstein

»Für uns überzeugte Physiker sind Vergangenheit, Gegenwart und Zukunft nur Illusion – wenn auch eine zählebige Illusion«, sagte Albert Einstein einmal.

Durch das Newtonsche Weltall wurde Zeit sozusagen zum »Kontostand« degradiert, sie diente lediglich dazu, Ereignisse »verbuchen« zu können. So waren Raum und Zeit für Newton zwei separate Gefüge: absoluter Raum, der unabhängig von Materie stets gleich bleibt, und absolute Zeit, die unabhängig von Materie stets gleichmäßig verstreicht.

Für Einstein waren Zeit und Raum dagegen in engster Beziehung zueinander stehende physikalische Phänomene. Vor ihm galten Zeit und Raum nur als Rahmen, in dem sich die Physik abspielte. Sein revolutionäres Konzept forderte eine Berichtigung vieler intuitiver Betrachtungen des Begriffs Zeit. Und damit änderte sich in erster Linie das Gesetz der Gleichzeitigkeit. Die Behauptung, zwei Ereignisse könnten an unterschiedlichen Orten gleichzeitig stattfinden, erschien vor *Einstein gerechtfertigt, da allein schon der Begriff Gegenwart dafür zu sprechen schien.*

Durch die Relativitätstheorie erwies sich jedoch, daß diese Annahme auf einer Illusion beruht. Denn Einstein zufolge können für einen Beobachter zwei Ereignisse gleichzeitig ablaufen, während sie ein anderer nacheinander wahrnimmt, wenn er sich relativ zum ersten Beobachter bewegt. Ein Dritter kann diese Ereignisse unter Umständen sogar in umgekehrter Reihenfolge erleben.

Es gibt also im Universum keinen gegewärtigen Augenblick, der gleichzeitig überall Gültigkeit hat. Nirgendwo dort existiert ein an allen *Orten übereinstimmendes Jetzt. Rein subjektiver Natur ist der Begriff Gegenwart; denn er trifft nur auf den Bezugsrahmen zu, in dem sich der von seiner Bewegung abhängige Beobachter befindet. In anderen Worten: Während weit voneinander entfernt vorsichgehende Ereignisse für den einen Beobachter in der Zukunft liegen können, sind sie für den anderen bereits Vergangenheit.*

Mit dem Aufkommen der Quantenphysik wurde deutlich, daß eine allein auf Ursache und Wirkung abgestimmte mechanistische Denkweise zum Verständnis der Natur und ihrer Zusammenhänge nicht mehr ausreicht. Die Quantenphysik präsentiert uns hier alternative Wirklichkeiten.

Durch Albert Einstein sind die unglaublichen Auswirkungen relativistischer Geschwindigkeiten bekannt geworden. Bereits 1905 offerierte der 1879 in Ulm geborene Einstein der verblüfften Fachwelt eine Reihe genialer Ideen, die den damaligen physikalischen Wissensstand revolutionieren sollten.

In seiner Speziellen Relativitätstheorie geht er davon aus, daß relative Bewegung einerseits nur experimentell nachgewiesen werden kann – nämlich durch die *Bewegung* eines Beobachters in bezug auf *diejenige* eines anderen – und daß sich andererseits Licht ohne Rücksicht auf seinen Ursprung, seine Quelle, stets mit gleichbleibender Geschwindigkeit durch den leeren Raum fortbewegt.

Eine Feststellung, die dem gesunden Menschenverstand völlig zu widersprechen scheint. Denn danach muß doch angenommen werden, daß sich beispielsweise das von einem Raumschiff in Flugrichtung ausgestrahlte Licht nicht nur mit der eigenen Geschwindigkeit, sondern mit der addierten des Raumschiffs vorwärtsbewegt. Aber das trifft nicht zu. Denn unabhängig davon, ob das Raumschiff auf uns zukommt oder von uns wegfliegt, bleibt die Geschwindigkeit des von ihm ausgestrahlten Lichts immer gleich. Sie wird durch die Bewegungsgeschwindigkeit ihrer Quelle nicht beeinflußt!

Einstein zufolge hat die Lichtgeschwindigkeit als eine Naturkonstante nicht nur stets den gleichen Wert, sondern darüber hinaus eine obere Grenzgeschwindigkeit von rund 300 000 Kilometern pro Sekunde in der mechanistischen und elektromagnetischen Welt.

In seinen Theorien räumt Einstein auch mit dem Konzept der absoluten Längen auf. Es hatte keinen Platz in seiner neuen realistischen Welt, in der Zeit, Entfernung und Länge gleichermaßen unbeständig und allein von der relativen Bewegung eines Beobachters abhängig sind.

Diese Theorien zogen natürlich eine Reihe erstaunlicher Schlußfolgerungen über die Auswirkungen relativistischer Geschwindigkeiten nach sich. Doch den größten Schock dürfte Einstein der physikalischen Welt versetzt haben, als er 1905 mit dem bis dahin wohl ungewöhnlichsten Begriff, mit der Zeitdilatation überraschte. Er strapazierte damit den gesunden Menschenverstand (den er ohnehin als eine »Hinterlassenschaft vorgefaßter Meinungen« einordnete) in geradezu extremem Maß.

Die Beeinflussung der Zeit durch Bewegung ist die wohl erstaunlichste Erkenntnis in der Relativitätstheorie. Denn das heißt: Für zwei Beobachter, die sich relativ zueinander bewegen, läuft die Zeit unterschiedlich ab.

Nicht genug damit, weist Einstein auf eine in der Natur bis dahin unbeobachtet gebliebene Tatsache hin: daß nämlich Uhren, die mit einem in relativer Bewegung befindlichen Objekt fest verbunden sind, langsamer laufen als Uhren an einem festen Standort. Dieses Phänomen konnte bei atomar angetriebenen Uhren und bei solchen mit anderen Laufwerken gleichermaßen nachgewiesen werden. Um zu beweisen, daß Zeit allein schon durch die Geschwindigkeit eines Düsenflugzeugs *gedehnt* wird, flogen die amerikanischen Physiker J. Haefele und R. Keating 1972 zweimal um die Erde, einmal in westlicher Richtung und dann in östlicher. Sie hatten Atomuhren mitgenommen, die mit anderen auf der Erde synchron liefen. Schon nach dem ersten Rundflug zeigte sich, daß die mitgeführten Atomuhren gegenüber denen auf der Erde um 50 Nanosekunden nachgingen. Das ist zwar so gut wie nichts, wenn man sich überlegt, daß eine Nanosekunde der milliardste Teil einer Sekunde ist. Aber verglichen mit der Lichtgeschwindigkeit kommt ein Jumbojet ja nicht einmal im »Schneckentempo« voran.

Nachdem Einstein die bis dahin absoluten Größen – Zeit und Raum – »entthront« hatte, nahm er sich den dritten Grundbegriff der herkömmlichen Physik vor – die Masse. Er behauptete verwegen, daß Masse nichts anderes sei als verfestigte Energie; und jede Energie setzt Materie frei. Demzufolge handelt es sich bei Photonen beziehungsweise Lichtquanten um nichts anderes als masselose Teilchen, die sich nun in Form von Energie mit Lichtgeschwindigkeit fortbewegen. Bei Unterlichtgeschwindigkeit verdichtet sich dagegen Energie durch das verringerte Tempo zu Materie. Erst Einstein erkannte, daß mit steigender Geschwindigkeit, allerdings erst bei annähernd Lichtgeschwindigkeit, ein Massezuwachs stattfindet.

Einstein schloß aus der Tatsache des Energiebedarfs eines Körpers zur Beschleunigung auf eine Verbindung zwischen Energie und Masse. Doch für die traditionelle Physik gab es hier nach wie vor eine scharfe Grenze. Als sich damals bei der Entdeckung radioaktiver Substanzen herausstellte, daß deren Energieabstrahlung mit einem Masseverlust verbunden war, standen die Wissenschaftler vor einem Rätsel.

Einstein legte in seiner genial einfachen Formel $E = mc^2$ fest, wieviel Energie (E) sich aus Masse (m) bildet. Oder anders gesagt: Masse muß mit dem Quadrat der Lichtgeschwindigkeit multipliziert werden. Hier zeigt sich, daß bereits die Multiplikation von sehr wenig Masse mit dem Quadrat der immensen Geschwindigkeit des Lichts zu einer gewaltigen Energie-Umwandlungsmenge führt.

In seiner 1914/15 veröffentlichten Allgemeinen Relativitätstheorie begründete er die Feststellung, warum Gravitation – die Anziehung, die Körper aufeinander ausüben – keine Kraft ist, sondern eine Eigenschaft der Geometrie des Raums. Je mehr Masse der Raum enthält, um so stärker ist seine Krümmung. Gegenüber anderen Kräften ist die Gravitation zwar sehr schwach, dennoch beherrscht sie als Raumkrümmung das gesamte Universum.

So haben nicht nur die Erde und ihr Mond ein von ihrer Masse abhängiges Gravitationsfeld, sondern jeder einzelne der abermilliarden Himmelskörper im Universum.

Allein die sogenannte Schwerkraft hält das Universum zusammen und bestimmt so die Bewegungen aller Himmelskörper. Die Reichweite aller anderen Kräfte ist räumlich begrenzt. So wird also das Geschick des Universums durch die schwächste aller »Kräfte« – die Gravitation – bestimmt.

Nach Einstein ist Schwerkraft also eine Eigenschaft des Raums, eine durch Masse verursachte Krümmung des Raumzeit-Gefüges.

Oft wird das vierdimensionale Raum-Zeit-Kontinuum mit einem gestrafften Gummilaken verglichen, in dem sich durch die vorhandenen Sterne, Galaxien oder andere feste Materie »Kuhlen« gebildet haben. Einstein zufolge krümmt sich die Raumzeit-Struktur um einen festen Körper, wie z. B. um unsere Sonne. Und die Planeten folgen den gekrümmten Bahnen der Raumzeit-Kuhlen und werden *nicht* durch eine fernwirkende Kraft der Sonne auf ihren elliptischen Bahnen gehalten.

Am Beispiel eines interstellaren Raumschiffs wollen wir hier noch einmal die Konsequenzen der Einsteinschen Speziellen und Allgemeinen Relativitätstheorie durchspielen:

– Licht, das von einem Raumschiff bei annähernd Lichtgeschwindigkeit in Flugrichtung ausgestrahlt wird, ist trotzdem nicht schneller als rund 300 000 Kilometer pro Sekunde.

– Wenn sich ein Raumschiff mit hoher Geschwindigkeit fortbewegt, fällt dem Astronauten an seiner Borduhr keine Veränderung auf. Aber relativ zur Zeit auf seiner Heimatwelt ist der Zeitablauf an Bord wesentlich verlangsamt. Und im Gegensatz zu seinem zurückgebliebenen Zwillingsbruder altert er auch entsprechend langsamer.

– Könnte er Messungen vornehmen, würde dieser Zwillingsbruder dagegen erstaunliche relativistische Veränderungen beobachten: Das Raumschiff hätte einen Massezuwachs erfahren, wäre dabei aber kürzer geworden.

– Da die Auswirkungen von Beschleunigung und Gravitation äquivalent sind, kann Zeitdilatation also sowohl durch Beschleunigung als auch durch Gravitation ausgelöst werden. In anderen Worten: Bei großer Beschleunigung oder in einem starken Gravitationsfeld tritt eine Zeitdehnung ein – die Zeit läuft langsamer ab.

– Durch Gravitation, also durch die Krümmung der Raumzeit, wird ein Lichtstrahl entsprechend abgelenkt beziehungsweise gekrümmt.

Einstein, der 1933 wegen der Nazi-Bedrohung nach Amerika ausgewandert war, lebte hier nun außerhalb der europäischen Physiker-Philosophen-Szene. Aber er übertrug deren Tradition nach Princeton. Im dortigen Institute for Advanced Study gelang es ihm, einen neuen Kreis anzuziehen und Interesse zu erwecken, das auf verschiedene Weise Früchte trug, zum Beispiel im Raum-Zeit-Konzept von John Archibald Wheeler. Der 1911 geborene Physiker wurde zum großen Kenner und Verfechter der Relativitätstheorie und wurde einer der bedeutendsten Kosmologen.

»Auf die Dauer hat sich keiner der angeblichen Widersprüche zu den Voraussagen der Allgemeinen Relativitätstheorie bewahrheitet. Keine logische Inkonsequenz wurde je in ihren Grundlagen entdeckt. Und keine anerkannte Alternative von vergleichbarer Klarheit und Tragweite konnte je vorgebracht werden«, sagt Wheeler.

Eine mit seinem Kollegen Robert W. Fuller unter dem Titel »Kausalität und vielfach verbundene Raumzeit« veröffentlichte Gemeinschaftsarbeit war nicht nur für die Fachwelt eine Herausforderung. Wheeler hatte schon längst nach Hinweisen gesucht, mit deren Hilfe er die Kluft zwischen der Allgemeinen Relativitätstheorie und der Quantenphysik bewältigen konnte. Schwarze Löcher – ein Begriff, den übrigens Wheeler prägte – müssen nach der Allgemeinen Relativitätstheorie existieren. Der Princeton-Physiker betrachtet sie als eine Art »Treffpunkt« zwischen der Allgemeinen Relativitätstheorie und der Quantenphysik, die *hier* zur Kulmination geführt werden. Aber gerade daraus folgert er, daß das Wesen der Raumzeit-Struktur nur vom Standpunkt beider Theorien aus betrachtet werden kann.

Die Kluft zwischen der Relativitätstheorie und der Quantenphysik hat die moderne Kosmologie veranlaßt, das Universum als relativistische Szene darzustellen, wo Energie und Materie nicht durch die Relativitätstheorie, sondern durch die Quantenphysik bestimmt werden. Mit seiner Quantisierung des Raums versucht Wheeler nun, den Raum unter gleichzeitiger Anwendung beider Theorien einzuordnen. Seiner Ansicht nach gibt es in der Physik kein anderes Prinzip mit der universalen Bedeutung wie die Quantenphysik.

»Je mehr wir ihr nachgehen, um so offensichtlicher wird,

daß sie das wichtigste Prinzip zu sein scheint, von dem sich alles andere irgendwie ableitet«, sagt Wheeler.
In seiner Theorie hat er die Unschärferelation insgesamt auf Raumzeit, Materie und Energie erweitert. Die kosmologische Raumgeometrie wird nur als eine Wahrscheinlichkeitstheorie angesehen – als Summe der Unschärfen aller Raumquanten im Universum.
»Werden irgendwelche Experimente diskutiert, muß vor allem die Wechselwirkung zwischen Objekt und Beobachter berücksichtigt werden, die zwangsläufig mit jeder Beobachtung verbunden ist... Dies hat zur Folge, daß im allgemeinen die Experimente zur Bestimmung einer physikalischen Größe gleichzeitig die etwa früher gewonnene Kenntnis anderer Größen illusorisch machen, indem sie das zu messende System in unkontrollierbarer Weise beeinflussen und damit die früher bekannten Größen ändern«, schrieb der deutsche Physik-Nobelpreisträger Werner Heisenberg (1901–1976) über seine berühmte Unschärferelation in »Physikalische Prinzipien der Quantentheorie«.
Heisenberg wies damit unmißverständlich darauf hin, daß sich ein befriedigendes Konzept der physikalischen Welt nur aus dem Wahrscheinlichkeitsgesetz von Ereignissen ableiten läßt, nicht aber aus deren Beschreibung, und daß im subatomaren Bereich das beobachtete Objekt bereits durch den Vorgang des Beobachtens beeinflußt wird. Das heißt eindeutig: Die Resultate beobachteter Vorgänge in der Mikrowelt werden durch das Meßinstrumentarium bestimmt. Demzufolge ist unsere Welt also von Natur aus unberechenbar und unterliegt statistischen Schwankungen.

Wheeler nennt seine Raumquanten Geonen. Die von ihm daraus entwickelte neue Wissenschaft ist unter der Bezeichnung Geometrodynamik bekannt geworden. Hier geht es

um die Geometrie der gekrümmten Raumzeit beziehungsweise um die Dynamik der Geometrie selbst. Da Raumzeit gekrümmt ist, muß sie gewissermaßen über Masse verfügen.
Die Existenz seiner hypothetischen Raumteilchen, der Geonen, sieht Wheeler durch die Tatsache bestätigt, daß die Raumzeit-Struktur durch die Masse der Sterne und Galaxien gekrümmt wird. Wenn also der Raum – die Geonen – dem Gesetz der Masse unterliegt, müssen Geonen Masse besitzen – also auch existieren. Das heißt, wenn Raumzeit mit Masse reagiert, muß sie selbst Masse haben.
Einstein veranschaulichte, daß es in Wirklichkeit keine sogenannte schnurgerade Linie gibt. Wenn man sie entsprechend lange verfolgt, zeigt sich, daß alle Linien gekrümmt sind. Ein Lichtstrahl, der das gesamte Universum durchquert, bewegt sich kreisförmig und kommt schließlich wieder am Ausgangspunkt an. Das erklärt auch Einsteins berühmten Scherz: Ein Mensch mit phänomenalem Augenlicht würde seinen eigenen Hinterkopf sehen, wenn er lange genug in den Himmel schaue. Er müsse allerdings ein paar Ewigkeiten Geduld mitbringen, bevor das »Licht-Bild« seines Hinterkopfes die Reise um das Universum geschafft habe.

1935 erwarb Einstein in Princeton ein Haus. Er hatte sich damit abgefunden, daß er wohl niemals mehr in seine europäische Heimat zurückkehren konnte.
Im gleichen Jahr veröffentlichten Einstein und Rosen ihre Gemeinschaftsarbeit »Das Partikel-Problem in der Allgemeinen Relativitätstheorie«. Sie vergleichen darin separate Teile der Raumzeit mit Gummilaken, die durch zeitlose Passagen verbunden sind, und nennen sie Brücken. In

Fachkreisen wurden diese zeitlosen Querverbindungen unter dem Begriff Einstein-Rosen-Brücken bekannt.
Das Konzept der Einheit von Raum und Zeit hat unsere moderne Anschauung über das Universum geprägt. Es setzt sich aus zwei grundsätzlichen Einheiten zusammen, von denen jede einzelne sozusagen »doppelseitig« ist – nämlich aus Masse-Energie und Raum-Zeit. Die aufgrund der Schwerkraft zwischen beiden stattfindende Wechselwirkung erklärt auch die verschiedensten Phänomene, wie zum Beispiel die Expansion des Universums, die Krümmung eines Lichstrahls durch ein massereiches Objekt wie einen Stern, und die bizarren Eigenschaften Schwarzer Löcher, die Zeit bis zu einem Zeitriß zu dehnen.

Einer der brillantesten theoretischen Wissenschaftler unserer Zeit ist der 1942 in Oxford geborene Cambridge-Mathematiker Stephen Hawking. Er konfrontierte die Welt mit einer überraschenden Entdeckung. Und seine eigene Feststellung in diesem Zusammenhang – »Wann sind Schwarze Löcher nicht mehr schwarz? Wenn sie explodieren« – klingt fast wie ein Orakel.
Durch eine neuromuskuläre Erkrankung schon früh an den Rollstuhl gefesselt, hat er sich ausschließlich theoretischen Überlegungen gewidmet. Als er erkannte, daß bestimmte Schwarze Löcher nicht absolut schwarz sind, sondern Partikel abstrahlen und schließlich sogar explodieren können, überprüfte er die Schwarze-Loch-Theorie noch einmal gründlich. Nach Abschluß seiner Arbeit stellte sich heraus, daß bestimmte Schwarze Löcher einen Strom von Pratikeln entlassen und damit sozusagen weiß werden.
Hawking erkannte, daß Kompressionsvorgänge während der Geburt unseres Universums stattgefunden haben könnten. Und unter dieser Voraussetzung müßte unsere Milch-

straße heute von Abermillionen Schwarzer Minilöcher übersät sein, die aus dem Urbeginn stammen. Die für ein solches Schwarzes Urloch typische Masse entspräche damit einer Milliarde Tonnen. Im Raumzeit-Gefüge wäre es aber nicht größer als ein Proton, also kaum ein Nadelstich. Bei dieser winzigen Größe müßten dessen Eigenschaften – nach Hawking – nicht nur durch die Allgemeine Relativitätstheorie, sondern auch durch die Quantenmechanik definiert werden. Damit würde ein Schwarzes Miniloch eine Art Verbindung zwischen den Gesetzen herstellen, von denen die Bereiche des unendlich Großen und des unsagbar Kleinen beherrscht werden.

Da Schwarze Minilöcher zu klein sind, um dem Raum Materiemengen entnehmen zu können, müssen sie, Hawkings Berechnungen zufolge, ständig außen am Rand Strahlungsenergie abgeben. Durch den eintretenden Energieverlust würde ein solches Miniloch schließlich verdampfen – explodieren mit der Stärke einer 100-Millionen-Megatonnen-Bombe und einer Flut von Gammastrahlen und hochenergetischen Partikeln.

Heute versucht Stephen Hawking zwischen der Allgemeinen Relativitätstheorie, der Quantentheorie, der Thermodynamik und der Gravitationstheorie eine Brücke zu schlagen. Er möchte damit einen Wunschtraum der Physiker verwirklichen, alle physikalischen Gesetze »unter einen Hut« zu bringen, um sie in einer einzigen, großen, einheitlichen Feldtheorie zu vereinen.

Seine bisher dazu vorgelegten theoretischen Modelle weisen allerdings zu viele paradoxe Lösungen auf. Problematisch ist vor allem, daß derzeit noch keine wirklich stichhaltige Quantentheorie der Gravitation vorliegt.

»...Aber kann es wirklich eine derartige vereinheitlichte Feldtheorie geben? Oder jagen wir vielleicht nur einem

Trugbild nach? Anscheinend gibt es hier drei Möglichkeiten:

1. Es gibt eine vollkommene Vereinigte Theorie, die wir eines Tages entdecken werden, wenn wir intelligent genug sind.

2. Es gibt keine endgültige Theorie über das Universum, lediglich eine endlose Aufeinanderfolge von Theorien, die das Universum immer genauer beschreiben.

3. Es gibt keine Theorie über das Universum, Ereignisse können über einen bestimmten Grad hinaus nicht vorausbestimmt werden, kommen rein zufällig und willkürlich zustande.

Einige würden die dritte Möglichkeit vertreten, mit der Begründung: Wenn es allumfassende Gesetze gäbe, würden sie die Entscheidungsfreiheit Gottes beeinträchtigen, seine Meinung zu ändern und in das Weltgeschehen einzugreifen. Es ist in etwa wie das klassische Paradoxon: Kann Gott einen so schweren Stein erschaffen, daß er ihn nicht hochheben kann? Aber der Gedanke, Gott könnte seine Meinung ändern wollen, ist ein Beispiel für den Trugschluß, auf den der heilige Augustinus hinwies, sich Gott als ein in der Zeit existierendes Wesen vorzustellen; Zeit ist eine Eigenschaft in dem allein von Gott geschaffenen Universum. Es ist anzunehmen, daß er wußte, was er mit seiner Schöpfung beabsichtigte«, stellt Stephen W. Hawking in »Eine kurze Geschichte der Zeit« lakonisch fest.

Auf der Suche nach einer einheitlichen Feldtheorie werden Elementarteilchen in den neuesten Modellvorstellungen nicht mehr als punktförmige Partikel vermutet, sondern als »strings« – unendlich dünne Fäden –, die nur Länge haben, aber keine anderen Dimensionen. Diese »strings« können zwei Enden haben oder sich zu Schlingen schließen. Aus den verschiedenen »string«-Theorien ergibt sich jedenfalls die

Konsequenz, daß außer den uns bekannten vier Dimensionen – drei Raum- und einer Zeitdimension – noch weitere, verborgene Dimensionen existieren müssen. Diese in sich zusammengerollten, verborgenen Dimensionen wären allerdings mit ihrem Durchmesser von 10^{-30} Zentimeter unbeschreiblich klein.

Die Gesetzmäßigkeiten des Universums allumfassend beschreiben zu wollen, bedeutet die Suche nach einer objektiven Wirklichkeit. Die aber kann es für uns nicht geben. Allein durch das Aufkommen der Quantentheorie wurde das bis dahin gültige, klassisch-deterministische Weltbild zerschlagen. Denn die Heisenbergsche Unschärferelation beweist überzeugend, daß bestimmte komplementäre Eigenschaften eines Teilchens nicht gleichzeitig bestimmt werden können. Es ist unsinnig, ein Phänomen beschreiben zu wollen, ohne den Beobachter als bestimmenden Faktor mit einzubeziehen. Ein solcher Beobachter wird stets nur mit subjektiven Wirklichkeiten aufwarten. Denn eine objektive Beschreibung des Universums wäre ja nur möglich, wenn es »von außen« untersucht werden könnte. Das geht nicht, da wir auf Gedeih und Verderb mit *unserem* Universum verbunden sind. Ab und zu gelingt es uns zwar, durch einen Zeitriß anders dimensionierte Wirklichkeiten zu erhaschen, wenn uns auch die große Übersicht verborgen bleibt.

13

Die Seele des Alls

Wo fängt es an – wo hört es auf? Wann hat es begonnen, wann wird es enden, und warum sind wir hier?
Diese fundamentalen Fragen über das All und unser Dasein werden stets aufs neue gestellt und immer wieder anders beantwortet. Einerseits sind sie eine Herausforderung an unser Wahrnehmungsvermögen und das daraus resultierende naturwissenschaftliche Verständnis, andererseits suchen wir Antworten auf solche Fragen in unserer philosophischen und religiösen Weltanschauung.
Da »Sein« einen Ablauf der Zeit bedeutet, verkörpert »Nichtexistenz« Nullzeit – einen Zeitriß. Wenn aber das Universum einen Anfang hatte, gab es dann vorher ein zeitloses »Nichts«? Da jedoch normalerweise kein »Etwas« aus »Nichts« entstehen kann – auch wenn es bereits radikale, theoretische »Etwas-aus-Nichts«-Konzepte gibt – müßte vor dem Anfang »Etwas« gewesen sein und damit im Grunde einen Beginn ausschließen. Also können wir eigentlich nur von einer Zustandsveränderung, einem Wandel beziehungsweise einer Verwandlung sprechen.
Der englische Astrophysiker Paul Davis nennt das uranfängliche »Etwas« die Schnittstelle – den Zeitriß – zwischen dem Natürlichen und dem Übernatürlichen.
In unserer Suche nach Antworten stehen wir vor einem großen Problem: Reichen unsere Sinnesorgane und das uns zur Verfügung stehende Instrumentarium überhaupt aus, um das Universum und seine vielfältigen Facetten zu erfas-

sen, oder beruhen unsere Rückschlüsse nur auf einigen wenigen Aspekten, einem kleinen Teilbereich des Erscheinungsbildes des Kosmos? Unterscheidet sich der von uns erkennbare Ausschnitt des Alls etwa von anderen Regionen?

Wie groß und wie alt ist eigentlich unser Universum?

»Wir wissen heute, daß wissenschaftliche Erkenntnis nicht aus der Empirie allein kommen kann, daß wir bei der wissenschaftlichen Theoriebildung mit der freien Erfindung arbeiten müssen, die erst a posteriori durch das Experiment auf ihre Brauchbarkeit hin überprüft werden kann... Je mehr eine Kultur begreift, daß ihr aktuelles Weltbild eine Fiktion ist, desto höher ist ihr wissenschaftliches Niveau.«

Diese Feststellung von Einstein trifft insbesondere auf die Rekonstruktionsmodelle über die Entstehung des Universums zu.

Einem aktuellen Szenario zufolge war das noch raum- und zeitlose Ur-Universum vor rund 20 Milliarden Jahren viel kleiner als ein Atomkern und weit über 10 Billiarden Grad Celsius heiß. Damals existierten durch einen Zeitriß weder Raum noch Zeit.

Dann kam es zum Urknall, zum »Big Bang«. Alle vier Naturkräfte – die Gravitation, der Elektromagnetismus sowie die starke und schwache Wechselwirkung – waren noch in einer einzigen Superkraft vereint; Materie und Energie waren unter diesen unvorstellbaren Bedingungen bis zur Unkenntlichkeit »verzerrt«. Unbeschreiblich kurz danach entstand in einigen »Regionen« des aberwinzigen Ur-Universums eine Art Ausdehnungsdruck. Schlagartig blähte es sich auf, und damit entstanden auch Raum und Zeit nach unserem Verständnis. Die »Stelle«, an der sich unser Universum entwickeln sollte, warf eine winzige »Blase«.

Neben unserem Ur-»Bläschen«-Universum könnten gleichzeitig andere Blasen-Universen entstanden sein, so etwa, wie sich in einem mit Mineralwasser gefüllten Glas Bläschen vom Boden lösen.

Während dieser sogenannten »Inflationsphase« machten sich zuerst die Ecksteine aus der Supersymmetrie selbständig, nämlich Masse und Gravitation. Als das Ur-Universum dann älter und um das 10000fache kälter geworden war, löste sich die sogenannte »starke Wechselwirkung«, die

Atomkerne sozusagen miteinander verklebt, aus dem Verbund.
Nun setzte die große Vernichtungsschlacht zwischen Materie und Antimaterie ein, bis schließlich nur etwa ein Milliardstel der ursprünglichen Materie überlebte.
Nach einer abermals irrsinnig kurzen Zeitfraktion hatte sich das Ur-Universum auf die Größe eines Tennisballs ausgedehnt, gleichzeitig war die Temperatur auf 10^{25} Grad Celsius gesunken. Hier scherte die »schwache Wechselwirkung« aus, die beim radioaktiven Zerfall von Elementen und bei Kernverschmelzungsprozessen entscheidend mitwirkt. Anschließend machte sich die elektromagnetische Kraft selbständig, die nicht nur die Elektronen an die Atomkerne, sondern auch Atom an Atom bindet. Ohne diese Kraft gäbe es weder Licht noch Wärme. Während dieser Inflationsphase entstand im Universum praktisch alle Energie und Materie.
Nach dieser Rekonstruktion müßten auch magnetische Pole, also Teilchen mit nur einem Magnetpol, entstanden sein. Die bisher erfolglose Suche danach wird mit der Inflationsphase in Verbindung gebracht, in deren Verlauf diese Teilchen eine »Ausdünnung« erfahren haben könnten und daher heute kaum mehr aufgefunden werden. Nach den Vorstellungen einer großen einheitlichen Feldtheorie ergäbe sich, daß zusätzlich zu den sogenannten »Gluonen« (den »Klebe«- beziehungsweise Botenteilchen der starken Wechselwirkung) auf die Existenz äußerst schwerer Austauschteilchen mit minimalster Reichweite geschlossen werden kann. Sollten sie tatsächlich existieren, würden sie den Protonenzerfall bewirken. Da die durchschnittliche Lebensdauer von Protonen 10^{31} Jahre beträgt, wäre das eine Zeitspanne, die die bisherige Lebensdauer unseres Universums bei weitem übersteigen würde.

Nach neuesten Berechnungen muß es kurz nach dem Urknall zu sogenannten Schwerkraftverwerfungen gekommen sein, die heute noch vorhanden sind. Hier zum besseren Verständnis ein Vergleich: So, wie sich bei ungleichmäßig gefrierendem Wasser Risse bilden, sollen beim Symmetriezusammenbruch der Superkraft überaus feine »Risse« in der Raumzeit-Struktur entstanden sein, die von unendlicher Länge sind und so schwer, daß allein schon ein Zentimeter davon auf der Erde viele Tonnen wiegen würde.
Der Radioastronom Mark Morris von der Universität von Kalifornien in Los Angeles glaubt, solche kosmischen Schwerkraftverwerfungen mit dem bei Soccoro in Neu-Mexiko stationierten Radioteleskop ausfindig gemacht zu haben. Er kam 100 Lichtjahre langen, schnurgeraden kosmischen »Rissen« auf die Spur, die zwar nicht direkt zu sehen sind, aber deren gewaltige Schwerkraft bei den sie umgebenden Gaswolken zur Radiowellenausstrahlung führt.

Nach seiner Geburtsstunde war das Universum mit riesigen Ur-Sternen gefüllt, die aber kurze Zeit später einem Schwerkraftkollaps erlagen und als Supernovae explodierten. Wenn solche »kosmischen Bomben« eng nebeneinander plaziert waren, kam es zu einer Kettenreaktion reihenweise explodierender Ur-Sterne. Die damit in Zusammenhang stehenden Schockwellen erschütterten den gesamten Kosmos und schleuderten die im Umkreis der Explosionsherde befindliche Materie in alle Richtungen. Es entstanden riesige Leerräume – Hohlkugeln.
In diesem Zusammenhang brachte die mit Hilfe von Großrechnern simulierte Verteilung der Materie im Kosmos ein verblüffendes Ergebnis: Die Galaxienhaufen klumpen sich in der Raumzeit zu Strukturen zusammen, deren Ähnlich-

keit mit solchen im mikroskopischen Bereich von Körperzellen verblüffend ist. Zudem liegen die Galaxien-Superhaufen gewissermaßen auf der Oberfläche riesiger Hohlkugeln beziehungsweise »Blasen«.
Es sieht so aus, als bestünde das Universum aus einer Unzahl solcher materiefreier Hohlkugeln, deren Durchmesser jeweils bis zu 150 Millionen Lichtjahre erreicht. Sie füllen das Universum aus wie Seifenblasen ein Spülbecken. An den Berührungspunkten dieser gigantischen »Blasen« ballen sich die Galaxienhaufen zusammen.
Als die durch die Schockwellen über enorme Entfernungen geschleuderte Materie langsam zur Ruhe kam, muß sie sich auf den Oberflächen dieser »Blasen« zu langgestreckten Feldern – sogenannten Filamenten – gesammelt haben. Daraus formten sich schließlich Sternensysteme wie zum Beispiel unsere Milchstraße. Da sich das Universum und auch die »Hohlkugeln« anscheinend heute noch ausdehnen, könnten die durch den Urknall ausgelösten Stoßwellen der Supernovae-Explosionen für diese Expansion verantwortlich sein.
Nachdem sich also die Naturkräfte sowie Energie und Materie herauskristallisiert hatten – mit der Abkühlung sozusagen »herausgefroren« waren –, bestanden bereits eine Sekunde nach dem Urknall die Voraussetzungen für unser heutiges Universum. Mit der Expansion und fortsetzender Abkühlung setzte der Ausbau ein – die Differenzierung und Komplizierung, die schließlich zur Entstehung von Galaxien mit Planetensystemen und auch zur Lebensbildung führen sollte.

Wissenschaftler, die sich mit dem Anfang und der Entwicklung des Universums befassen, spekulieren natürlich auch über sein mögliches Ende. Nach der Allgemeinen Relativitätstheorie hängt es von der vorhandenen Masse ab, ob sich das Universum bis in alle Ewigkeit ausdehnt oder nicht. Denn obwohl die Galaxienhaufen einander entfliehen, ist die Frage, ob sie im Endeffekt eine ausreichende Geschwindigkeit haben, um die gegenseitige Schwerkraft zu überwinden, oder ob sie wie ein in die Luft geworfener Gegenstand an einem bestimmten Punkt wieder zurückfallen – »umkehren«.

Unter diesen Umständen würde sich nämlich der durch die Schwerkraft abgebremste Expansionsprozeß verlangsamen, umkehren – und das Universum am Ende zum Schwarzen Loch kollabieren.

Die Astronomen Richard Gott III und James Gunn vom California Institute of Technology sowie N. Schramm und Beatrice Tinsley von der Universität von Texas veröffentlichten eine ausführliche Abhandlung über unser immer und ewig weiterexpandierendes, offenes Universum. In ihrem Beweismaterial stützen sie sich auf die Arbeiten von 64 Astronomen, die das weitere Schicksal des Alls von der Materiedichte abhängig machen.

Ist nun im Universum genügend Masse zur Erzeugung von Schwerkraft vorhanden, um irgendwann in der Zukunft eine weitere Expansion zu verhindern? Nach den Berechnungen des amerikanischen Wissenschaftlerteams würde selbst die Gesamtmasse aller Galaxien nicht für ein geschlossenes Universum ausreichen. Obwohl es viele kosmische Staub- und Gaswolken zwischen den Sternensystemen gibt, würde das nicht genügen, um die Expansion aufzuhalten. Die Gott-Gruppe überlegt nun, wo die fehlende Masse auffindbar sein könnte. Etwa in Schwarzen Löchern? Obwohl es nicht einfach ist, die in Schwarzen Löchern verschwundene Masse zu berechnen, haben überschlägige Kalkulationen gezeigt, daß auch diese Masse die fehlende nicht aufwiegen würde. Selbst wenn die Masse von Schwarzen Minilöchern, Schwarzen Superlöchern in Kugelhaufen und den Zentren vieler Galaxien addiert wird, reicht es nicht aus. Ganz davon abgesehen, kommt die in Schwarzen Löchern verschwundene Materie wahrscheinlich aus Weißen Löchern ohnehin wieder zum Vorschein.

All diese Erwägungen veranlassen viele Kosmologen, ein offenes Universum vorauszusetzen. Aber welchem Schicksal wäre es dann in ferner Zukunft ausgesetzt?

Einem Alptraum!

Selbst wenn sich das Universum immer weiter ausdehnen und dabei leerer und leerer würde, weil sich die Galaxien immer weiter voneinander entfernen, käme es bei den Sternensystemen selbst zu keiner Veränderung, da sie die Gravitation zusammenhält. Dennoch gingen sie einem schrecklichen Schicksal entgegen. Sterne, die heute entstehen, würden in 10^{14} Jahren verlöschen und schließlich zu sogenannten Schwarzen Zwergen, Neutronensternen (derartig verdichtete Sterne, daß sie vorwiegend aus Neutronen bestehen) oder gar zu Schwarzen Löchern werden. Materie, aus der sich neue Sternengenerationen bilden könnten, gäbe es nicht mehr.

Unsere Sonne, die Sterne, ja die ganze Milchstraße und alle anderen Sternensysteme würden langsam verlöschen, das Weltall in Schwärze tauchen.

Aber selbst in diesem Universum gäbe es eine Weiterentwicklung. Nach 10^{64} Jahren würden sich die Galaxien auflösen und ihre Strahlung auf den absoluten Nullpunkt absinken. Supermassive Schwarze Löcher, Neutronensterne und schwarze Zwerge trieben zwischen intergalaktischem Staub und Gas in vollkommener Finsternis dahin. Im Lauf der Zeit vollzöge sich eine Kernfusion aller Elemente, die leichter als Eisen sind, zu schwereren Atomen, bis als letztes Eisen erreicht wäre. Im Gegensatz dazu sind alle Elemente, die schwerer als Eisen sind, selbst wenn sie als »stabil« betrachtet werden, letztlich radioaktiv. Sie spalten sich oder geben Alpha-Partikel ab, bis nur noch Eisen übrigbleibt.

Der Princeton-Physiker Freeman Dyson errechnete die Halbwertzeit von Eisen mit etwa 10^{500} Jahren (ganz richtig, eine 10 mit 500 Nullen!). Wenn wir uns aber noch ein bißchen mehr Zeit lassen, sagen wir 10^{600} Jahre, würde diese Zeitspanne ausreichen bis zum Zerfall auch noch der restlichen Sterne, zur Auflösung aller Materie in nuklearen Staub – ausgenommen die der Neutronensterne und der Schwarzen Löcher. Aber selbst die großen Schwarzen Löcher würden nach unvorstellbar langer Zeit schließlich zerstrahlen. Leben wäre in diesem kalten, trostlosen Universum längst ausgestorben.

Aber – wenn die aus Zerfallprozessen der Materie entstehenden Neutrinos wirklich etwas Masse haben, wie es nach neuesten Erkenntnissen vermutet wird, könnte die Expansion durch sie in ferner Zukunft abgebremst werden. Denn diese Neutrinos stellen den Löwenanteil aller Elementarteilchen im Universum.

Sie würden zwar den »Kältetod« des Universums aufhalten, dafür aber den Kollaps, das Zusammenziehen des Alls, einleiten und schließlich zu einer gigantisch heißen Implosion führen, bis zur Singularität – also bis zum Schwarzen Loch.

»Je begreiflicher uns das Universum wird, um so sinnloser erscheint es auch … Doch wenn die Früchte unserer Forschung uns keinen Trost spenden, finden wir zumindest eine gewisse Ermutigung in der Forschung selbst. Die Menschen sind nicht bereit, sich von Erzählungen über Götter und Riesen trösten zu lassen, und sie sind nicht bereit, ihren

Gedanken dort, wo sie über die Dinge des täglichen Lebens hinausgehen, Grenzen zu ziehen. Damit nicht zufrieden, bauen sie Teleskope, Satelliten und Beschleuniger, verbringen sie endlose Stunden am Schreibtisch, um die Bedeutung der von ihnen gewonnenen Daten zu entschlüsseln. Das Bestreben, das Universum zu verstehen, hebt das menschliche Leben ein wenig über eine Farce hinaus und verleiht ihm einen Hauch von tragischer Würde.« Dies sagt der Physik-Nobelpreisträger Steven Weinberg im Zusammenhang mit der Aussicht auf »Kältetod« oder »Hitzetod« in seinem Buch »Die ersten drei Minuten«.
Nach dem Untergang unseres Universums, möglicherweise in einer Singularität, wird es unter Umständen aus einem Weißen Loch wieder neu geboren.

Für den Russen Andrej Linde vom Lebedew-Institut in Moskau ist unser Universum – unsere kosmische Blase – kein Einzelfall. Seiner »chaotischen Inflation« zufolge ist sie vielmehr in ein größeres Universum eingebettet, das zwar nicht direkt wahrzunehmen ist, in dem jedoch noch viele andere Blasen vorhanden sein könnten. Sie entstehen dort wie in einem vor Energie nur so sprudelnden Schaumbad. Einige blähen sich auf, andere fallen wieder in sich zusammen. In weiteren – wie unserer eigenen – kommt die ruckartige Inflation zum Stillstand und wandelt sich zu einem Glutball, um dann als »Big Bang« in blendendem Licht zu explodieren. Im restlichen, größeren Teil des überdimensionalen »Mega-Universums« nimmt dagegen die inflationäre Aufblähung ihren Fortgang.
Linde kommt also zu dem Ergebnis, daß dieses übergeordnete All aus ständig in Aufruhr befindlichem Raumzeit-Schaum sich unentwegt in Form neu entstehender und wieder zusammenbrechender Mini-Universen reproduziert.

Eines dieser Mini-Universen ist unser 40 Milliarden Lichtjahre großer Kosmos. So bilden sich unaufhörlich neue Universen, die so stark differieren können, daß sie nicht nur anderen physikalischen Gesetzen unterworfen sind, sondern auch mehr beziehungsweise weniger Dimensionen haben können als unser Universum.

Wie viele andere Kosmologen meint auch Linde, schon kurz nach dem Urknall von Raum und Zeit zu sprechen, sei unsinnig, da beides noch nicht existiert habe. Seiner Ansicht nach träfe in diesem Stadium viel eher die Vorstellung eines aus Raum/Zeit bestehenden fluktuierenden – überall vorhandenen, zufälligen Schwankungen unterworfenen – »Schaums« zu, der zu Beginn in chaotischer Unordnung verteilt war.

Bestimmte Gegebenheiten könnten sozusagen zum teilweisen »Einfrieren« einer solchen Fluktuation geführt haben. Aus diesem Teil würde dann ein neues Universum entstehen, während der übrige Teil unentwegt weiterwachse, neue Fluktuationen erzeuge, aus denen auch wieder neue Universen entstehen könnten.

Solch ein neues Universum tauche aus dem Raumzeit-»Schaum« wie eine hochgepeitschte Blase auf, die von der abstoßenden Kraft zufällig aufgebläht wurde, und damit würden Raum und Zeit existieren. Das Mega-All wäre also eine Ansammlung unzähliger Mini-Universen, sozusagen ein »Multiversum«.

»Bisher war vor dem Urknall das Nichts, danach alles. Jetzt ist die Annahme hinfällig, daß es ein einmaliges, aus dem Nichts entstandenes Universum gibt, das den Beginn aller Raumzeit verkörpert«, erklärt Linde sein Modell.

Wie wäre es nach diesem Modell mit den Mini-Universen, würde es da nicht zu Kollisionen kommen? Wir können uns kaum vorstellen, daß hier keine Gefahr besteht. Doch nach der Allgemeinen Relativitätstheorie dehnen sie sich räumlich tatsächlich nicht auf Kosten ihrer Nachbarn aus. Ganz im Gegenteil. Unabhängig davon, was ringsum geschieht, expandiert nur ihr eigener Raum. Aus diesem Grund können Mini-Universen nicht zusammenstoßen.

»Woher kam das Mega-Universum, in dem wir also nur eine kleine ›Blase‹ bewohnen – vielleicht nur eine von vielen? Dazu sagen einem auch die Inflationsphysiker nichts Genaueres. Die eigentliche Frage nach der Schöpfung ist wieder nicht beantwortet, sie wurde nur unter den Teppich des Mega-Universums gekehrt. Vielleicht ist auch der Begriff ›Schöpfung‹ falsch. Was gab es schon außer Rohmaterial, damals, im Urknall? Der Beginn des Urknalls hat sicher einem rudimentären Universum zur Existenz verholfen. Aber keineswegs hat der frühe Kosmos schon alle Spuren unserer raffiniert geordneten Welt in sich getragen. Der Kreationsprozeß dauert an. Das Universum hat nie aufgehört, schöpferisch zu sein ...«, sagt Dr. Reinhard Breuer, der Lehrbeauftragte für theoretische Physik an der Universität Hamburg im Zusammenhang mit der »chaotischen Inflation«.

Die von uns aus zu beobachtende Region unseres Mini-Universums ist nur etwa 15 Milliarden Lichtjahre groß. Es ist nur ein winziger Teilbereich unserer Raumzeit-Blase. Aber wir sollten uns durch die gigantischen Ausmaße des Mega-Universums nicht degradiert vorkommen, nicht unbedeutend fühlen, denn das großartigste Phänomen in diesen fantastischen Dimensionen ist die Entstehung des schöpferischen Geistes, der sich dieses Multiversums bewußt ist. Im Hinblick auf die unendliche Anzahl von Welten mag es gleichgültig erscheinen, ob eine intelligente Zivilisation in einem unscheinbaren Sonnensystem untergeht oder nicht. Aber das Ende – der Zeitriß – einer intelligenten Art ist wohl immer ein tragisches Geschehen im Universum, das dann immerhin eine Zivilisation weniger wahrnimmt.

Es wäre bedauerlich, wenn die Menschheit nach allen Höhen und Tiefen, die sie durchlebt hat, nun einfach zugrunde gehen sollte. Schließlich hat sie mit all ihren Fehlern auch hervorragende Leistungen erbracht, sei es in den bildenden Künsten, in der Literatur, der Musik, Architektur und nicht zuletzt in den Wissenschaften... Mit einer Zäsur der Zukunft wäre auch unsere Vergangenheit ausgelöscht.

14

Zeitriß

Wie reagieren wir, wenn uns durch einen hypnotischen Befehl suggeriert wird, es gäbe keine Zukunft mehr und wir könnten nur noch in der Vergangenheit oder Gegenwart leben?

Dr. B. Aaronson vom Forschungsinstitut für Neurologie und Psychiatrie in Princeton, New Jersey, gelang es, dramatischen Veränderungen im menschlichen Wahrnehmungsvermögen von Raum und Zeit durch posthypnotischen Befehl auf den Grund zu gehen. In seinen Experimenten erhielten sechs Freiwillige folgenden posthypnotischen Befehl: »Wie Sie wissen, wird Zeit in Vergangenheit, Gegenwart und Zukunft aufgeteilt. Wenn Sie erwachen, ist die Zukunft vorbei! Es gibt keine Zukunft mehr.«

Aaronson und seine Mitarbeiter wußten nicht, womit sie rechnen mußten, nachdem ein Zeitabschnitt plötzlich ausgelöscht war – ein Zeitriß eintrat. Es zeigten sich außergewöhnliche Resultate: In einigen Fällen erlebten die Versuchspersonen Persönlichkeitsveränderungen, wie sie nach dem Genuß starker Psycho-Drogen beobachtet werden. Eine weibliche Versuchsperson glaubte – nach eigenen Worten –, »in einer grenzenlosen, ununterbrochenen Gegenwart« zu leben. Sie war von Farben und Strukturen fasziniert und beschrieb ihre Gefühle als »mystisch«.

Psychologisch gesehen liegen alle Ziele mit ihren Hoffnungen und Ängsten in der Zukunft. Aber sobald den Versuchspersonen die Vorstellung des »Morgen« fehlte, verloren sie im allgemeinen mit ihrer Motivation auch die Ängste. Als sie dann später an einem Experiment mit einer expandierenden Zukunft teilnahmen, waren die Auswirkungen nicht weniger erstaunlich. Die Beteiligten hatten nun das Gefühl, als stünde ihnen alle Zeit der Welt zur Verfügung, um alles, was sie sich im Leben vorgenommen hatten, auszuführen. Sie waren ausgeglichen und vollkommen zufrieden, auch scheinbar ohne Angst vor dem Tod.

In weiteren Versuchen dehnte Aaronson die Vergangenheit oder Zukunft seiner Freiwilligen aus oder »löschte« sie. Aber am furchterregendsten war eine Zäsur der Gegenwart. Denn ohne Gegenwart gibt es keine Zukunft.

Wie reagiert die Menschheit auf die Möglichkeit des Untergangs – auf den Verlust der Zukunft? Sie verdrängt! Obwohl ihr Lebensraum von Tag zu Tag weniger Zukunftsaussichten für ein Überleben bietet.

In den letzten Jahren sind durch den zunehmenden Kohlendioxidausstoß und durch Treibgase drastische Veränderungen im globalen Klimageschehen eingetreten. Hiobsbotschaften über Umweltzerstörungen sind an der Tagesordnung. Eine Klimakonferenz jagt die andere. Der Mensch mordet seine Ökosphäre – sein lebenserhaltendes System – und bringt sich damit selber um. Er vernichtet sein Raumschiff Erde und damit seine Zukunft!

Fast immer stand der Aufstieg vergangener Kulturen in ursächlichem Zusammenhang mit günstigen geographischen und klimatischen Bedingungen. Dafür legen die einst in den fruchtbaren Tälern von Euphrat, Tigris und Nil beheimateten hochstehenden Völker beredtes Zeugnis ab. Viele Jahrhunderte lang galt es als erwiesen, daß ihr Untergang und die Vernichtung der von ihnen geschaffenen, mächtigen Reiche schließlich durch Barbarenüberfälle und auch durch innere Fehden vollzogen wurde. Heute setzt sich immer mehr die Überzeugung durch, daß viele der vergangenen Hochkulturen und ihre Großreiche ebenso durch klimatische Veränderungen wie durch feindliche Überfälle und inneren Zerfall dem Untergang preisgegeben wurden.

Von der Jungsteinzeit an bis vor rund 100 Jahren begab sich der Mensch bei drohenden Klimaveränderungen immer auf die Wanderschaft. Sein Weg ist durch Zerstörung gekennzeichnet. Wälder fielen seiner Axt zum Opfer, der Boden wurde von ihm bebaut, bis er hoffnungslos ausgelaugt war

und damit das natürliche Gleichgewicht in Frage gestellt wurde. In der Folge traten Klimaveränderungen ein, Flüsse vertrockneten und Quellen versiegten. Pflanzen verdorrten, und die Tiere, soweit sie nicht umgekommen waren, mußten nach einem neuen Lebensraum suchen.
Gegen Ende der letzten Eiszeit zog der Cromagnon-Mensch in die nordeuropäischen Täler. Und mit der zurückweichenden Eismasse bildete sich langsam eine Pflanzendecke, die den Rentierherden und anderem Wild in der vom Eis befreiten Tundra neuen Lebensraum bot. Zur gleichen Zeit zogen Jäger mongolischen Ursprungs über die Landbrücke der Beringstraße von Sibirien nach Alaska. Als sich das Klima in Mesopotamien verschlechterte, wanderten die Juden nach Ägypten aus, und als dann die fruchtbaren Gebiete Arabiens und Nordafrikas unter der Trockenheit verdorrten, wurden sie von Abraham in die östlichen Mittelmeerländer – in die Levante – geführt.
Aber nicht nur in Europa, auch in Südamerika mußte die Urbevölkerung der höheren Gewalt des Klimas weichen. Viele der alten Kulturen Mexikos, die auf der zentralamerikanischen Hochebene lebten, ernährten sich vom Ackerbau, der durch eine Reihe von breiten, flachen Seen begünstigt wurde. Doch als in Dürrezeiten die Seenkette austrocknete, mußten ganze Völkerstämme ihre Heimat verlassen. So erging es den vorklassischen Kulturen um 500 v. Chr., die in einer schweren Dürreperiode zerfielen. Mit am schwersten betroffen waren die Azteken, da sie Jahrhunderte hindurch als Nomaden von einem vertrockneten Landstrich zum anderen ziehen mußten, um ihren kärglichen Lebensunterhalt zu finden.
Einst war auch die Sahara ein fruchtbarer, grüner Landstrich. Und noch heute ist es vom Flugzeug aus möglich, die vertrockneten Betten einstiger Flußläufe ins südliche Äqua-

torialafrika zu verfolgen. Der Sand schiebt sich immer weiter nach Süden und hat die an die Küste angrenzenden Weideländer – die Sahel – praktisch eingeholt.
Durch die Wissenschaft konnte nachgewiesen werden, daß der größte Teil der Erde vor etwa 600 Millionen Jahren vom Inlandeis bedeckt war. Dieser Zustand wurde durch eine Reihe ausgedehnter Wärmeperioden abgelöst – die Zeit der Dinosaurier und *der* Abschnitt in der Geschichte der Erde, in dem der Grundstock für die Kohle- und Ölablagerungen entstand.
Das nördliche Eis schob sich etwa alle 250 Millionen Jahre in südlicher Richtung vor. Aber vor etwa 50 Millionen Jahren setzte ein beschleunigter Abkühlungsprozeß ein. In den letzten Jahrmillionen gab es nur noch alle 100 000 Jahre Warmzeiten, die etwa 10 000 Jahre dauerten.

Ein Team der Universität Kopenhagen unter Leitung von Professor Willi Dansgaard führte im grönländischen Packeis tiefe Bohrungen nach uraltem Eis durch. In einer solchen Bohrprobe wurde schließlich ein hoher Anteil von Sauerstoff-18 gefunden, der auf Wärme schließen läßt. Ein geringer Sauerstoff-18-Anteil deutet dagegen auf Kälte hin. Dansgaard konnte auf diese Art nachweisen, daß Grönland vor rund 900 000 Jahren eine Warmwetterperiode hatte. In weniger als 100 Jahren muß sich dann ein Wettersturz ereignet haben, der die Erde in beißender Kälte erstarren ließ. Wie sich aus Berechnungen des Sauerstoff-18-Anteils ergab, vergingen bis zur nächsten Wärmeperiode auf der Erde 1000 Jahre. Außerdem bewies Dansgaard, daß der Sauerstoff-18-Anteil im Packeis Grönlands seit 1930 ständig zurückgeht.
Amerikanische Fossiliensucher fanden auf dem Meeresboden vor der mexikanischen Küste Beweismaterial für eine

plötzliche Klimaverschlechterung vor etwa 90000 Jahren. 1975 gab die Akademie der Wissenschaften der USA dann bekannt, daß die »finite« Möglichkeit einer neuen Eiszeit innerhalb eines Zeitraums von 100 Jahren nicht ausgeschlossen werden könne. Englische Wissenschaftler räumten dieser Eventualität sogar eine Chance von 1:10 ein.
Ein Spezialcomputer für Klima-Verkartung großräumiger Forschung und Vorhersage – CLIMAP – analysierte zum Beispiel einen typischen Herbsttag vor 18000 Jahren in der geographischen Lage des heutigen London beziehungsweise New York. Hier befanden sich zu jener Zeit gewaltige Inlandeismassen. Der Meeresspiegel lag etwa 100 Meter tiefer, und der Golfstrom befand sich 1000 Kilometer weiter südlich.
Die meisten Klimaexperten sind sich darüber einig, daß die letzte »kleine Eiszeit« etwa Mitte des 19. Jahrhunderts zu Ende ging. Ihren Anfang verlegen die einen frühestens auf die Mitte des 13. Jahrhunderts und die anderen auf spätestens etwa 1750, aber auch die Jahrhunderte dazwischen könnten nach Meinung von Wetterexperten in Frage kommen. Wann sie auch angefangen hat, diese Eiszeit bedeutete für die Menschen eine Katastrophe.
Vorher war das irdische Klima für Jahrhunderte warm gewesen. Etwa 800 n. Chr. stiegen die Temperaturen in Europa langsam an, und Landstriche, die vorher über Hunderte von Jahren aus dem ewigen Winter kaum jemals wirklich erwacht waren, erwärmten sich plötzlich. Mildere Sommer ermöglichten längere Wachstumsperioden. Mit der Wetterbesserung kamen wagemutige Männer in ihren widerstandsfähigen Langbooten oder Drachenschiffen aus dem hohen Norden, die schon bald ihre Spuren in der halben Welt hinterließen – die Wikinger, die Normannen.
Im Jahre 981 entdeckte dann »Erik der Rote« Grönland.

Dort errichteten die Wikinger eine Siedlung und tauften das Land wegen seiner grünen, saftigen Wiesen Grönland. In seinen geschützten Tälern gab es Birkenwälder, und in besonders guten Jahren reiften dort sogar Äpfel.

Etwa um 1270/71 setzte erneut ein Witterungsumschwung ein. Die Gletscher dehnten sich wieder landeinwärts aus, und auf den Nordmeeren bildete sich mehr und mehr Eis. Damit war dem Reisetrieb der Wikinger ein natürliches Ende gesetzt. Zuerst traf der Witterungssturz die nordeuropäischen Gebiete: Island, Schottland und große Teile Skandinaviens waren beinahe das ganze Jahr unter Schnee und Eis begraben.

Im 15. Jahrhundert hatten sich die Menschen an jahreszeitlich unberechenbares Wetter gewöhnt und daran, daß die Winter bitterste Kälte brachten. Durch besondere Härte zeichnete sich der Winter des Jahres 1431 aus. Über Skandinavien standen eisige Luftmassen, die sich nicht rührten. Arktische Stürme fegten Schnee und Eis in Richtung Süden. Als das Jahr 1432 einzog, war in Deutschland jeder Fluß zu Eis erstarrt. Skandinavische und alpenländische Gletscher wuchsen bedrohlich, und die Nordmeere wurden durch Packeis unpassierbar. In Südfrankreich zerbiß der Frost sämtliche Weinstöcke.

Im 16. Jahrhundert war die Witterung nicht viel besser. In den sechziger Jahren (um 1560) wurden zum Beispiel in England durch endlose Regenfälle für Jahre die Ernten vernichtet. Zudem erlagen die seit der Römerzeit kultivierten Rebstöcke der klirrenden Kälte. Im Jahr 1600 starben in Rußland und Polen 500000 Menschen an Hunger und Seuchen, weil die Ernten in weiten Gebieten durch die schlechte Witterung ausfielen.

Aber die eisigste Dekade seit der letzten großen Eiszeit fiel in die Jahre von 1643 bis 1653. Durch eine Mißernte im Jahr

1652 waren in Rußland wieder Massen von Menschen zu unendlichen Leiden verdammt. Dagegen trocknete England in den sechziger Jahren des gleichen Jahrhunderts unter der brütenden Hitze vollständig aus. In diesen Jahren verdunstete die Themse zu einem seichten Bach, auf dem die Schiffahrt eingestellt werden mußte. Die vor Trockenheit knisternden Holzhäuser von London entzündeten sich schließlich zum »Großen Brand«, der Hunderttausende obdachlos machte und die Stadt vernichtete.

Im 18. Jahrhundert nahm die kleine Eiszeit sogar an Härte zu. So forderten die bitterkalten Winter der Jahre 1739 und 1740 besonders in Schottland, Island und Neufundland schwere Opfer. Im gleichen Jahr vernichtete sie auch das irische Hauptnahrungsmittel, die Kartoffel, und in der Folge verhungerten Tausende. Auch im Jahr 1770 machte der Tod wieder reiche Beute. Denn wegen der ständigen Mißernten brachen Hungersnöte aus, die in Rußland und Polen zur Beulenpest führten, die in Europa noch immer aufflammte.

Im gleichen Jahrzehnt quälten sich englische Soldaten im amerikanischen Freiheitskrieg in eisiger Kälte mit ihren Kanonen über den zugefrorenen New Yorker Hafen von Manhattan nach Staten Island, während in Valley Forge George Washington und seine Truppen beinahe erfroren.

1788 wurde Nordfrankreich von einer derartigen Dürre heimgesucht, daß die auf dem Halm stehende Ernte schon im Frühsommer verdorrte. Das, was noch übriggeblieben war, fiel im Juli herabprasselndem Hagelschlag zum Opfer. Der Getreidemangel führte im Jahr 1789 zu den berüchtigten Brotaufständen und schließlich zur Erstürmung der Bastille.

1800 kam das ohnehin bitterarme Irland durch die Kartoffelfäule wieder um eine Kartoffelernte und verlor damit erneut sein Hauptnahrungsmittel. Die Auswirkungen waren fürchterlich, denn das Fleckfieber – das Hungerfieber – tötete Tausende. Damit kam es zu einer Massenflucht. Über eine Million Iren verließ damals völlig mittellos die Heimat und wanderte nach Amerika aus. Nach der irischen Hungersnot ließ die kleine Eiszeit allmählich nach. Die Winter wurden kürzer, das Klima erwärmte sich allmählich. Die Jahreszeiten stabilisierten sich, und um 1860 begannen die Gletscher langsam zu schmelzen. In allen Teilen der Erde verbesserten sich die Wetterstrukturen ständig, bis sie schließlich in den letzten 60 Jahren ein für unsere Begriffe normales Stadium erreichten. Aber »normal« ist das Wetter nun ganz und gar nicht zu nennen.

Mit der rapiden Bevölkerungsexplosion und dem entsprechend höheren Energiebedarf – dem gewaltigen Verbrauch fossiler Brennstoffe und anderer Energiequellen – ist eine drastische Klimawende in Sicht. Wissenschaftler rechnen inzwischen schon mit der alarmierenden Möglichkeit einer Verknappung des Sauerstoffs. Im Jahr 2030 wird die Weltbevölkerung voraussichtlich 15 Milliarden betragen. Die verheerenden Konsequenzen sind bereits absehbar.

»Wir müssen uns von dem biblischen Wort lossagen: ›Seid fruchtbar und mehret euch‹. Dieses Gebot haben wir längst übererfüllt... Mir will scheinen, daß die einzige Zukunftshoffnung darin besteht, daß wir weltweit die Moral ändern... Es muß in naher Zukunft dazu kommen, daß das dritte Kind als ein Verbrechen an der Menschheit angesehen wird. Es muß eine Schande für jedes Elternpaar sein, mehr als zwei Kinder zu haben. Die Menschheit hat bisher einen vergeblichen Traum geträumt, der dann vielleicht auch endlich Wirklichkeit werden kann, der weltweite Frieden«, sagt Professor Heinz Haber in seinem Buch »Eiskeller oder Treibhaus«.

Überall kommt es zu einer Eskalation, bei der Abholzung der Wälder, den Löchern in der Ozonschicht und durch die mit der Industrialisierung verbundene Enthumanisierung.

Der technische Fortschritt des Menschen läßt sich durch einen Index – den sogenannten Geschwindigkeitsexponenten – berechnen, der sich aus der maximalen Geschwindigkeit des schnellsten Fortbewegungsmittels der jeweiligen Epoche ergibt:

Vor etwa 6000 Jahren war das schnellste Transportmittel das Kamel, das damals als Reit-, Last- und Zugtier diente. Es erreichte eine Geschwindigkeit von 13 Kilometern pro Stunde, die später durch das galoppierende Pferd mit über 30 Stundenkilometern übertroffen wurde. Das Pferd blieb für Jahrtausende das schnellste Fortbewegungsmittel.

Reguläre Postkutschen um die Mitte des 17. Jahrhunderts – also etwa 3400 Jahre später – legten dagegen nur 16 Kilometer in der Stunde zurück.

Während die erste brauchbare Dampflokomotive von 1813 – die übrigens ein halbes Jahrhundert in Dienst stand – um 1825 dann bereits stattliche 21 Kilometer pro Stunde schaffte, mußten sich die Segelschiffe jener Zeit noch mit weniger als der halben Geschwindigkeit begnügen. Erst um 1880 brachte es eine weiterentwickelte Dampflokomotive schließlich auf das damals unvorstellbare Tempo von 160 Stundenkilometern. Rund 50 Jahre später war dieser Rekord bereits vervierfacht: 1938 flog ein Flugzeug in der Stunde 640 Kilometer. Und nach etwa der Hälfte dieses Zeitraums – nach knapp 25 Jahren – wurde dieser Rekord in den sechziger Jahren abermals gebrochen. Hochfliegende amerikanische Raketenflugzeuge des Typs X-15 erreichten in 33 Kilometern Höhe die sagenhafte Geschwindigkeit von

7250 Stundenkilometern, während bemannte »Gemini«-Raumkapseln die Erde mit rund 28 000 Stundenkilometern umkreisten.

Als Orville Wright 1903 auf den Sanddünen in der Nähe des Dorfes Kitty Hawk, im amerikanischen Staat North Carolina, das erste gesteuerte Motorflugzeug der Welt – einen Doppeldecker – startete, weigerten sich die Herausgeber der Tageszeitungen, diese »verrückte Geschichte« zu drukken.

Als sich nach wenigen Wochen die Wahrheit durchgesetzt hatte, wurden die Besserwisser aktiv. Jetzt behaupteten sie nämlich, daß dieses Flugzeug mit Sicherheit keinen Passagier befördern werde, da es wegen des zusätzlichen Gewichts nicht mehr vom Boden abheben könne. Daraufhin modifizierte Orville seine Flugmaschine und nahm seinen Bruder Wilbur mit.

Über diesen Zwei-Mann-Flug verfaßte der Ingenieur Octave Chanute in der amerikanischen Zeitung »Popular Science Monthly« einen Artikel, der inzwischen als Sammlerstück gilt. Chanute schreibt darin: »Die Maschine kann in Ausnahmefällen sogar Post befördern, wenn auch die Nutzlast nur sehr klein sein kann. Als Sportmaschinen werden sie wahrscheinlich mit der Zeit ganz bemerkenswerte Geschwindigkeiten erreichen, wenn sie auch nicht für kommerzielle Transportzwecke gedacht sind.«

Diese Ansicht hatte sich in Fachkreisen auch 20 Jahre später noch nicht geändert. So schrieb zum Beispiel der Astronom William Pickering: »Nach landläufiger Vorstellung werden gigantische Flugmaschinen mit zahllosen Passagieren an Bord die Ozeane überqueren. Mit Sicherheit sind derartige Ansichten absolute Phantasterei. Aber selbst wenn eine Flugmaschine mit einem oder gar zwei Passagieren den Ozean überfliegen könnte, wäre das für jedermann finan-

ziell unerschwinglich – ausgenommen vielleicht jene Kapitalisten, die sich eine eigene Yacht leisten können.«
Im Gegensatz zu den »Experten-Gutachten« beförderte die erste DC-6 genau ein halbes Jahrhundert nach dem Flug von Kitty Hawk bis zu 86 Fluggäste.
Natürlich meldete sich auch diesmal die Kritik mit der Behauptung zu Wort, daß die Geschwindigkeitsgrenze für alle Flugzeuge bei 1000 Stundenkilometern liege. In ihren Gleichungen bewiesen gelehrte Professoren, daß es unmöglich sei, diese Geschwindigkeit zu überschreiten. Der Capt. der US-Luftwaffe »Chuck« Yeager verhielt sich daher nicht nur überaus verwegen, sondern ganz und gar unwissenschaftlich, als er mit seinem Düsenflugzeug »Glamorous Glennis« 1947 die Schallmauer durchbrach.
Die negativen Äußerungen nahmen kein Ende. So griff die »New York Times« 1920 den berühmten Physiker und Raketenpionier Robert H. Goddard wegen seiner Vermutung an, Raketen würden im luftleeren Raum funktionieren: »Er scheint keine Ahnung zu haben, was Schwerkraft ist, auch wenn jeder Gymnasiast Bescheid weiß«, mokierte sich der Leitartikler.
49 Jahre später, am gleichen Morgen, als Neil Armstrong in seiner Rakete auf dem Weg zum Mond war, adressierte die »New York Times« – wenn auch verspätet – eine formelle Entschuldigung an den längst verstorbenen Raketenpionier.

Die Geschwindigkeit, mit der neue Errungenschaften und Konzepte in unser Leben treten, ist so groß, daß es für sehr viele Menschen fast unmöglich ist, Schritt zu halten. Auf den meisten Gebieten ist das Wachstum zum beherrschenden Faktor der menschlichen Existenz geworden.
Heute macht der Mensch zum Beispiel die umfassendste

und schnellste Urbanisierung seiner gesamten Entwicklungsgeschichte durch. Wenn es auf Erden noch vor 130 Jahren lediglich vier Großstädte gab, deren Einwohnerzahl eine Million erreichte oder gerade überschritt, so war ihre Anzahl bereits 50 Jahre später, um die Jahrhundertwende, auf 19 angewachsen. Zu Beginn der sechziger Jahre existierten dann bereits 141 Millionenstädte.

Nach den Wissenschaftlern Edgar de Vries und J. P. Thysse vom Institut für Sozialwissenschaften in Den Haag vermehrt sich die städtische Weltbevölkerung um jährlich 6,5 Prozent. Das bedeutet, statistisch gesehen, eine Verdoppelung der Stadtbevölkerung innerhalb von elf Jahren.

Um das volle Ausmaß eines solchen Wachstums zu veranschaulichen, sollte man sich einmal vorstellen, daß aus irgendeinem Grund *keine* der Millionenstädte über ihre derzeitige Größe hinaus expandieren könnte. Zur Unterbringung der vielen Millionen Neubürger müßten vielmehr Zwillingsstädte der bereits vorhandenen errichtet werden, z. B. ein zweites Los Angeles, New York, London, Tokio, Rangun, Madrid, Rom, Berlin, Paris, Warschau, Moskau usw. – und das im Zeitraum von elf Jahren!

Parallel dazu zeigt auch der Energieverbrauch der Menschheit eine steil ansteigende Kurve. Dieser Trend wurde einmal durch den 1966 bei einem Flugzeugabsturz tödlich verunglückten indischen Kernphysiker Dr. Homi Jenhanghir Baba folgendermaßen analysiert: »Wenn wir zur Illustration für die aus 33 000 Millionen Tonnen Kohle gewonnene Energie den Buchstaben Q benützen, dann betrug der Gesamtenergieverbrauch in den 1850 Jahren seit Christi Geburt ½ Q. Aber seit 1850 stieg der Energieverbrauch pro Jahrhundert auf 1 Q an. Das heißt: etwa die Hälfte des Gesamtenergieverbrauchs der vergangenen 2000 Jahre entfällt auf die letzten 100 Jahre.«

Teilt man 50 000 Jahre menschlicher Existenz in Generationen von durchschnittlich 62 Jahren auf, dann hat es bisher rund 800 Generationen gegeben, von denen allein 650 Generationen als Höhlenbewohner gelebt haben. Erst durch die schriftliche Überlieferung während der letzten 70 Generationen wurde eine wirksamere Verständigung von einer Generation zur anderen möglich. Aber der überwiegende Teil der Menschheit wurde erst während der letzten sechs Generationen mit dem geschriebenen oder gedruckten Wort vertraut gemacht. Und noch heute sind rund 44 Prozent der Weltbevölkerung Analphabeten. Die Zeit kann erst seit vier Generationen präzise gemessen werden, und die Verwendung des Elektromotors ist kaum älter als zwei Generationen. Doch die überwiegende Mehrzahl aller technischen Errungenschaften, die unser tägliches Leben heute bestimmen, wurde erst jetzt – von der 800. Generation – entwickelt.

In kommenden Jahrzehnten wird die Bevölkerungsexplosion auf einem immer enger werdenden Planeten mit Sicherheit große Schwierigkeiten, wenn nicht katastrophale Folgen auslösen.

An der Zuwachsrate der einzelnen Länder zeigt sich, daß in technisch hochentwickelten Gesellschaften – wie zum Beispiel in Nordamerika, Japan und Europa – durch den Großeinsatz von Energie Stabilität erreicht werden konnte. Zur Aufrechterhaltung des Wohlstandswachstums sind diese Länder allerdings gezwungen, in geradezu besorgniserregendem Maß auf fossile Brennstoffreserven oder Kernkraft zurückzugreifen.

In vergangenen Jahrhunderten waren Seuchen und Kriege für einen gewissen Ausgleich im Bevölkerungswachstum verantwortlich. Heute vermehrt sich die Bevölkerung in armen Ländern mit minimalem technischen Fortschritt –

wie in Südamerika, Indien und Afrika – explosionsartig. Also deutet doch alles darauf hin, daß Wohlstand der Schlüssel zur Wachstumsbeschränkung sein muß. Die Länder mit den größten Problemen sind sehr oft außergewöhnlich schlechten klimatischen Bedingungen ausgesetzt oder verfügen nicht über die notwendigen Energiequellen, um ihre Situation durch Industrialisierung zu verbessern. Dennoch müssen auch dort die Voraussetzungen für menschenwürdige Lebensbedingungen geschaffen werden; zumindest sollte sich der Wohlstand in diesen benachteiligten Ländern im gleichen Verhältnis wie die Bevölkerung vermehren – und zwar innerhalb von 18 Jahren.

Professor Gerard K. O'Neill von der amerikanischen Princeton-Universität, Spezialist für Weltraumbesiedlung, hat in diesem Zusammenhang folgende Vorstellungen und Ziele entwickelt:

– Die Beendigung von Hunger und Armut für alle Menschen.

– Die Schaffung geeigneten Lebensraums für eine Weltbevölkerung, die sich – selbst wenn man bei sehr optimistischer Einschätzung eine niedrige Wachstumsrate annimmt – in 40 Jahren verdoppelt und in weiteren 30 Jahren verdreifacht haben wird.

– Bevölkerungskontrolle ohne Krieg, Hungersnöte oder Diktatur.

– Individuelle Freiheit mit freier Wahl der gegebenen Möglichkeiten für jedermann.

– Technischer Fortschritt, jedoch nur dann, wenn Machtkonzentration und Kontrolle verringert statt verstärkt würden.

– Verbesserungen haben nur dann Sinn, wenn Städte, Industriebetriebe und andere Einrichtungen soweit reduziert werden, daß Verwaltung und Bürokratie auf diese Weise ihr

Übergewicht verlieren und der direkte menschliche Kontakt wieder in den Vordergrund rückt.
– Unbegrenzte preiswerte Energie für alle Nationen der Erde und nicht nur für diejenigen, die im Besitz fossiler und nuklearer Brennstoffe sind.
– Die Erschließung neuer Gebiete, um qualitativ besseren Lebensraum zu schaffen, als er der Menschheit jetzt zur Verfügung steht.

Nach Ansicht von Dr. F. N. Spiess, dem Leiter des Marine Physical Laboratory of the Scripps Institution of Oceanography, wird sich der Mensch in den kommenden 50 Jahren in und auf dem Meer nach neuem Lebensraum umsehen. »Er wird die Weltmeere besiedeln, auswerten und sie zur Gewinnung von Mineralien, für Militär- und Ziviltransporte genauso wie zur Erholung mit in die Gesamtnutzfläche der Erde einbeziehen.«
Von den zwei Dritteln der Erdoberfläche, die von Ozeanen bedeckt sind, wurden bisher nur fünf Prozent ausreichend kartographisch erfaßt. Von dieser Fläche ist bekannt, daß der Meeresboden reiche Schätze an Erdgas, Erdöl, Kohle, Schwefel, Uran, Kobalt, Zinn, Phosphaten und anderen Mineralien birgt. Zudem ist der Pflanzen- und Fischreichtum bedeutend.
Allein in den Vereinigten Staaten von Amerika laufen sich schon jetzt Industrieunternehmen den Rang ab, um diesen immensen Reichtum ausschöpfen zu können, darunter Giganten wie Standard Oil und Union Carbide. Sie bereiten sich bereits auf den zu erwartenden Konkurrenzkampf vor. Dieses Ringen wird sich natürlich von Jahr zu Jahr verstärken, denn schließlich geht es um den Besitz des Meeresbodens und seiner Schätze. Im Endeffekt werden natürlich die entsprechenden Auswirkungen auf die menschliche Gesell-

schaft dann auch kaum ausbleiben. Sollte sich der Abbau der Bodenschätze unter den Ozeanen günstig gestalten, würde sich das Ressourcengleichgewicht unter den Nationen verschieben.
Japan fördert jährlich 10 Millionen Tonnen Kohle aus Unterwasserabbau. In Malaysia, Thailand und Indonesien wird auf diese Weise Zinn gefördert.
Die ständig wachsende Abhängigkeit des Menschen von den Nahrungsreserven der Ozeane fällt natürlich besonders ins Gewicht. Denn die Ernährung von Millionen wird sich damit grundlegend ändern. Hier wird eine Umstellung notwendig, die an sich schon mit einer Reihe unbekannter, nicht zu unterschätzender Faktoren verbunden ist. Wie wird zum Beispiel der Energiehaushalt des menschlichen Organismus darauf reagieren? Wird das Wachstum beeinflußt? Die Durchschnittsgröße, das Körpergewicht, die typischen Krankheitsbilder oder die Lebensspanne?
Wie würde eine Gesellschaft, die seit eh und je von der landwirtschaftlichen Nutzung geprägt war, das Überwechseln zu einer Aquakultur psychologisch verkraften? Wenn der Mensch eines Tages die Kolonisation der Meere in Angriff nimmt und vielleicht auch in größere Tiefen vorstößt – werden dann den Pionieren die Siedler folgen und auf dem Meeresboden ganze Städte errichten? Diese Möglichkeit ist keineswegs weit hergeholt.
Der Wissenschaftler Dr. Walter L. Robb von General Electric hat in einem Experiment einen Hamster unter Wasser am Leben erhalten. Das Tier war in einem mit »künstlichen Kiemen« – synthetischen Membranen – versehenen Behälter untergebracht, durch die dem Wasser ringsum »Luft« entnommen wurde, ohne Wasser in den Behälter einzulassen. Die Membranen waren oben, unten

und an den Seiten der Hamsterbehausung angebracht. Ohne die »künstlichen Kiemen« wäre der Hamster erstickt.
General Electric behauptet, daß es mit Membranen dieser Art zukünftig möglich sein wird, die Besatzung von Unterwasser-Versuchsstationen mit Atemluft zu versorgen. Aber auch die Wände von Wohnhäusern, Hotels und sonstigen Gebäuden auf dem Meeresgrund könnten derart ausgestattet werden.

Doch die Erschließung der Weltmeere, der Vorstoß in die Tiefe, wird nicht die einzige Möglichkeit bleiben, neuen Lebensraum für die Menschheit zu schaffen. Mit ziemlicher Sicherheit wird es wohl auf dem Mond die ersten außerirdischen Bergwerke geben. So hat US-Präsident George Bush in seinem neuen Weltraum-Forschungsprogramm der Nutzung des Mondes Vorrang eingeräumt.
Ohne größere Probleme könnten gewaltige Materialmengen von der Rückseite unseres Trabanten abtransportiert werden. Den wenigsten ist der ungeheure Reichtum des Mondes an Bodenschätzen bekannt. Inzwischen zeigt sich immer deutlicher, wie wertvoll das so oft kritisierte »Apollo«-Projekt mit seinen Probeentnahmen von Rohstoffen für den Planeten Erde ist. Eine typische Bodenprobe enthält zum Beispiel mehr als 20 Prozent Silizium, über 12 Prozent Aluminium, 4 Prozent Eisen und 3 Prozent Magnesium. Viele Apolloproben enthielten mehr als 6 Prozent Titan – ein besonders widerstandsfähiges Leichtmetall, das sehr hohe Temperaturen verträgt und sehr gefragt ist.
Sobald die Nutzung des Weltraums erst einmal begonnen hat, wird sich der Mensch innerhalb weniger Jahrzehnte der Erforschung des Asteroidengürtels und seiner Boden-

schätze zuwenden. Soweit es sich um den Transport im Weltraum handelt, zählt der Energiebedarf und nicht die Entfernung, denn Weltraumreisen unterliegen nicht den Problemen der irdischen Schwerkraft und Atmosphäre. So wird es relativ einfach sein, Material vom Mond zu künftigen Weltraumsiedlungen zu transportieren, und die Transportkosten würden etwa ein Zwanzigstel derjenigen von der Erde zu diesen Stationen betragen.

Auf dem Mond gibt es weder Kohlenstoff, Wasserstoff noch Stickstoff – Elemente, ohne die es kein Leben in unserem Sinne gibt. Nun hat sich aber aus der Spektralanalyse des von den Asteroiden reflektierten Sonnenlichts ergeben, daß einige von ihnen sauerstoff-, stickstoff- und kohlenstoffhaltig sind. Dies könnte für die Petrochemie-Industrie ebenso wichtig sein wie die Erdöl- und Schiefervorkommen auf der Erde. Die Existenz von Kohlenstoff, Sauerstoff und Stickstoff in den Asteroiden konnte auch durch die Analyse von Meteoriten, den sogenannten Chondriten, nachgewiesen werden.

Die Rohstoffgewinnung auf den Asteroiden dürfte sich im Endeffekt leichter anlassen als der Rohstoffabbau in den Tiefen der Erde. Aber selbst wenn die Möglichkeit bestünde, die Rohstoffe der gesamten irdischen Landmassen bis zu einer Tiefe von 800 Metern abzubauen, würde damit nur ein Prozent des Rohmaterials gewonnen, über das die drei größten Asteroiden verfügen.

Die Weltraumbesiedlung ist schon längst keine Utopie mehr. Denn Berechnungen, Konstruktionszeichnungen und Baupläne liegen bereits vor. Schon in absehbarer Zeit werden Tausende aus aller Herren Ländern in bis dahin fertiggestellte Weltraumstädte übersiedeln, um eine neue Heimat zu finden. Professor Gerard O'Neill hatte schon in den sechziger Jahren die ersten Vorstellungen in Form einer physikalischen Übung entwickelt, die er mit seinen Studenten durchspielte. Als die Berechnungen verwertbare Resultate brachten, wurde aus einer Idee ein realisierbares Projekt.

Diese Ergebnisse aus fünfjähriger Forschungsarbeit wurden erörtert und bei einem Symposium im NASA-Ames-Research Laboratory von einer Reihe von Ingenieuren, Natur- und Sozialwissenschaftlern wochenlang analysiert, diskutiert und schließlich einstimmig als durchführbar klassifiziert. In einer Empfehlung wurde den Vereinigten Staaten nahegelegt, gemeinsam mit anderen Nationen ein Forschungs- und Entwicklungsprojekt ins Leben zu rufen. Damit sollte das Ziel verbunden sein, eine Produktionsstätte für nominell 10000 Arbeitskräfte in einer Erdumlaufbahn zu konstruieren.

Inzwischen ist das Projekt der Weltraumbesiedlung längst über die Diskussionsphase hinaus gediehen und bereits ins Stadium der Verwirklichung eingetreten.

Zum Bau der geplanten Raumsiedlungen müßten bisher ungenutzte, im Weltraum verhältnismäßig leicht zu beschaffende Rohmaterialien verwendet werden, insbesondere vom Mond, denn die Mondoberfläche enthält Sauerstoff, Silizium und Metalle wie Eisen, Aluminium, Titanium und Magnesium.

Da die Schwerkraft des Mondes wesentlich geringer ist als die auf der Erde, wäre auch der Energieaufwand für die Beförderung von der Mondoberfläche zur geplanten Weltraumsiedlung entsprechend geringer. Die zur Verarbeitung der Mond-Rohstoffe benötigte Energie ist im Überfluß vorhanden: Sonnenenergie. Nach Berechnungen würde ein Kilogramm Endprodukt etwa 100 Dollar kosten. Vergleichsweise wären die Kosten bei der NASA-Raumfähre

»Space Shuttle«, mit der alles benötigte Material von der Erde in den Erdumlauf befördert werden muß, sechsmal so hoch.

Nach dem derzeitigen Forschungsstand soll das Projekt Weltraumbesiedlung mit einer kleineren Niederlassung starten. Nach Berechnungen des französisch-italienischen Mathematikers und Physikers J. L. Lagrange könnte in der Mondumlaufbahn (am sogenannten Lagrange-Punkt L 5) eine Station errichtet werden. Dabei taucht das sogenannte Drei-Körper-Problem (Erde-Mond-Satellit) auf. Für den Fall, daß die Masse des dritten Körpers (hier der Satellit) unverhältnismäßig klein ist, hatte Lagrange schon im Jahre 1772 verschiedene Lösungen ausgearbeitet. Danach gibt es für das Erde-Mond-System fünf sogenannte Lagrange-Punkte (L), wo das Gravitationsproblem ausfällt. L 1 befindet sich zwischen beiden Körpern, L 2 und L 3 liegen außerhalb auf deren Verbindungslinien, und L 4 und L 5 bilden schließlich mit den beiden großen Massen (Mond und Erde) jeweils etwa ein Dreieck. Tatsächlich ist das Problem noch weitaus schwieriger, da es sich im Grunde um ein Vier-Körper-System handelt, berücksichtigt man die Anziehungskraft der Sonne.

Für den Anfang ist eine zusätzliche Siedlung auf dem Mond vorgesehen. Für beide Raumstationen wird der Gesamtausrüstungsbedarf (Vorräte und Unterkünfte) zwischen 15 000 und 50 000 Tonnen liegen. Sie sollen in einigen hundert Transporten von der Erde an ihren jeweiligen Bestimmungsort befördert werden. Bei täglichem Start oder bei einem Start an jedem zweiten Tag wird die Installationsperiode zwei Jahre dauern.

Der nächste Schritt wird mit dem Bau einer Startbahn auf dem Mond für magnetisch getragene und gelenkte Transportschlitten eingeleitet. Ein solcher Schlitten wiegt etwa 10

Pfund, und das zur Beförderung zusammengepreßte Mondoberflächenmaterial ist etwa doppelt so schwer. Nach einer magnetischen Beschleunigung über 10 Kilometer »schleudern« die Schlitten ihre Ladung zum selbständigen Weitertransport in den Weltraum. Dann werden sie abgebremst und kehren für die nächste Ladung zum Startplatz zurück. Das Ganze dauert nicht länger als zweieinhalb Minuten. Diese Transportschlitten können wahrscheinlich zu über 60 Prozent ausgelastet werden und würden damit jährlich bis zu einer Million Tonnen Mond-Rohmaterial in den Weltraum befördern. Angetrieben werden sie wahrscheinlich durch Kernenergie.

Sobald das Rohmaterial im Weltraum an Punkt L 5 angelangt ist, wird es zu den gewünschten Endprodukten, wie z. B. Glas, Metall, Keramiken und flüssigen Brennstoff verarbeitet. Die dabei anfallenden Abfallstoffe sollen weiterverarbeitet werden und bei der Herstellung von Schutzschilden gegen kosmische Strahlen Verwendung finden.

Geplant sind weiterhin riesige Zylinder mit Verschlußkappen an den Enden. Sie sind in sechs Regionen unterteilt, die abwechselnd aus Glas und Metall bestehen. Während die letzteren landschaftliche Gebiete mit Bergen, Tälern und Flüssen beherbergen sollen, sorgen an den Glasregionen angebrachte, automatisch regulierte Außenspiegel, die das Sonnenlicht ins Innere reflektieren, für einen »normalen« Tagesablauf. Im Inneren wird ein atmosphärischer Druck wie auf der Erde herrschen. Der Zylinder wird langsam um seine Längsachse rotieren, und mit 1 g Fliehkraft am Zylindermantel werden Schwerkraftverhältnisse simuliert, die denen auf der Erde entsprechen.

O'Neill ist der Ansicht, daß mit unseren derzeitigen technischen Voraussetzungen die von ihm entworfene Weltraumsiedlung »Island Three« über eine Gesamtfläche von 800

Quadratkilometern ausgedehnt werden und eine Bevölkerung von mehreren Millionen aufnehmen könnte.
Mit den heutigen Bautechniken und Materialien könnte innerhalb eines Superzylinders eine Landfläche errichtet werden, die etwa halb so groß sein würde wie die Schweiz. Anfangs wären Niederlassungen in dieser Größenordnung in jeder Hinsicht unökonomisch. Aber auf die Dauer wird die Menschheit wohl kaum umhin können, Weltraumsiedlungen dieses Umfangs zu errichten, und mit fortschreitender Technologie werden wahrscheinlich noch größere gebaut werden. Die Energieversorgung einer solchen Weltraumsiedlung wird durch einen großen Parabolspiegel am Ende eines Zylinders garantiert, der ununterbrochen Sonnenenergie speichert.
Durch viele kleinere Zylinder, die in der Nähe der größeren zum Zweck der landwirtschaftlichen und industriellen Nutzung errichtet sind, könnte erreicht werden, was auf der Erde unmöglich ist: unabhängige Steuerung der besten klimatischen Bedingungen für Landwirtschaft und Industrieanlagen.

Auf der Suche nach Ressourcen müssen sich die Interessen des Menschen immer mehr der außerirdischen Umwelt zuwenden. Bei den erforderlichen Ausgaben und Anstrengungen werden die globalen Gefahren des Atomkrieges wahrscheinlich zurückgehen. Wenn darüber hinaus die Bevölkerungsexplosion nicht gestoppt wird, werden Hunderttausende erkennen, daß nur eine Auswanderung in die O'Neillschen Weltraumsiedlungen oder zu anderen Planeten unseres Sonnensystems in Frage kommen kann.
Aus diesem Dilemma glaubt Carl Sagan, Direktor des Laboratoriums für planetarische Studien an der amerikanischen Cornell-Universität, einen Ausweg gefunden zu haben. Sei-

nen Ideen zufolge wäre es wahrscheinlich möglich, die feindlichen Umweltbedingungen auf dem Planeten Mars in freundliche umzuwandeln.

So ist vorgesehen, auf dem Mars durch die Anwendung von Hochtechnologie irdische Bedingungen – die sogenannte Terra-Formung – zu erreichen. Riesige, im Marsorbit stationierte Sonnenreflektoren könnten zur Schmelzung des Eises der Pole eingesetzt werden. Das brächte zudem einen Anstieg des atmosphärischen Drucks und eine Erwärmung der Pole mit sich. Unter Anwendung verschiedener Techniken ließe sich sogar der im Marsboden gebundene Sauerstoff freisetzen und durch eine Reihe von Hochenergie-Laserverfahren die Terra-Formung unterstützen.

Darüber hinaus könnten auch noch genetisch manipulierte Blaugrün-Mars-Algen eingesetzt werden, um die Umwelt des Planeten positiv zu verändern. Es wäre sogar möglich, die eisbedeckten Pole mit einer millimeterdicken Ruß- und Staubschicht zu überziehen, um eine Klimaveränderung herbeizuführen. Denn die vom absorbierten Sonnenlicht aufgeheizten Pole würden das Eis schmelzen.

Einer schon 1976 durchgespielten NASA-Studie zufolge stehen der zukünftigen Besiedlung des roten Planeten durch die Menschheit keine grundsätzlich unüberwindlichen Hindernisse im Weg.

Innerhalb der nächsten Dekaden werden auch Fortschritte in der Fusions-, Strahlen- und biophysikalischen Technologie dazu beitragen, eine Kolonisierung des Mars verwirklichen zu können. Nach dem Motto: Die Erde stirbt, es lebe der Mars! Dann werden Generationen auf dem Mars kommen und gehen, und eines fernen Tages nur noch Legenden über den irdischen Ursprung der Marsianer bestehen.

Marsianische Wissenschaftler werden Weltraumsonden zum Planeten Erde senden, um ihn zu erkunden. Von den

Sonden »Terra I« und »II« werden ihre Bilder zum Weltraumforschungslabor auf dem Mars gesandt – Bilder, die einen toten Planeten mit Wüsten zeigen und mit Meeren, die nach den durchgeführten Analysen vergiftet sind. Die Atmosphäre ist kohlendioxidhaltig und eine Ozonschicht fehlt. Dieser unwirtliche Planet beherbergt kein Leben. Allerdings haben die Kameras der Orbiter gebäudeähnliche Strukturen auf der Oberfläche der Erde entdeckt – pyramidenförmige, quadratische und rechteckige Komplexe. Sollten sie künstlich errichtet worden sein – eine Spekulation, die bei den irdischen Umweltbedingungen von vornherein illusorisch erscheint –, müßten die Erbauer aus irgendwelchen Gründen untergegangen, einem Zeitriß erlegen sein.

Wir müssen alles daransetzen, daß es für uns Menschen nicht zu einem solchen Zeitriß kommt! Wir müssen das Staunen wieder erlernen, uns zur Liebe und Verantwortung für die Natur bekennen, mahnt der Zauberer Merlin aus der Artus-Sage.

Der Mensch muß den längst vergessenen Dialog mit der Erde, mit Steinen, Bäumen und Tieren wiederaufnehmen und den Zauber der Natur wiederentdecken. Liegt doch der Schlüssel zum Überleben und zur Ergründung des Universums letztlich in der Fühlungsaufnahme zum beseelten All!

Begriffserläuterungen

Allgemeine Relativitätstherorie: Die von Albert Einstein entwickelte Gravitationstheorie. Nach dem Grundgedanken dieser Theorie ist die Gravitation eine Folge der Krümmung des Raum-Zeit-Kontinums.
Antimaterie: Der Begriff Antimaterie beschreibt das physikalische, auf der Erde nicht vorhandene Gegenstück der normalen Materie. So bestehen z. B. Antilithiumkerne aus drei negativ geladenen Antiprotonen und drei bis fünf Antineutronen. Für jedes Teilchen gibt es ein entsprechendes Antiteilchen. Gewisse vollkommen neutrale Teilchen, wie das Photon und das Meson, die ihre eigenen Antiteilchen verkörpern, bilden hier eine Ausnahme. Antimaterie setzt sich aus Antiprotonen, Antineutronen und Antielektronen – also Positronen – zusammen. Bei Wechselwirkung mit gewöhnlicher Materie zerstrahlt Antimaterie.
Asteroiden: Kleinplaneten mit einem Durchmesser, der meistens unter 500 Kilometern liegt. In unserem Sonnensystem wird ihre Anzahl auf 50000–100000 geschätzt.
Astralreisen: Ein Zustand, in dem der sogenannte feinstoffliche Körper seine leibliche Hülle verläßt, um sich bewußt zu den unterschiedlichsten Orten und Zeitperioden auf die Reise zu begeben.
Astrophysik: Modernes Teilgebiet der Astronomie, das die physikalische und chemische Eigenschaft kosmischer Objekte erforscht.
ASW: Außersinnliche Wahrnehmung.
Biosphäre: Hüllenförmiger Gesamtlebensraum der Erde, zu dem Abschnitte von Gewässern, des Bodens und der bodennahen Lufthülle gerechnet werden.
Cerenkow-Strahlung: Elektromagnetische Strahlung, die zum Teil im optischen Spektralbereich liegt und auftritt, wenn sich geladene Teilchen in einem Medium mit Überlichtgeschwindigkeit fortbewegen.
Chaotische Inflation: Nach neuesten Theorien hat sich unser Universum, neben vielen anderen, aus einer Art sprudelndem »Raumzeit-Schaum« in chaotischer Unordnung, durch inflationäre Aufblähung gebildet.
Dimension: Art und Zusammensetzung einer physikalischen Größe aus Faktoren von Grundgrößen und deren Potenzen zu einem Produkt.

Dualismus Welle – Korpuskel: Die Tatsache, daß Wellen auch Korpuskeleigenschaften zeigen und umgekehrt.

Einstein-Rosen-Brücke: Die unmittelbare Passage von einem Teil des Universums zu einem anderen: also die Verbindung zwischen einem Schwarzen Loch zu seinem zugehörigen Weißen Loch. Einstein und sein Kollege Rosen erwähnten diese Art Brücken erstmals 1935. Inzwischen wurden sie durch andere Theoretiker bestätigt.

Elektron: Das Elementarteilchen mit der geringsten Masse. Sämtliche chemischen Eigenschaften von Atomen und Molekülen beruhen auf den elektrischen Wechselwirkungen von Elektronen miteinander und mit den Atomkernen. Elektronen sind Elementarteilchen mit negativer elektrischer Ladung. Ort und Geschwindigkeit eines Elektrons sind niemals genau meßbar. Nach der Heisenbergschen Unschärferelation sind unsere Erkenntnisfähigkeiten hier Grenzen unterworfen. Der französische Physiker Jean Charon betrachtet das Elektron sogar als denkende Einheit, als Elementarteilchen mit Geist. Für Charon bildet das Elektron eine Art von Mikrokosmos, in dessen Innerem eine Unzahl masseloser Photonen gewissermaßen einen Gedächtnisspeicher verkörpern. Durch den Photonenspin wird das Elektron zum Lernen und Nachrichtenaustausch befähigt. Und nach Charon können je zwei Photonen im Elektron ihren Drehsinn ändern und so zum Datenspeicher werden. Elektronen können sich gegenseitig durch den Austausch von Photonen Informationen zuleiten. Durch die Wanderung der Photonen von einem Elektron zum anderen erfolgt eine Vermittlung ihres Spinzustands – also ihrer »Nachricht« – zum Empfängerelektron. So ziemlich alles um uns herum ist von Elektronen abhängig, auch das Leben wäre ohne sie nicht entstanden.

Elementarteilchen: Sammelbezeichnung für die kleinsten als Materiebausteine erkannten Teilchen.

Entweichgeschwindigkeit: Die von einem Objekt benötigte Geschwindigkeit (Fluchtgeschwindigkeit), um die Schwerkraft eines Planeten oder Sterns zu überwinden und aus ihrem Einflußbereich in den Raum zu gelangen.

Feld: Hier handelt es sich um einen grundlegenden Begriff zur Beschreibung von Zuständen und Wirkungen im Raum.

Feldtheorie, einheitliche: In Erweiterung der Allgemeinen Relativitätstheorie versuchte Albert Einstein, die elektrischen, magnetischen und Gravitationsfelder von einem einheitlichen Standpunkt aus zu deuten.

Frequenz: Anzahl der Schwingungen pro Zeiteinheit.

Friedmann-Modell: Hier handelt es sich um ein mathematisches Modell der Raum-Zeit-Struktur des Universums, das auf der Allgemeinen Relativitätstheorie und dem kosmologischen Prinzip beruht.

Fusion: Kernverschmelzung.

Fusionsantrieb: Ein bisher noch nicht realisierter Antrieb, der mit Hilfe eines Kernreaktors durch Kernverschmelzung Antriebsenergie liefert.

Galaxie: Ein großer Sternhaufen, also ein Sternensystem, das durch Gravitation zusammengehalten wird.

galaktische Kerne: Die Aufklärung und theoretische Ausdeutung der aktiven Kerngebiete der Sternensysteme gehören zu den noch ungelösten Rätseln. Aus diesen Zonen werden unvorstellbare Energie- und Materiemengen ausgeworfen. Zwischen galaktischen Kernen und Quasaren scheint ein bisher ungeklärter Zusammenhang zu bestehen.

Geometrodynamik: Durch die Verbindung der Quantentheorie und der Allgemeinen Relativitätstheorie entwickelte Wheeler die Geometrie der gekrümmten Raum-Zeit – seine sogenannte Geometrodynamik.

Geonen: Aus der Geometrodynamik von J. A. Wheeler ergeben sich Raumquanten, die er Geonen nennt.

Gluonen: Ähnlich wie Photonen das elektromagnetische Feld vermitteln, wird das Verhalten der Quarks durch die starke Wechselwirkung bestimmt, welche durch die sogenannten Gluonen übertragen wird. Die Gluonen sind auch in der Lage, die »Farbe« der Quarks zu verändern.

Gravitation: Eine Eigenschaft der Raum-Zeit-Struktur, die durch die Masse eines Objekts verursacht wird.

Gravitationskonstante: Die fundamentale Konstante in der Newtonschen und Einsteinschen Gravitationstheorie.

Gravitationswellen: Durch Störung des Gravitationsfeldes – z. B. durch Änderung des Orts oder Dichte der Masse – hervorgerufene Wellen, die sich ausbreiten. Gravitationswellen, die sich aus den Einsteinschen Feldgleichungen ergeben, wurden in den siebziger Jahren in den USA mit einiger Sicherheit durch Prof. J. Weber experimentell nachgewiesen.

Graviton: Das noch nicht nachgewiesene Quant des Gravitationsfeldes in der Allgemeinen Relativitätstheorie und der Quantentheorie der Wellenfelder.

Halbwertzeit: Die Zeit, in der die Hälfte einer radioaktiven Substanz zerfallen ist.

Heisenbergsche Unschärferelation: Die für die moderne Physik grundlegende Erkenntnis, daß Ort und Geschwindigkeit – genauer gesagt: der Impuls eines atomaren Teilchens – prinzipiell nicht gleichzeitig mit beliebiger Genauigkeit angegeben werden können, da ein Teilchen neben seiner korpuskularischen Natur auch Wellencharakter besitzt.

Hypnose: Ein durch Suggestion herbeigeführter, schlafähnlicher Zustand, in dem der Hypnotisierte annehmbaren Suggestionen bewußt Folge leistet.

Hypnotische Rückführung: Der Hypnotisierte wird in vorgeburtliche Existenzen zurückgeführt.

Intergalaktischer Raum: Der Raum zwischen den Galaxien bzw. Sternensystemen.

Interplanetarischer Raum: Der Raum zwischen den Planeten unseres oder eines anderen Sonnensystems.

Interstellarer Raum: Der Raum zwischen den Sternen.

Interstellarer Staub: Zwischen den Sternen ist der Weltraum nicht leer, sondern enthält extrem verdünnte Staubmassen und Gase.

Kausalitätsprinzip oder Kausalgesetz: Auf der Verknüpfung von Ursache und Wirkung beruhendes Gesetz. Über Raum- und Zeitgrößen sind in der Quantenmechanik nur statistische Aussagen möglich. Da in der Mikrophysik alles von der Beobachtungsart abhängt, werden Aussagen über die Kausalität prinzipiell unmöglich.

Klartraum: Im Zustand des Klartraums weiß der Schlafende, daß er träumt, und kann den Ablauf seines Traums steuern.

Kosmologie: Ein Zweig der Astronomie, der sich mit der Untersuchung der physikalischen und mathematischen Struktur des Universums als Ganzem befaßt.

Lorentz-Kontraktion: Eine zuerst von Lorentz zur Erklärung des Michelson-Versuchs angenommene Verkürzung – Kontraktion – bewegter Körper in Richtung ihrer Bewegung. Sie macht sich erst bei relativistischen Geschwindigkeiten bemerkbar.

Lorentz-Transformation: Ein System von Gleichungen zur Umrechung von Orts- und Zeitkoordinaten eines Bezugssystems in diejenigen eines anderen, relativ zu ihm gleichförmig bewegten Bezugssystems. Die spezielle Relativitätstheorie beruht auf der Lorentz-Transformation.

Massenzunahme: Die von der Relativitätstheorie geforderte und experimentell an Elementarteilchen nachgewiesene Zunahme der Masse eines sich sehr schnell fortbewegenden Objekts.

Multiversum: Nach theoretischen Überlegungen ist unser Universum eine gigantische Raum-Zeit-Blase, die vor etwa 20 Milliarden Jahren neben einer Unzahl anderer Universen entstanden ist.

Neutrino: Zunächst hypothetisch eingeführtes, später experimentell nachgewiesenes Elementarteilchen zur Erklärung des Betazerfalls. Bisher wurde angenommen, daß ein Neutrino masselos ist. Aber neuesten Experimenten zufolge spricht vieles dafür, daß Neutrinos doch etwas Masse haben, wenn auch sehr wenig.

Neutron: Elektrisch neutrales, schweres Elementarteilchen. Das Neutron und das Proton sind die Bausteine des Atomkerns.

Neutronenstern: Ein Stern in einem solchen Verdichtungsstadium, daß er vorwiegend aus Neutronen besteht.
O.O.B.E.-Phänomen: (out of the body experience = außerkörperliche Erfahrung). Der feinstoffliche »Zweitkörper« unternimmt Ausflüge.
Parapsychologie: Erforschung von PSI-Phänomenen wie Telepathie, Psychokinese usw.
Photon: Lichtquant. Kleinste vorkommende Menge der elektromagnetischen Strahlung.
Plancksches Wirkungsquantum: Diese Plancksche Konstante mit dem Zeichen h ist eine fundamentale Naturkonstante von der Dimension einer Wirkung – Energie mal Zeit.
Positron: Anti-Elektron. Ein Elementarteilchen, das dem Elektron entspricht, jedoch elektrisch positiv geladen ist.
Proton: Ein positiv geladenes Teilchen, das neben dem Neutron in gewöhnlichen Atomkernen enthalten ist.
Quanten: Bezeichnung für die kleinsten Energie-Einheiten, die bei mikrophysikalischen Vorgängen als Ganzes, z. B. von Atomen, aufgenommen oder abgegeben werden.
Quantenmechanik: Die Mechanik atomarer Teilchen, die sowohl die Teilchen- als auch die Wellennatur der Elektronen berücksichtigt. In den Bewegungsgleichungen der Quantenmechanik werden Energie, Impuls und Ortskoordinaten durch Matrizen bzw. durch Systeme von Differentialgleichungen ersetzt, aus deren Lösungen sich wiederum beobachtbare Größen, wie z. B. Ladungsdichte, ableiten lassen. Die Heisenbergsche Unschärferelation ist hier von fundamentaler Bedeutung.
Quantentheorie: Eine Theorie, nach der Energie nicht gleichmäßig, sondern sprunghaft in Portionen entsteht.
Raum-Zeit-Koordinaten: Vierdimensionale Darstellungsform raumzeitlicher Vorgänge.
Reinkarnation: Wiedergeburt – Seelenwanderung. Nach der Reinkarnations-Vorstellung gibt es ein Weiterleben nach dem Tod, mit der Konsequenz einer Wiederverleiblichung.
Relativitätstheorie: Von Albert Einstein 1905 und 1916 begründete Theorie über die Struktur von Raum und Zeit, die sich als relativ erweisen.
Schwarzes Loch: Ein bis zur unendlichen Dichte kollabiertes Himmelsobjekt, das mit großer Wahrscheinlichkeit aus unserem Universum verschwindet, aber einen rotierenden Schwerkraftstrudel hinterläßt. In dieser Region ist die Raum-Zeit-Struktur entartet. Mit großer Wahrscheinlichkeit taucht die in dem Schwarzen Loch verschwundene Materie in einem anderen Teil unseres Universums durch sein Pendant – Weißes

Loch – wieder auf. Heute vermuten einige Wissenschaftler in Quasaren Weiße Löcher.

Schwarzschild-Radius: Ereignishorizont eines Schwarzen Lochs.

Singularität: Der mathematische Mittelpunkt eines Schwarzen Lochs, wo die Dichte praktisch unendlich ist.

Spezielle Relativitätstheorie: Das 1905 von Albert Einstein veröffentlichte, revolutionäre Konzept über Raum und Zeit. Daraus ergibt sich, daß die Geschwindigkeit des Lichts, unabhängig von der Bewegungsgeschwindigkeit seiner Quelle oder der eines Beobachters, unverändert bleibt und niemals die maximale Grenze von rund 300000 Kilometern pro Sekunde überschreitet. Ein System, in dem sich Teilchen mit annähernd Lichtgeschwindigkeit fortbewegen, wird relativistisch genannt und muß nach den Regeln der Speziellen Relativitätstheorie behandelt werden, nicht nach denen der klassischen Mechanik.

Superraum: Ein von dem amerikanischen Astrophysiker Prof. John A. Wheeler postulierte Universum, das Seite an Seite mit unserem Universum existiert, in dem aber gänzlich andere physikalische Gesetze gelten. Zeit und Raum im üblichen Sinn haben dort ihren Wert verloren.

Tachyonen: Hypothetische Teilchen, die sich nur mit Überlichtgeschwindigkeit fortbewegen.

Telepathie: Gedankenübertragung. Das heißt: Erfassen seelischer Vorgänge eines anderen ohne Vermittlung durch Sinnesorgane.

Twistoren: Der englische Mathematiker Roger Penrose glaubt, in Twistors die Urbausteine des Universums gefunden zu haben. Damit würden diese Twistoren sozusagen die Quanten der Raum-Zeit – in anderen Worten: Raum-Zeit-»Knoten« – darstellen.

Twistoren-Triebwerk: Ein hypothetischer Antrieb, der durch die Reaktion mit Twistoren ein Raumschiff fortbewegt.

Uhrenparadoxon: Aufgrund der Relativitätstheorie ergibt sich folgendes Paradoxon: Die sich mit nahezu Lichtgeschwindigkeit fortbewegende Mannschaft eines Raumschiffs würde nach ihrer Rückkehr auf die Erde jünger sein – also weniger Lebensjahre zählen – als z. B. zur gleichen Zeit geborene Menschen, die auf der Erde geblieben sind.

Unbewußte, das: Inbegriff für alle Inhalte, die dem Bewußtsein nicht gegenwärtig sind: unbewußte physiologisch-körperliche Vorgänge, noch nicht oder nicht mehr Bewußtes.

Unterbewußtsein, das: Vom Wachbewußtsein überdeckte, nicht rational gesteuerte Schicht des Bewußtseins.

Weiße Löcher: Sie sind das Pendant Schwarzer Löcher. Im Gegensatz zu den letzteren stoßen sie Materie und Energie aus, anstatt diese zu verschlucken. Damit stellen sie eine Art »kosmischer Geysire« dar.

Schwarze und Weiße Löcher werden als Ein- und Ausgänge der Einstein-Rosen-Brücke betrachtet.
Zeitdilatation: Mit diesem Begriff ist die Zeitdehnung in der Speziellen Relativitätstheorie, entsprechend der Lorentz-Transformation, gemeint (s. Uhrenparadoxon).
Zeitriß: Rätselhafte Ereignisse demonstrieren, daß sich in der Raumzeit-Struktur unter bestimmten Umständen kurzfristig ein »Riß« bilden kann, der einen Ausblick auf fremde Dimensionen – Parallelwelten – ermöglicht.

Literaturverzeichnis und Quellennachweis

Aspect, A., P. Grangier and G. Roger: »Physical Review Letters«, Nr. 91, 1982

»Astrophysics Today.« American Institute of Physics. New York, 1984

Audouze, J.: »Physical Cosmology.« Amsterdam, 1974

Barrow, John D., W. Boucher and G. Gibbons: »The Very Early Universe.« Cambridge University Press, 1983

Barrow, John D., and Frank Tipler: »The Anthropic Cosmological Principle.« Oxford University Press, 1986

Bateson, Gregory: »Steps to an Ecology of Mind.« New York 1972

–: »Mind and Nature.« New York 1979

Bekenstein, Jacob: »Black Holes and Anthropy.« »Physical Review«, 1973

Bell, J.-S., »Physics« 1 (1964)

–: »Rev. Mod. Phys.« (1966)

–: »Quantum Gravity 2.« Oxford University Press 1981

–: »The Turning Point.« New York 1982

Beloff, J.: »New Directions in Parapsychology.« London, 1974

Berry, Adrian: »The Next Ten-Thousand Years.« Saturday Review Press, 1974

Bethe, H. A.: »The Lives of the Stars.« »The Sciences«, Cornell University, Oktober 1980

Biarrell, N., and P. C. W. Davies: »Quantum fields in Curved Space.« Cambridge University Press, 1982

»Big Burst of Gamma. Rays traced to Neutron Stars.« »New York Times«, Mai 1980

Blacker, Th.: »A Pilgrimage of Dreams.« London, 1973

Bohm, David: »Wholeness and the Implicate Order.« London 1980

–: »Can Science Save the Fragmenting Universe?« »New Scientist«, Juli 1983

Bohm, David, and R. Weber: »Nature as Creativity.« Revision 1982

Bohr, Niels: »Atomphysik und menschliche Erkenntnis.« Braunschweig, 1985

–: »Discussion with Einstein on Epistemological Problems in Modern Physics.« New York, 1959
–: »Atomic Theory and the Description of Nature.« Cambridge University Press 1934
Brand, Illo, »Unerwünschte Entdeckungen im Luftraum.« Mufon-Ces-Bericht Nr. 10, 1989
Bracewell, R. N.: »The Galactic Club.« Stanford, 1974
Brockman, John: »Die Geburt der Zukunft.« München, 1988
Brown, J. A. C.: »Freud and the Post-Freudians.« Harmondsworth, 1976
Buttlar, Johannes v.: »Schneller als das Licht.« Düsseldorf, 1972
–: »Reisen in die Ewigkeit.« Düsseldorf, 1973
–: »Zeitsprung.« München, 1977
–: »Der Supermensch.« Luzern, 1979
–: »Die Einstein-Rosen-Brücke.« München, 1982
–: »Unsichtbare Kräfte.« München, 1985
–: »Sie kommen von fremden Sternen.« München, 1986
–: »Leben auf dem Mars.« München, 1987
–: »Supernova.« München, 1988
Carlotto, Mark J.: »Digital imagery analysis of unusual Martian surface feu«. »Applied Optics«, 1988.
Capra, Fritjof: »Bootstrap and Buddhism.« »American Journal of Physics«, 1974
–: »Science, Society and the Rising Culture.« New York, 1982
–: »Das Neue Denken.« München, 1987
–: »The Turning Point.« New York, 1982
Capra, Fritjof, and W. Barth: »The Tao of Physics.« Berkeley, 1975
Carr, B. J., und S. W. Hawking: »Black Holes in the Early Universe.« London, 1974
Chandrasekhar, S.: »The Mathematical Theory of Black Holes.« Oxford, 1983
Clark, R. W.: »Albert Einstein. Leben und Werk.« Esslingen, 1974
»Cosmology and Gravitation.« »NATO Advanced Studies«, New York 1979
Crick, Francis: »Das Leben selbst.« München, 1983
Darwin, Charles: »Die Abstammung des Menschen.« Stuttgart, 1982
Davies, Paul: »Am Ende ein neuer Anfang.« Düsseldorf, 1979
–: »The Edge of Infinity.« New York, 1981
–: »Mehrfachwelten.« Köln, 1981
–: »On Being Lowered into a Black Hole.« »New Scientist«, 1982
–: »God and the New Physics.« »New Scientist«, 1983

–: »Superforce.« New York, 1984
DeWitt, B.S., and N. Graham: »The Many-Worlds Interpretation of Quantum Mechanics.« Princeton, 1973
–: »Quantum Gravity.« Oxford, 1981
Dicke, R. H. und Koll., »Astrophys.« 1965
DiPietro, Vincent, and G. Molenaar: »Unusual Martian Surface-features.« Glenn Dale, 1982
Dole, Stephen, H.: »Habitable Planets.« Blaisdell / New York, 1970
Donelly, Ignatius: »Atlantis.« New York, 1971
Douglas, A.: »Extra-Sensory Powers.« London, 1976
Drake, Frank D.: »Intelligent Life in Space.« New York, 1967
Einstein, Albert: »Aus meinen späten Jahren.« Stuttgart, 1979 (Ullstein TB 34721)
–: »Mein Weltbild.« Berlin, o. J. (Ullstein TB 334683)
–: »Grundzüge der Relativitätstheorie.« Braunschweig, 1984
–: »Über die spezielle und die allgemeine Relativitätstheorie.« Braunschweig, 1985
Ekeland, Ivar: »Das Vorhersehbare und das Unvorhersehbare.« München, 1985 (Ullstein TB 34557)
»Entstehung der Sterne.« »Spektrum der Wissenschaft«, Heidelberg, 1986
Faraday, A.: »Dream Power.« London, 1973
–: »The Dream Game.« Harmondsworth, 1976
Feigenbaum, Edward A., und Pamela MacCorduck: »The Fifth Generation: Japan's Computer Challenge to the World.« Reading / Mass., 1983
Feinberg, Gerald, und R. Shapiro: »Life Beyond Earth.« New York, 1980
Fiebag, Johannes: »Lineationsanalyse in der südlichen Cydonia-Region. Mars-Hinweise auf künstliche Strukturen?« Würzburg, 1989
Fine, A.: »After Einstein.« Memphis, 1982
Freitas, Robert A. jr.: »The Search for Extraterrestrial Artifacts.« London, 1983
–: »Extraterrestrial Intelligence in the Solar System.« 1983
French, A. P.: »Albert Einstein.« Braunschweig, 1985
Glashow, S. L.: »Nuclear Physics«, 1961
Gleick, James: »Chaos Making a New Science.« London, 1988
Good, Timothy: »Above Top Secret.« London, 1988
Gott, J. R., D. N. Schramm, J. E. Gunn und B. M. Tinsley: »An Unbound Universe?« »Astrophysics Journal«, 1974
»Gravitation.« »Spektrum der Wissenschaft«, Heidelberg, 1987
Green, C.: »Lucid Dreams.« London, 1968

–: »The Decline and Fall of Science.« London, 1976
Guth, Alan H., und Paul J. Steinhardt: »The Inflationary Universe.« Unveröffentlichter Aufsatz, 1983
Haber, Heinz: »Eiskeller oder Treibhaus.« München, 1989
Hall, C. S., und V. J. Nordby: »The Individual and his Dreams.« New York, 1972
Hart, M. H.: »Habitable Planets Around Main Sequence Stars.« Icarus, 1979
Hart, M. H., und B. Zuckermann: »Extraterrestrials: Where are They?« New York, 1982
Hawking, S. W.: »A Brief History of Time.« London/New York, 1988
Hawking, S. W., und G. F. Ellis: »The Large Scale Structure of Space-Time.« Cambridge, 1973
Hawking, S. W., und R. K. Sachs: »Causally Continous Space-Time.« Cambridge, 1974
Heisenberg, Werner: »Quantentheorie und Philosophie.« Stuttgart o. J.
–: »Physik und Philosophie.« Stuttgart, 1984
–: »Schritt über Grenzen.« München, 1982
Herbert, Nick: »Quantum Reality.« Garden City, 1985
Herr, R.: »Phys. Review«, 1963
Hoagland, R.: »The Monuments of Mars.« Berkeley, CA. 1987
Hoyle, V.: »Evolution aus dem All.« Berlin, 1981
–: »Das intelligente Universum.« Frankfurt/M., 1984
Hoyle, V., und N. C. Wickramasinghe: »Does Epidemic Disease Come from Space?« »New Scientiest«, 1977
Jammer, M.: »The Philosophy of Quantum Mechanics.« New York, 1974
Jung, C. G.: »Über Grundlagen der analytischen Psychologie.« Frankfurt/M. 1981
–: »Memories, Dreams, Reflections.« London/Glasgow, 1963
Kahn, H., und A. J. Wiener: »Ihr werdet es erleben.« Reinbek b. Hamburg, 1971
Kaufmann, William III: »Black Holes and Warped Space-Time.« New York, 1980
Krippner, St., und D. Rubin: »Lichtbilder der Seele.« Bern/München, 1975
Köhler, H. W.: »Neue Möglichkeiten der Weltraumfahrt.« München, 1980
Kodoma, H.: »Comments on Chaotic Inflation.« »KEK Report« 84-12
»Kosmologie.« »Spektrum der Wissenschaft«, Heidelberg, 1986
Marcuse, F. L.: »Hypnosis.« Harmondsworth, 1963

»Mars as Viewed by Mariner.« »NASA SP 329«, Washington, 1979
»Martian Landscape: Viking Lander Imaging Team.« »NASA SP-425«, Washington 1978
Meadows, D. L., und D. H. Meadows: »Das globale Gleichgewicht.« Reinbek b. Hamburg, 1976
Medawar, P. B., und J. S. Medawar: »Von Aristoteles bis Zufall.« München, 1986
Michell, John: »The New View over Atlantis.« London, 1983
Misner, C. W., K. S. Thorne, J. A. Wheeler: »Gravitation.« San Francisco, 1973
Möller, Jens M.: »Geomantie in Mitteleuropa.« Freiburg, 1988
Morris, Richard: »The Fate of the Universe.« New York, 1982
–: »Times Arrow.« New York, 1981
Morris, Michael S., K. S. Thorne and Ulvi Yurtsever: »Wormholes, Time Machines and the Weak Energy Condition.« »The American Physical Society«, 1988
Morrison, P., J. Billingham, J. Wolfe: »The Search for Extraterrestrial Intelligence.« »NASA SP«, 1977
ONeill, Gerard: »Unsere Zukunft im Raum.« Bern, 1977
Pagels, Heinz R.: »Die Zeit vor der Zeit.« Berlin, 1987
Pagagiannis, Michael D.: »The Need to Explore The Asteroid Belt. Rede auf dem 33. Congress of the International Astronautical Federation. Paris, 1982
Penrose, R.: »Theoretical Principles in Astrophysics and Relativity.« Chicago, 1978
Penzias, A., and R. A. Wilson: »Astrophysics«. 1965
Poundstone, William: »The Recursive Universe.« New York, 1985
Primack, Joel, und Heinz Pagels: »Supersymmetry, Cosmology and New Physics at Terraelectronvolt Energy.« »Physical Review Letters«, 1982
Randles, Jenny: »Abduction.« London, 1988
Ravenscroft, Trevor: »The Spear of Destiny.« London, 1972
Rees, M. J., and J. Ostriker: »Astrophysics.« Oxford, 1977
Reichenbach, Hans: »Der Aufstieg der wissenschaftlichen Philosophie.« Stuttgart, 1977
Rothmann, Tony: »Science à la Mode.« Princeton University Press, 1989
Ryzl, M.: »Parapsychologie.« München-Genf, 1970
Sagan, Carl: »Brocas Brain.« New York, 1974
Sciama, D. W.: »Modern Cosmology.« Cambridge, 1975
Sheldrake, Rupert: »A New Science of Life.« London, 1981

Sheldrake, R., und D. Bohm: »Morphogenetic Fields and the Implicate Order.« Revision, 1982
Siklos, S. T. C.: »Relativistic Astrophysics and Cosmology.« Singapur, 1984
Smith, A.: »Powers of Mind.« New York, 1975
Schmidt, George: »Chaos and Plasma Physics.« »Physics Today«, 1984
Schmidtbauer, W.: »Evolutionstheorie und Verhaltensforschung.« Hamburg, 1974
Schrödinger, Erwin: »Was ist ein Naturgesetz?« München, 1979
Sperber, M.: »Alfred Adler oder Das Elend der Psychologie.« Frankfurt/M., 1983
Stanley, Steven M.: »Der neue Fahrplan der Evolution.« München, 1983
Targ, R., und H. Puthoff: »Jeder hat den sechsten Sinn.« Köln, 1977
Taylor, G. R.: »Die Geburt des Geistes.« Frankfurt/M., 1982
Taylor, J.: »The Shape of Minds to Come.« Frogmore, 1974
Tholey, Paul, und Kaleb Utecht: »Schöpferisch träumen.« Niedernhausen/Ts., 1987
Toffler, A.: »Die Zukunftschance.« München, 1981
Tipler, F. J., C. J. S. Clarke und G. F. R. Ellis: »General Relativity and Gravitation: One Hundred Years After the Birth of Albert Einstein.« New York, 1980
Ullman, M., St. Krippner und A. Vaughan: »Dream Telepathy.« London, 1973
Vana, E.B.E.: »Terra: Scientific Study of a Primitive Humanoid Civilisation.« Reihe: »Doomed planets.« Urche 2024. »An Acheleic Publication of the Invisible College.«
Vasilliev, L. L.: »Experiments in Distant Influence.« London, 1976
Vester, F.: »Denken, Lernen, Vergessen.« Stuttgart, 1975
Weinberg, Steven: »Conceptual Foundations of the Univied Theory of Weak and Electromagnetic Interaction.« »Science«, 1986
–: »The First Three Minutes.« New York, 1977
Wheeler, John, Charles Misner and Kip Thorne: »Gravitation.« San Francisco, 1973
–: »Foundational Problems in the Special Sciences.« Dordrecht, 1977
Wheeler John, and W. W. Zurek: »Quantum Theory and Measurement.« Princeton, 1983
Will, C. M.: »Theory and Experiment in Gravitation Physics.« Cambridge, 1981

Wolfe, J.H., R.E. Edelson, J. Billingham, R.B. Crow, S. Gulkis u.a.: »The Search for Extraterrestrial Intelligences.« »Life in the Universe«, Cambridge, MIT Press, 1981
Young, J.Z.: »An Introduction to the Study of Man.« London, 1974
Zeldovich, Ya.B., J. Einasto und S.F. Shandarin: »Giant Voids in the Universe.« »Nature«, Nr. 300, 1982

Bildnachweis

Archiv Autor: 3, 4, 5, 11, 14, 15, 16, 19, 20, 21. Vincent DiPietro/Gregory Molenaar: 7. Johannes Fiebag: 10. Helmut Fricke: 2, 6, 12, 13, 17, 18. NASA Space Science Data Center: 8, 9. Peter Raba: 1.

Register

Aaronson, Dr. B. 209
Abductees 92
Abraham 212
Achele 102, 153 ff.
Adam 132
»Adom« 132
Ägypten 212
Aggressionen 26
»Air Intelligence Division Study 203« (A.I.D.S.) 94
Akademie für angewandte Geisteswissenschaften in New York 44
Akkadier (Urrasse) 156
Alpha-Partikel 203
Alt-Tamil 14
AMC (ATIC) 79
Analytical Sciences Corporation 122
Anaxagoras 143
Anchorage, AL 105 ff.
Andrews, Colin 113
Andrews Field, ML. 94
Andros 131
Anti-
 -elektron 178
 -materie 179, 198
 -teilchen 178
 -Universum 179
 -Wesen 179
 -Welten 179
Anziehungskraft 103
Apollo (griechischer Gott) 137
Apollo-Asteroiden 130
»Apollo«-Programm 226
»Aquarius« (Projekt) 81, 86, 96
»Archaische« Sprachformen 43
Archetypen 42
Armed Forces Committee of Senate 94
Arier (Urrasse) 156
Armstrong, Neil 220
Arnold, Kenneth 84
Asteroiden 227
 -einschlag 130
 -gürtel 115, 226
Astralreisen 143
Atlantiden 130, 156
Atlantis 129 ff., 135, 156
Atmosphäre 101, 233
– Erd- 125
– Mars- 125 f.
Atom
 -kerne 198
 -lehre 143
 -modell 29
 -uhren 184
Attwell, Rachel 111
Aubrey, John 137 f.
– Aubrey-Löcher 137
– Aubrey-Kreis 139
Augustson, T. R. 172 f.
Außerkörperliche Erfahrungen 34
Außersinnliche Wahrnehmungen (ASW) 30
Avebury 110 ff.
»Avenger«, TBM-Torpedobomber 72 f.
Azteken 212

Bahamas 70, 74
Bangalore 15, 17
Baudouin, Dr. Marcel 140
Baton Rouge 73
Bermuda
 -Dreieck 62, 70 f.
 -Inseln 71 ff.

Berlitz, Charles 74
Bevölkerungs
-dichte auf Achele 158
-explosion 212, 222
-kontrolle 223
Bewußtsein 37 f.
Bewußtseinszustand 25
-schichten 26
-stadien 30
-welten 43, 48
»Big Bang« 204
Bilaniuk, Olexa Myron 147
Bimini 60, 71, 131
Bissell, Richard 87
Blanchard, Oberst William 78
»Blue Book« (UFO-Forschungsprojekt) 85
Bohr, Niels 29
Botenteilchen 198
Bouhamzy, Familie aus Khriby 47
Brand, Illo 93
Brazel, William 77 f.
–, Bernie 77
Breuer, Dr. Reinhard 206
Brighu Santa 15
Bronk, Dr. Detlev 80
Brown, Harold 95
Bruno, Giordano 144
Buddhismus 27
Burkan, Bruce 63
Bush, Dr. Vannevar 79 f., 86 f.

California Institute of Technology 201
Carlotto, Dr. Mark J. 122 f.
Cavitt 78
Chadwell, Marshall 84
Chanute, Ing. Octave 219
»Chaotische Inflation« 204, 206
Chondriten 227
Chotkin, Corliss 49 f.
Chryse-Region 124
Chu-Ting, Hui 142
CIA (Central Intelligence Agency) 83 f., 93
CLIMAP 214
Combs, Lt. Henry 94
Computer 118 ff.
– Bildverarbeitungsverfahren 125
Cromagnon-Mensch 212
Cruise, Mike 146
Currie, Jan 44
Cydonia-Region 118, 126

Dansgaard, Prof. Willi 213
Darwinismus 175
Davis, Paul 195
Day, Lt. W. T. 65
Delgado, Pat 111, 113
Dematerialisation 76
Demokrit 143
Deshpande, V. K. 147
Digital-Computertechnik 118
Dimensionen 70, 75, 179, 194, 205
Dinosaurier 213
DiPietro, Vincent 117 ff., 126
Dirac, Paul 178
DNS-Erbprogramm 158, 174
Dole, Stephan H. 169
Donati, Enrico 30
Dongting-See 141
Druiden
-Priester 135
-Theorie 138
Dyson, Freeman 203

»EBEs« (Extraterrestrische biologische Entitäten) 80, 149
Edmonton, Can. 106
Efron, Reuben 94
Einstein, Albert 28, 103 f., 179, 181 ff., 190
Einstein-Rosen-Brücke 104, 191
Eisen 226, 228
Eisenhower, Präs. Dwight D. 82 f.
– Memoranden 87
Eiszeit 214 f., 217
Elawar, Ismad 46, 48
Elektron 179
Elementarteilchen 203
El Indio, Tx. 81, 85
Elysium-Region 120
Energie 183, 224
-bedarf 217

-quellen 223
-verbrauch 221
Entführungsphänomen 150 f.
Epsilon Eridani 102, 129, 155, 158
-Urwolke 158
Epsilon Indi 102
Erde 101, 130, 148, 171
Ergosphäre 105
»Erik der Rote« 214
Ernst, Max 30
»Etwas-aus-Nichts«-Konzepte 195
Evans, Hilary 150
Evolution 16
Extraterestrier 148, 150

»Falcon« 95
Falschfarben-Codierung 121
Feinberg, Prof. Gerald 147
Feld, George 39 f.
Feldmann, Sol. 34
Feldtheorie, einheitliche 192 f., 198
FAA (Luftaufsichtsbehörde) 110
Fiebag, Dr. Johannes 127
Flugkörper, scheibenförmige 160
Forrestal, James V. 79 f., 83, 87
Forschungsrat für Nationale Verteidigung 79
Fort Lauderdale 73
»Fort« (Mars) 120
Francisci, Erasmus 90
»Freedom of Information Act« (FoIA) 93
Freud, Sigmund 41 f.

Galaxien 186, 190, 202
-haufen 199 ff.
-superhaufen 200
Gallatin 65, 68
Gammastrahlen 192
Garnier-Marrow, Susan 45
Gedankenkraft 160
»Gemini«-Raumkapseln 219
Geomantie 143
Geometrie 11, 190
Geometrodynamik 190
Geonen 189
Gezeiteneffekt 172
Giseh, Pyramide von 140
Gluonen 198
Goddard, Robert H. 220
Goldfluss, Howard E. 92
Gott III., Richard 201
Gravitation 186 f., 202
Gravitationsfeld 186
-antriebe 96
-theorie 192
Great Inagua 71
Groom Range (Testgelände) 96
Großhirn 177
»Grudge« (UFO-Forschungsprojekt) 85
Guirdham, Dr. Arthur 50 f.
Gunn, James 201

Haber, Prof. Heinz 218
Haefele, J. 184
Haldan, J.B.S. 179
Halluzination 150
Hanson, Kelly 70
Hardinge 69
Hathaway, OberstLt. E.V. 94
Hawking, Gerold S. 139
Hawking, Stephen 191 ff.
Heisenberg, Werner 189
Heisenbergsche Unschärferelation 10, 194
Hekataios von Abdera 137
Hellsehen 27
Hillenkoetter, Adm. Roscoe R. 83
Hoagland, Richard 123
Hoerner, Sebastian von 144
Horowitz, Paul 145
Hoyle, Fred 175 f.
Hues, Roger 112
Hynek, Prof. Allen 153
Hypnose 38 ff., 149 f., 154
Hypnotische Rückführung 40, 43

Inflation 204
Inflationsphysiker 206
-phase 198
Inkarnationen 14, 26, 37 ff.
Intelligenz, künstliche 157
»IRAS«, Infrarot-Astronomie-Satellit 170

Isua-Sedimente 176

Jackson, Lt. Kenwood 94
Jacoby, Jensen 44
Jakuten 166
James, Patricia 112
Jefferson, Thomas 39
Jenghanghir Baba, Dr. Homi 221
Jet Propulsion Laboratory (JPL) 124
Jones, Inigo 137
Jourdain, Dr. Eleanor Francis 55, 57 ff.
Jung, Carl Gustav 42
Jungsteinzeit 211
Jotuo 141
Jupiter 115, 128

Keating, R. 184
Kékulé von Stradonitz 28
Kennedy, John F. 87
Kernverschmelzungsprozesse 198
Kernkraft 103, 223
Kernfusion 202
Key West 73
Klartraum 20, 24 ff., 34, 155
»KLEE-TV« 61 f.
»Kleine Eiszeit« 214
Klimawende 217
Kobalt 224
Kohlendioxid 172 f.
-ausstoß 211
Kohlenstoff 227
Kollegium, unsichtbares 155, 162
Kollektives Unbewußtes 42
Kometeneinschläge 176
Kommunikationsträger 43
Kompressionsvorgänge 191
Kontrolleinheiten, kybernetische 157
Kopernikanisches System 142
Kraft, elektromagnetische 198
Kreise 111 ff.
Krippner, Stanley 30, 34
Kristalle 78, 85
Kugelhaufen 202
»Künstliche Kiemen« 225

Labyrinth 142
Lagrange, J. L. 229
Lampl, Joseph 44 f.
Lang, David 65 ff.
Langley Research Center, VA 173
Laserstrahlen 146
Lebedew-Institut 204
Leben 101, 135
– intelligentes 148
Lebens-
-bildung 200
-formen 135, 171, 178
-keime 176
-läufe 13 f.
-nachweisexperimente 124
-spanne der Acheleer 158
Levine, J. S. 172
Ley-lines 135
Lichtgeschwindigkeit 102 f., 147 f., 183, 185
Linde, Andrej 204

»Majestic 12« 86 ff., 149
Magnesium 226, 228
»Magnet« (UFO-Forschungsprojekt) 86
Magnetpol 198
Maimonides Medical Center 33
Malone, Major 46
»Manhattan-Projekt« 79
Marcel, Major Jesse 78 f.
»Mariner 9« (Marssonde) 120
»Marlborough Times« 113
Marrow, Thomas 45
Mars 114 ff., 132 f., 171, 232 f.
-atmosphäre 125
-beben 120
-City 123
-erde 124
-gesicht 119 ff.
-himmel 120, 122
-kopf 119 ff.
-monumente 128
-oberfläche 117, 124, 126
-polarkappen 126
-projekt 123
-regionen 124
-sand 117

-strukturen 127
-umlaufbahn 124
Marshak, Alexander 141
Martin, Richard 113
Masse 185
– Energie 191
McIver, Joanne 45
Meaden, Dr. Terence 112
Meditation 15, 27
»Mega-Universum« 204 ff.
»Mega-All« 205
Menhire 143
Merkur 171
Merlin 233
Merrit Island 70, 72
Meteoriten 99, 121
Methan 173
Mikroben 176
Mikroorganismen 172, 176
Milchstraße 99, 101, 103, 114, 135, 143 f., 171, 200, 202
Milchstraßensystem 175
Moberley, Anne 55, 57, 59
Möller, Dr. Jens M. 143
Molenaar, Gregory 118 ff.
Mongolen (Urrasse) 156
Morrison, Philip 145
Multiversum 10, 205
Mutation 178
»Mutual UFO Network« 33
Mythologien 169

NASA Ames Research Laboratory 228
National Security Council 84
National Space Science Data Center, Greenbelt, MA 117
Nelli, Prof. 51
Neukum, Dr. Gerhard 127
Neutrinos 203
Neutronensterne 202 f.
Nostradamus 16
Nukleinsäuren 173
Nullzeit 195, 204
-Verbindung 204

Oak Ridge, Observatorium 146
Ökosphäre 172, 211
O'Neill, Prof. Gerard K. 223, 227, 230
Orichalcum 132
Orillia 44
Orville, Pater Albert de 91
Ozonschicht 125, 218, 233

Palmblatt 13 ff., 18 f.
-bibliothek 13 f., 19
Parallelwelt 63, 70, 150, 162 ff., 179
Paranormale Phänomene 179
Paranormale Träume 33
Parapsychologische Untersuchungen 32
Partikel-Problem 190
Pekton, Kathleen 111
Pen-lai, Prof. Chi 141
Pflug, Prof. Hans-Dieter 176
Phaeton 115, 128 f., 133, 142, 155 ff.
Photolyse 173
»Pickering«, USS Navy-Schiff 72
Pickering, William 219
»Pierre de Merlière« 140
Pixels 117, 121
»PI 40« 95 f.
Planetensysteme 92, 145, 170
Plato 131
Poindexter, John 95
Popper, Sir Karl 178
Positron 178 f.
Powell, Jonathan 39, 40
Powell, Mary 40
Präkognition 32
Prescelly-Hügel 138
Prophetie 27
Protonen 185, 192
-zerfall 198
Psyche 10, 42
Psychoanalyse 30
Psycho-Drogen 209
Pyramiden 11, 114, 120 ff., 128, 132, 140
– mexikanische 120
– Mars- 120, 123 ff.

Quanten
-physik 182, 188
-mechanik 192
-theorie 189, 192, 194

Radio
-botschaften 145
-teleskope 145, 199
-wellen 146
Rainier, Mount 84
Raum 104, 181, 185, 188
-fahrt, interplanetarische 115, 148
-geometrie 189
-krümmung 186
-quanten 189
-reisen, interstellare 115, 148
-schiffe, außerirdische 85
– und Zeit 16, 37, 53, 75, 183, 205
Raumzeit 70, 96, 187 ff., 199, 205
-Abkürzungen 96 f.
-Blase 206
-Dimensionen 27
Gefüge 192
ontinuum 63, 75, 179, 186
nzept 187
um 204
ken 20
160, 190, 199
fälle 44
Rein, Bo 73
Reinkarnationsfälle 48, 51
Relativitätstheorie 28, 103 f., 147, 181, 184 ff.
– allgemeine 103, 186 f., 190, 192, 206
– spezielle 103, 183
Ringstruktur 28
Rmoahals (Urrasse) 156
Robb, Dr. Walter L. 225
Rosen, Nathan 104
Roswell, N. M. 77 ff.
– Army-Air-Base 78
– Wrackteile 79 f.
Roxby, Mike 70 f.
Rump, Roger 110
Russel, Sen. Richard 94

Sagan, Carl 231
Sahlin, Dr. Niels 44
Sakralbauten 143
Samojeden 166
Sarbacher, Dr. Robert 87
Sarfatti, Jack 37
Sauerstoff-18 213
Schamanismus 165, 167 ff.
Schlesinger, James 95
Schopenhauer, Hofrätin 139
Schramm, N. 201
»Schwarzes Loch« 99, 103, 105, 191 f., 202
Schwarze Zwerge 202
Schwefel 224
Schwerkraft 172, 199
-auswirkungen 170
-kollaps 199
-verwerfungen 199
Schulgen, George 88
Selektion 178
Senoi 24
»Sentinel«, Projekt 146
Shandera, Jaime 82
Shastri, Sri Jyotishacarya Ramakrishna 15 ff.
Shuka-Nadi-Palmblattsammlung 16 f.
»Sigma« (Projekt) 95
»Sign« (UFO-Forschungsprojekt) 85
Silbury Hill 111 f.
Singularität 203 f.
Sinnesorgane 195
Smith, Louise 149
Smith, Ing. Wilbert B 86
»Snowbird« (Projekt) 81, 85 f., 88, 96
Sonnen
-energie 231
-gott 136
-system 81, 92, 103, 114, 143, 149, 170
-wende 138 f., 141
Space Shuttle 96, 229
Spiess, Dr. F. N. 224
Spin 179
Spiritualität 17
Spitzer, Lymon 176
Stafford, Mona 149
Stalker, Lt. Glen 94
Stearn, Jess 44 f.
Sternensystenm 92, 101, 200, 202
Stevenson, Prof. Jan 47–50
Stevenson, Robert Louis 29
Stewart, D. R.

Stonehenge 110, 137 ff.
»strings« 193
-theorien 193
Stuckeley, William 138
Stürme
-elektrische 60
-elektromagnetische 74
Sudarshan, E. C. George 147
Suggestion 41
Superkraft 199
Supernova (Sternexplosion) 53, 200
Symbolsprache 26
Symmetriezusammenbruch 199

Tachyonen 147 f.
-telefon 147 f.
-sender 148
Taneto 106
Tanguy, Ives 30
Tavy 166
Taylor, John G. 105
Telepathie 27, 33 f., 143
Terauchi, Flugkapitän Kenju 105 ff.
»Terra I« 233
Terrile, Richard 171
Thermodynamik 192
Tholey, Paul 24
Thomas, Elaine 149
Thorne, Dr. Jim 60
Thysse, J. P. 221
Tiefenhypnose 41
Tinsley, Beatrice 201
Titan 226, 228
Tlavatli (Urrasse) 156
Tlingit 49 f.
Tolteken (Urrasse) 156
To-Wai, Dr. Wu 142
Trancezustände 143
Traum 20 f., 27 f., 33, 41, 43, 165
-berichte 33
-erlebnis 31
-figuren 25
-forschung 24
-impressionen 34
-leben 25, 27
-phase 33
-projekte 25
-reize 169
-symbolik 26
-szene 34
-telepathie 30
-visionen 30
-welt 24, 162, 169
-zeit 169
Trianon, Petit 55, 57 ff.
Truman, Präsident Harry S. 80, 83
Tungusen 166
Turanier (Urrasse) 136
Twining, General Nathan 79, 87 f.

Überraum 204
UFO (unbekanntes Flugobjekt) 74 ff., 99, 107 ff., 129, 149
– Augenzeugen 77, 81
– Antriebsmethoden 81, 85
– Besatzungen 105
– Dichtungen 84
– Entführungsberichte 89
– Flugbahn 75
– Flugeigenschaften 88
– Forschungsprojekte 84 f., 95
– Gegner 84
– Insassen 153
– Lumineszenzeigenschaften 75
– Phänomen 74 f., 83
– Technologie 75, 87
– Untersuchungen 95
– Wrackteile 79, 84 f., 95
UFOnauten 96, 105
Ullman, Montague 40 ff.
Umwelt
-bedingungen 233
-einflüsse 178
-veränderungen 177
-zerstörung 144, 157, 211
Unbewußtes 43
Universum 37, 195, 198, 201, 204, 206
Unschärferelation 189
Unterbewußtsein 25, 37, 41 f., 46
Unterwasser-Versuchsstationen 226
Uran 224
Ur-Atmosphäre 172 f.
Urbanisierung 221

Urbilder 42 f.
Urche (Hauptstadt von Achele) 157, 161
Urerfahrung 43
Urkunde 199 f., 205 f.
Ur-Sterne 199
Utopia-Region 125, 127
UV-Astronomie-Satellit 173

Vana 155 ff.
Vandrenil, Graf 58
Vaughan, Alan 30, 34
Venus 130, 171
Verhaltenstendenzen 42
»Viking« (Marssonde)
»Viking 1« 114 ff., 124, 131
-Lander 117
-Orbiter 117, 119
-projekt 124
»Viking 2« 124, 131
Vincent, Victor 49 f.
Visionen 21, 28
Vollmer, Dr. Bruno 174
Vries, Edgar de 221

Wach
-bewußtsein 42
-leben 25, 27
-welt 25
-zustand 43
Wachstums
-beschränkungen 223
-perioden 214
-rate 223
Wärmeperioden 213
Wahrheitsdrogen 154
Wahrnehmungen 37, 41
Wahrscheinlichkeitsgesetz 189
»Wasp«, USS 72
Wasserdampf 173
Wasserstoff 172, 227
Wega 171
Weinberg, Steven 204
Weiße Löcher 202, 204
Welt
-bevölkerung 221 f.
-meere 224
Weltbild, klassisch-deterministisch 194
Weltraum
-besiedelung 227 ff.
-forschungsprogramm 226
-sonden 232
-städte 227 f.
Wertmüller 59
Wescott, Dr. W. 87
Wheeler, John Archibald 187 ff.
White Sands, N. M. 94
Wickramasinghe 175 f.
Williams, Loring 39
Wilson, Don 72
Wingfield, George 112 ff.
Wolf, Fred 37
Wright, Orville und Wilbur 219
Wright Patterson Luftwaffenbasis 79

Yeager, »Chuck« 220

Zeit 21, 53, 60, 102, 104, 147, 181, 184 ff., 195
-Dehnung 103, 187
-Dilatation 103, 187
-Dimensionen 59 f., 194
-Ebenen 151
-maschine 26
-Reisen 105
-reisender 20
-tunnel 104 f.
-verschiebung 102
Zeitriß 21, 26, 44, 52, 61 ff., 70, 74 f., 90, 96, 115, 137, 149, 162 f., 179, 191, 194 f., 207, 209, 232 f.
-phänomen 53
Zerfall, radioaktiver 198
Zivilisationen 92, 135, 144 f.